Michael Losse

Burgen und Schlösser am Mittelrhein

REGIONALIA
VERLAG

Michael Losse

Burgen und Schlösser am Mittelrhein

Michael Losse: Burgen und Schlösser am Mittelrhein

Layout und Satz: Handverlesen GbR, Bonn
Einbandgestaltung: Lydia Muhr für agilmedien gbr, Niederkassel

Covermotiv: Die Marksburg, Braubach im Rheintal, © Fotolia, World travel images

Printed in Italy
ISBN 978-3-939722-85-4
www.regionalia-verlag.de

Inhalt

Zum Geleit

Das Mittelrheintal zwischen Bingen und Bonn gilt als eine der schönsten Landschaften Deutschlands, sogar als eine der ältesten Tourismuslandschaften Europas – wer jemals mit dem Schiff, dem Auto oder dem Zug entlang des Rheins gefahren ist, kann das bestätigen. Hier verbinden sich landschaftliche, historische, architektonische und kulturelle Reize zu einer so einmaligen Melange, dass es uns heute nicht wundert, dass Reisende vor 200 Jahren, als noch keine neuzeitlichen Errungenschaften wie Bahn- und Autotrassen das Bild störten, geradezu entzückt waren über das Rheintal. Nicht zu Unrecht ist ein Teil des Tales, das Obere Mittelrheintal – auch als »Tal der Loreley« bekannt – von der UNESCO in die Liste der Welterbestätten aufgenommen worden. Hier erreicht die Romantik, die dem gesamten Tal vom Siebengebirge bis nach Bingen zu eigen ist, einen Höhepunkt. Spätestens seit Heinrich Heine in seinem berühmten Gedicht mit der Zeile »Ich weiß nicht, was soll es bedeuten« den sagenumwobenen Felsen bei St. Goarshausen verewigte, gilt diese Landschaft als Inbegriff dieser Strömung des 19. Jahrhunderts.

Sicher ist es die oben bereits genannte Verbindung von landschaftlicher und von Menschenhand gemachter Schönheit, sind es Strom, Berge, Städte, Kirchen, Schiffe und Weinberge, die zu einem einmaligen Gesamteindruck beitragen. Wichtigster Faktor sind allerdings die Burgen, in ihrer Häufigkeit Alleinstellungsmerkmal dieser Landschaft. Zwar gibt es auch an anderen Flüssen Burgenhäufungen, auch die Mosel, die Saale, der Main, der Neckar oder die Donau werden von Burgen gesäumt, aber nur hier hat es so viele auf engem Raum gegeben. Und da mehrere davon als Wahrzeichen der Region gelten, trägt diese Burgenhäufigkeit sicher erheblich zur Einmaligkeit des Rheintals bei.

Die Deutsche Burgenvereinigung wurde bereits 1899 gegründet, um der weiteren Zerstörung der Burgen und anderen historischen Wehr- und Wohnbauten hier am Rhein, aber auch überall auf deutschem Boden Einhalt zu gebieten. Schon zu Beginn bemühte sich die Vereinigung um eine Anlage, die sie exemplarisch als typische deutsche Burg erhalten und präsentieren konnte, und da war das burgenreiche Rheintal ideal geeignet, den Sitz der Vereinigung auf einer der dortigen Burgen einzurichten. Der Gründer und *spiritus rector* der DBV, Prof. Bodo Ebhardt, war in St. Goarshausen zur Schule gegangen, wo ihn – kein Wunder angesichts der vielen Burgen – die Begeisterung für das Thema packte. Durch spätere Forschungen lernte er die Burgen der Gegend sehr gut kennen, worunter ihm eine ganz besonders auffiel. Die Marksburg hatte viele Eigenschaften, die sie unter den vielen anderen hervorstechen ließ. Zum einen war sie eine der seltenen Gipfelburgen am Mittelrhein, während andere Burgen i. d. R. am Ufer des Flusses oder in Hanglage errichtet worden waren. Zum anderen war die Marksburg eine der vier nie zerstörten bzw. nie zur Ruine gewordenen und später wieder aufgebauten Burgen, neben dem Pfalzgrafenstein, der Burg in Boppard und der Martinsburg in Oberlahnstein. Hier konnte man noch versuchen, die originale Bausubstanz vor der zeittypischen historistischen Überformung zu bewahren, die ursprünglich mittelalterliche Anlagen des Tals wie Lahneck, Sooneck, Stolzenfels oder Rheinstein in neugotische Schlösser verwandelt hatte. Außerdem hatte der preußische Domänenfiskus keine Verwendung für die langsam verfallende Anlage, die noch von einem ehemaligen Offizier bewohnt wurde, und war – nach Befürwortung durch Kaiser Wilhelm II. – bereit zu verkaufen.

Die Burgenvereinigung konnte also diese einmalige Burg schon 1900 erwerben, restaurieren und als Burgmuseum einrichten, das heute jährlich von über 160 000 Besuchern aus aller Welt besichtigt wird. Sie hat hier auch bis heute ihre Geschäftsstelle, früher auch ihr Burgeninstitut, das seit 1999 im Schloss Philippsburg am Rheinufer unterhalb der Marksburg untergebracht ist.

Natürlich ist die Deutsche Burgenvereinigung e. V. keine Vereinigung von Burgen, sondern von Menschen; sie ist die älteste überregional tätige Denkmalschutzinitiative in Deutschland, also genau genommen eine Bürgerinitiative. Sie versteht sich heute als Vereinigung von Denkmalschützern und -liebhabern aus allen Schichten und Berufsgruppen der Bevölkerung, bei der jeder Mitglied werden kann. Der Verein engagiert sich gegen die Gefahren, die unsere beeindruckenden mittelalterlichen Baudenkmale bedrohen, und setzt sich für die Erhaltung dieser prägenden Elemente unserer Kulturlandschaft ein. Ihren Vereinszweck versucht die DBV auch dadurch zu erfüllen, dass sie in Vorträgen, Seminaren, Kolloquien zum Burgenthema, Studienfahrten und Exkursionen sowie durch die Herausgabe einer wissenschaftlichen Zeitschrift und diverser Buchreihen das Bewusstsein für die Bedeutung der historischen Wehr- und Wohnbauten in der Bevölkerung wach hält.

Jeder, der einmal das Rheintal mit seiner Burgenlandschaft erlebt hat, wird sich wünschen, dass diese einmalige Kulturlandschaft erhalten bleibt. Weltbekannte, fast schon klischeehafte Ansichten wie die Burg Stahleck über Bacharach, Kaub mit Pfalz und Gutenfels, der Mäuseturm mit der Ruine Ehrenfels oder der Drachenfels haben ihren Reiz bis heute nicht verloren. Die alte deutsche Kulturlandschaft am Rhein ist ein Teil unseres nationalen Kulturschatzes und damit auch Teil unseres vielfältigen europäischen Erbes. Dieses Buch des renommierten, in der Region aufgewachsenen Burgenforschers Dr. Michael Losse soll und wird Lust machen, den Rhein mit seinen Burgen, seien sie nun mittelalterlich oder Zeugnisse der Romantik, zu besuchen.

Gerhard Wagner
Geschäftsführer der Deutschen Burgenvereinigung e. V. und Burgvogt auf der Marksburg

1. Vorwort

Zahlreiche Schriften und Führer zu Burgen und Schlössern am Mittelrhein wurden in den vergangenen Jahrzehnten veröffentlicht, doch fehlte eine historische und burgenkundliche Überblicksdarstellung zu Burgen und Schlössern, mittelalterlichen und frühneuzeitlichen Wehrbauten und Adelssitzen der Region. Insofern bedeutete es eine reizvolle Herausforderung, als mich der Inhaber des Regionalia Verlages bat, das Manuskript zu einem Buch zu erstellen, in dem die Geschichte des Befestigungsbaues und der Adelssitze von den Anfängen in ur- und frühgeschichtlicher Zeit bis zur Neuzeit abgehandelt würde. Wie schon zur Eifel möchte er zum Mittelrhein – dem Abschnitt des großen europäischen Stromes zwischen Bingen und Bonn – »einen ersten Abriss der Burgenkunde« anbieten. Wie mein Buch *Burgen und Schlösser in der Eifel* (2013) basiert der hier vorgelegte Band auf Erkenntnissen der Fachliteratur, ergänzt um Quellenstudien und Begehungen aller hier behandelten Objekte sowie eigenen Befundungen an einzelnen Bauten. Wegen der Überlappung des Mittelrheingebietes und der kultur-/kunstgeschichtlich zu diesem gezählten Eifel sind Parallelen in beiden Büchern unvermeidlich.

Der Regionalia Verlag will mit dem hier vorgelegten Band eine auch für interessierte Laien verständliche, auf neuesten wissenschaftlichen Erkenntnissen basierende allgemeine Überblicksdarstellung präsentieren. Berücksichtigung fanden daher neben mittelalterlichen Burgen und Befestigungen sowie frühneuzeitlichen Schlössern und Festungen auch ur- und frühgeschichtliche Wehrbauten (u. a. steinzeitliche Erdwerke, keltische Befestigungen, Burg- und Ringwälle sowie römische Kastelle, Stadtbefestigungen und *burgi*), mittelalterliche Burghäuser (Abb. 1), Orts-, Tal- und Stadtbefes-

Abb. 1 Koblenz (RP), Alte Burg; Moselseite. Die kurfürstliche Burg ging aus einem romanischen Burgmannensitz der Herren v. Alken hervor, dessen Wohnbau an den Rundbogenfriesen erkennbar ist.

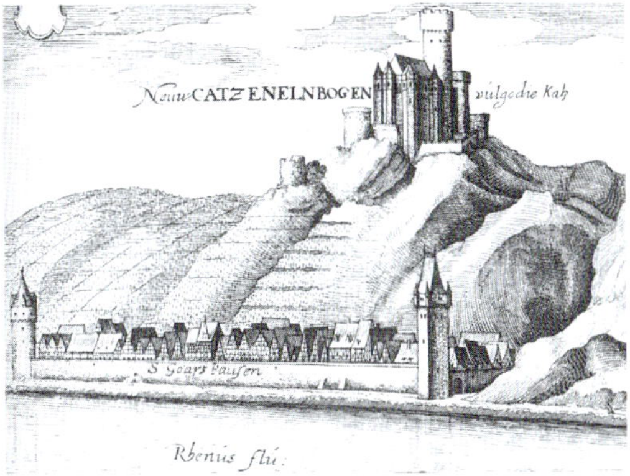

Abb. 2 St. Goarshausen (RP), Ortsbefestigung; über dem Ort die Burg Neukatzenelnbogen (Kupferstich aus: Merian, Topographia Hassiae, Frankfurt am Main, 1646/55).

tigungen (Abb. 2; Abb. 3, S. 12), Wachttürme, Wehrkirchen, frühneuzeitliche Festungen und Schanzen, neuzeitliche befestigte Eisenbahnbrücken (Abb. 4, S. 12) sowie die Burgenromantik und -rezeption des 19./20. Jh. bis hin zu Jugendburgen der 1920er/30er Jahre (Abb. 5, S. 13).

Eine Liste aller erfassten Objekte am Mittelrhein sowie ein thematisch gegliedertes Verzeichnis der wichtigsten Literatur runden die Darstellung ab und bieten Möglichkeiten der vertiefenden weiteren Beschäftigung mit dem Thema. Berücksichtigt wurden für das Buch alle bekannten Burgen und Schlösser an den Ufern des Mittelrheins sowie zahlreiche, nicht unmittelbar am oder über dem Strom gelegene Objekte, die in Seitentälern oder an zum Mittelrheintal führenden Straßen standen. Insgesamt wurden über 225 Objekte erfasst und aufgesucht.

Das Mittelrheintal ist ein zwar seit Langem von der Burgenforschung beachtetes, aber noch längst nicht in allen Facetten bekanntes und erforschtes Gebiet. Neben den Resten bedeutender Wehrbauten der Kelten- und Römerzeit

gibt es hier viele, insbesondere spätmittelalterliche Burgen (13./14. Jh.) von architekturgeschichtlich und burgenkundlich überregionaler Bedeutung, darunter solche politisch bedeutsamer Bauherren, etwa der Erzbischöfe von Mainz, Köln und Trier sowie der Grafen v. Katzenelnbogen. Darüber hinaus bestanden am Mittelrhein mehrere bedeutende Festungen; der Rahmen reicht hier von frühneuzeitlich ausgebauten Burgen und der Gürtelfestung Koblenz (19. Jh.) bis hin zu den befestigten Rhein-Eisenbahnbrücken des 19./fr. 20. Jh. Zu Letzteren zählen die 1913/19 erbauten Brücken von Rüdesheim, Engers und Remagen mit ihren Türmen und Kasematten.

Besonders bedeutend für das Rheinland – sowie für ganz Deutschland und letztlich auch

Abb. 3 Andernach (RP), Stadtbefestigung. Flankierungsturm mit Aborterker und nachträglich zu Feuerwaffenscharten veränderten Schießscharten.

Abb. 4 Engers (Neuwied, RP), befestigte Militär-Eisenbahnbrücke, Türme.

Abb. 5 Bacharach (RP), Burg Stahleck. Ab 1925 zur Jugendburg (Jugendherberge) ausgebaut.

für Europa – sind jedoch die durch das seit 1815 über das Mittelrheingebiet herrschende preußische Königshaus initiierten mittelrheinischen Burg-Neuaufbauten bzw. -Neuschöpfungen der Romantik des 19. Jh. (u. a. Rheinstein; Sooneck; Stolzenfels), die eine beachtliche bürgerliche Nachfolge fanden.

Das Mittelrheintal mit seinen Burgen ist eine Region der Sagen (hierzu u. a.: Christiane Flock: *Sagen und Legenden vom Rhein*. Euskirchen 2012). Entlang des von Burgen sowie mauer- und turmgeschützten mittelalterlichen Kleinstädten gesäumten Mittelrheintales mit seinen steilen, rebbedeckten, felsigen Schie-

Abb. 6 Kamp-Bornhofen (RP). Die unter der Bezeichnung »Die feindlichen Brüder« bekannten Burgen Sterrenberg und Liebenstein.

überall in Europa erzählten sich Menschen Sagen, doch finden sich im Rheinland darüber hinaus zahlreiche Kunstmärchen und -sagen, die erst im 19. Jh. von Literaten erdacht wurden, jedoch bald Eingang in den Sagenschatz des Rheinlandes fanden. Nicht wenige dieser Geschichten berichten von Burgen und ihren Bewohnern, so »Die feindlichen Brüder« (Abb. 6), die Rolandssage und die Sage vom Drachenfels (Abb. 7).

ferhängen erzählte man sich in früheren Jh. unzählige solcher Geschichten. Mündliche und schriftliche Überlieferungen berichten von Kaisern, Königen, Prinzessinnen, Grafen, »Raubrittern« und Templern, von »edlen Recken« und »Burgfräulein«, von Spuk, Geistern, Kobolden, Nixen (Loreley), Hexen, Zwergen (Heinzelmännchen zu Köln), Riesen (Siebengebirge) und Drachen (Burg Drachenfels), aber auch von hartherzigen Bischöfen (Mäuseturm), tapferen Soldaten und – das Rheinland ist »Weinland« – von wackeren Zechern. Wie

Aufruf zum pfleglichen Umgang mit Burgen und Schlössern

Wie in anderen meiner Burgenbücher zuvor, richte ich auch in diesem die Bitte an die Leser/-innen: Burgen, Schlösser und Festungen sind, wie alle historischen Adelssitze und Wehrbauten, einzigartige Denkmäler unserer Geschichte, die nur selten eine »gute alte Zeit« war, ebenso wenig wie Burgen und Schlösser von Romantik zeugen.

Viele Burgen, Schlösser, Adelssitze und Wehrbauten am Mittelrhein gingen im Laufe der Jh. verloren; viele wurden noch im 20./21. Jh. – teils wissentlich, teils unbeabsichtigt – beseitigt. So wurden Teile von Schlössern (z. B. Philippsburg/Braubach) und Ortsbefestigungen beim Bau von Eisenbahngleisen beseitigt, und noch in der 2. H. 20. Jh. wurde das bedeutende römische Kastell Niederbieber abgebrochen, um an seiner Stelle ein Wohngebiet zu schaffen! Einige Objekte waren schon früh in land- und forstwirtschaftliche Nutzflächen einbezogen worden und wurden dadurch beschädigt oder beseitigt; das gilt insbesondere für Limes-Wachttürme und -Kastelle. Von vielen dieser Objekte blieben obertägig kaum sichtbare Reste erhalten.

Nachdem also schon sehr viele Adelssitze und Wehrbauten unwiederbringlich verloren gingen, sind andere in ihrem Bestand gefährdet, da baulich vernachlässigt. Umgekehrt können unsachgemäß ausgeführte, oft sogar gut gemeinte angebliche »Restaurierungen«, »Sanierungen« und »Reparaturen« zu irreparablen Schäden führen, wie es zahllose Beispiele belegen: Neuverfugungen und -vermörtelungen, ja sogar Abtragungen von Mauerwerk mit anschließender Neuaufmauerung haben manche Burgruine quasi zum Neubau gemacht. Solche Veränderungen wurden meist nicht einmal dokumentiert! An solcherart »modernisierten« Bauten

Abb. 7 Königswinter (NRW), Burg Drachenfels. Im Hintergrund die Burg Wolkenstein (Kupferstich aus: Merian, Topographia Archiepiscopatuum Moguntinensis ..., Frankfurt am Main, 1646).

können somit häufig nur noch einzelne Bauteile datiert werden. Dazu ist die fundierte Kenntnis der verschiedenen Methoden der heutigen interdisziplinären Burgenforschung nötig, in der sich im Idealfall Archäologie, Bauforschung, Geschichte, Kunstgeschichte und andere Fachwissenschaften zusammenfinden. Immer müssen vor Sanierungsmaßnahmen die zuständigen Denkmalämter hinzugezogen werden. Wer sich über den sachgerechten Umgang mit Burgen und Schlössern informieren möchte, sei auf die Deutsche Burgenvereinigung (Marksburg, 56338 Braubach, www.deutsche-burgen.org) verwiesen.

Zur Erhaltung der Baudenkmäler können aber alle Burgenbesucher/-innen beitragen, indem sie darauf verzichten, auf Mauern und Wällen herumzuklettern, Lagerfeuer innerhalb alter Gemäuer und Ruinen anzuzünden etc. Unverständlich – und inakzeptabel – sind die mancherorts an Baudenkmälern, meist Burgen und Stadtmauertürmen offiziell angebotenen Klettermöglichkeiten (z. B. in Oberwesel), die dem Zeitgeist unseres oft oberflächlichen »Event-Zeitalters« geschuldet sind und zur Schädigung der Bauten beitragen. »Die Burg für alle, aber nicht für alles«, so formulierte es Dr. Bertold Picard in treffender Weise. Insofern sollten »Abseilen und Houserunning – die Trendsportarten« in der Halle und nicht am Steingassenturm der Stadtbefestigung von Oberwesel stattfinden.

Große Schäden haben innerhalb der letzten Jahre Raubgräber angerichtet, die auf ihrer illegalen und strafbaren Suche nach »Schätzen« und Metallgegenständen archäologische Befunde in Burgruinen zerstören. Zögern Sie bitte nicht, solche Zerstörer unseres kulturellen Erbes anzuzeigen bzw. die Polizei zu verständigen, wenn sie solche Menschen auf frischer Tat ertappen!

Historische Wehrbauten und Adelssitze wie Burgen und Schlösser sind Kulturdenkmale im Sinne der Denkmalschutzgesetze der Bundesländer. Gezieltes Sammeln von Oberflächenfunden (z. B. Keramikscherben) ist genehmigungspflichtig, und Zufallsfunde sind in jedem Fall den Denkmalbehörden zu melden.

Dr. Michael Losse

2. Der Mittelrhein und das Mittelrheingebiet

2.1 Geografie

Der Rhein (alemannisch/schwyzerdütsch *Rhy*; lat. *rhenus*) ist einer der wichtigsten europäischen Ströme. Der ca. 1230 km lange Fluss entspringt in den Schweizer Alpen im Kanton Graubünden. Er durchfließt bzw. berührt mehrere Staaten: Schweiz, Liechtenstein, Deutschland, Österreich, Frankreich, Niederlande. Dabei werden folgende Rheinabschnitte oder auch Regionen unterschieden: Gebiet der Quellflüsse (mit Hinter- und Vorderrhein und Tomasee), Alpenrhein, Bodensee (bestehend aus Obersee, Seerhein und Untersee), Hochrhein, Oberrhein, Mittelrhein (zwischen Bingen bzw. Rüdesheim und Bonn), Niederrhein, Rhein-Maas-Delta.

Nördlich des Mainzer Beckens, am Binger Loch, setzt der **Mittelrhein** an (Abb. 8–9, S. 18f), der hier das Rheinische Schiefergebirge in einem Steiltal – einem Durchbruchtal – durchfließt, linksrheinisch von den Mittelgebirgen Soonwald, Hunsrück und Eifel, rechtsrheinisch von Taunus und Westerwald flankiert. Den Grenzpunkt zwischen Ober- und Mittelrhein markiert die Mündung der Nahe in den Rhein bei Bingen (Stromkilometer 529,1) (Abb. 10, S. 20). Zwischen Bonn-Bad Godesberg und Bonn-Oberkassel geht der Mittel- in den Niederrhein über, dessen Flussbett hier zwischen Altarmen verläuft. Das Neuwieder Becken markiert die Grenze zwischen oberem und unterem Mittelrhein.

Das Mittelrheintal gehört größtenteils zum Bundesland Rheinland-Pfalz, doch berührt es im S Hessen (rechtsrheinisch zwischen Rüdesheim und Lorch) und im N Nordrhein-Westfalen. In den Mittelrhein münden linksrheinisch die Flüsse Nahe, Mosel und Ahr, rechtsrheinisch Lahn, Wied und Sieg. Kulturgeschichtlich

Abb. 8 Der Rhein mit seinen Teilabschnitten.

wird das Gebiet der Unterläufe dieser Flüsse dem Mittelrheingebiet zugerechnet. Im Falle der Ahr bezieht sich diese Zuordnung auf den gesamten Flusslauf, im Falle der Mosel auf Unter- und Mittelmosel.

Seit etwa zwei Jahrtausenden ist das Rheintal einer der bedeutendsten Verkehrswege Europas. Als solcher war er schon in der Antike für den kulturellen Austausch zwischen Mittelmeergebiet und N-Europa wichtig. Der Rhein gehört heute zu den verkehrsreichsten Wasserstraßen der Welt; zudem verlaufen beiderseits des Stromes Eisenbahnlinien, deren Bau manches Ortsbild stark beeinträchtigt hat. Trotz moderner Veränderungen wurde das Obere Mittelrheintal zwischen Bingen und Koblenz 2002 in die Liste des Weltkulturerbes der UNESCO aufgenommen: Das Welterbegebiet ist 67 km lang und umfasst den Rheindurchbruch durch das Rheinische Schiefergebirge mit seinen Grauwacke- und Schieferfelsen. Dieser Abschnitt des Stromes weist eine außerordentlich große Zahl an Kulturdenkmälern auf, unter denen die ma. Burgen – viele im 19./fr. 20. Jh. als Neuschöpfungen historisierend neu aufgebaut – und Kirchen besonders hervorzuheben sind. Das Mittelrheintal mit seinen Spornburgen und Rebhängen hat den Begriff der Rheinromantik besonders geprägt. Mit dem Ansatz des Niederrheins nördlich von Bonn beginnt dann der durch städtische Ballungsräume, Großstädte und Industrie geprägte Stromabschnitt.

2.2 Geschichte

2.2.1 Vor- und Frühgeschichte

Die Besiedlung der Mittelrheinregion reicht bis in die **ältere Steinzeit** (Paläolithikum) zurück. Archäologische Funde von Stein- und Knochenwerkzeugen u. a. aus Brey, Osterspai und Spay belegen eine dauerhafte Besiedlung schon vor ca. 30 000 Jahren. Bei Gönnersdorf wurden Siedlungsreste aus dem 16. Jt. v. Chr. entdeckt, und bereits für das fr. 5. Jt. v. Chr. sind Wallbefestigungen wie das jungsteinzeitliche Erdwerk der Michelsberger Kultur bei Urmitz im Neuwieder Becken nachgewiesen.

Auf die bis etwa 1900/1800 v. Chr. dauernde Stein-

Abb. 9 Der Mittelrhein mit den wichtigsten Burgen und Schlössern.

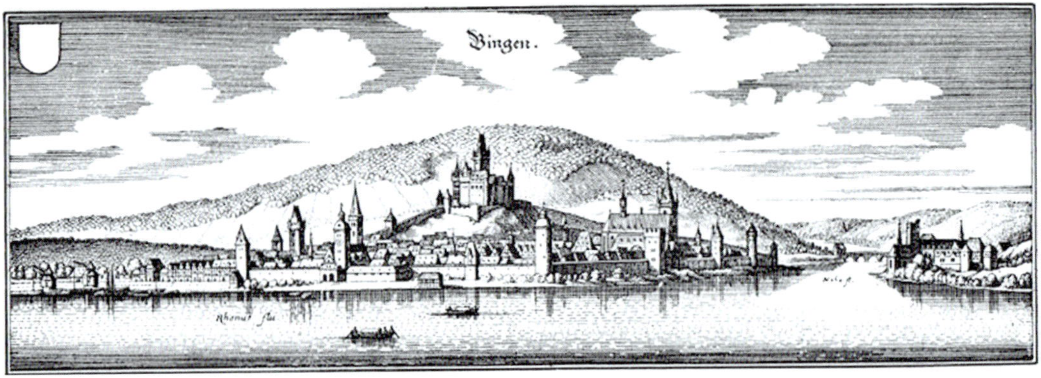

Abb. 10 Der Beginn des Mittelrheins in Höhe der Nahe-Mündung bei Bingen. Die Stadt Bingen wird überragt von der Burg Klopp; im Hintergrund rechts ist die mittelalterliche Drususbrücke über die Nahe zu sehen (Kupferstich aus: Merian, Topographia Hassiae, Frankfurt am Main 1646/55).

zeit folgte die **Bronzezeit**, die um etwa 1250 v. Chr. endete. Bronze zur Herstellung von Waffen, Werkzeugen und Schmuck musste importiert werden. Jagd, Fischfang, Ackerbau und Viehzucht bildeten die Lebensgrundlagen für die Menschen der Bronzezeit am Mittelrhein, die am Fluss und in den diesen begrenzenden Gebirgen lebten.

Es folgte die **Eisenzeit**, die von Historikern in drei Epochen interpretiert wurde:

- **Urnenfelderzeit** (13. Jh. bis ca. 750 v. Chr.) – aus ihr sind befestigte Höhensiedlungen im Rheinland bekannt –,
- **Hallstattzeit** (bis 500 v. Chr.) und
- **Latènezeit** (bis etwa zur Zeitenwende).

In der Urnenfelderzeit erfolgte eine soziale Differenzierung der im Mittelrheingebiet lebenden Volksgruppen ebenso wie die Ausformung kultureller Gemeinsamkeiten etwa im Glauben und bei Bestattungsriten. Verstorbene wurden in Brandgräbern beigesetzt, in Flach- oder Hügelgräbern. Aus den letztgenannten Epochen sind bemerkenswerte Reste mehrerer Wehrbauten der Kelten im Mittelrheingebiet erhalten geblieben, Abschnittsbefestigungen und meist fälschlich sog. »Ringwälle«. Zu den markanten

Siedlungsresten der früheren Eisenzeit gehören Hügelgräberfelder bei Boppard und im Breyer Wald sowie die Befestigungen auf dem Dommelberg bei Koblenz, dem Hünenberg (*Hühnerberg*) bei St. Goarshausen und der Loreley. Siedlungen gab es als Einzelgehöfte und Weiler.

Eisenzeitliche Menschen am Mittelrhein unterhielten Handelsbeziehungen ins nahe Rheinhessen, nach Mitteldeutschland und in die Schweiz. Durch Rodungen von Wäldern entstanden neue Siedlungsplätze. Lebensgrundlagen waren Land- und Weidewirtschaft; Eisenerz wurde gefördert und verhüttet.

Innerhalb der zur Älteren Eisenzeit gerechneten Latènezeit bildete sich im 7./6. Jh. v. Chr. die **Hunsrück-Eifel-Kultur** keltischer Stämme heraus, die bis ins 4. Jh. v. Chr. währte und den Kulturraum von der Kölner Bucht (Niederrhein) bis nach Rheinhessen (Oberrhein) und von Luxemburg bis zur unteren Lahn umfasste. In der Hunsrück-Eifel-Kultur entstanden zahlreiche Wehrbauten im Mittelrheingebiet, darunter stadtartige befestigte Großsiedlungen (*oppida*). Iulius Caesar benennt in seiner Schrift *De bello Gallico* die Volksstämme, die beiderseits des Rheins lebten: Tenkterer, Usipeter, Ubier (rechtsrheinisch), Menapier, Eburonen und Treverer (linksrheinisch). Im SO wohnten Mediomatriker, im N des Mittelrheingebietes Sueben.

Kurz vor der Jahrtausendwende, 59/50 v. Chr., begann die **Römerzeit** im Rheinland, die für das Mittelrheingebiet den Anschluss an ein Weltreich und dessen »weltweite«, auch wirtschaftliche Vernetzung brachte. Es bildete sich partiell eine kelto-/gallo-römische Kultur heraus.

Rom wollte eine Rheingrenze aufbauen, um das Imperium gegen germanische Stämme zu sichern, die wiederholt nach Italien vorgedrungen waren, und – insbesondere während der Regierung des Kaisers Augustus – um Zugriff auf die Rohstoffe des Rheinlandes (u. a. Eisenerz) zu haben. Die schnelle herrschaftliche Durchdringung des Mittelrheingebietes erfolgte durch Errichtung von Militärstationen und -lagern sowie den Aufbau einer neuen Infrastruktur, die sich u. a. im Straßenbau manifestierte.

Zwischen 59/58 und 51/50 v. Chr. eroberten römische Truppen unter Caesar weite Teile des Rheinlandes. Nach vergeblichen Versuchen, das rechtsrheinische Germanien Rom zu unterwerfen, verlegte Kaiser Tiberius (reg. 14–37 n. Chr.) die römische Staatsgrenze von der Elbe an den Rhein. Eine N-S-Straße zwischen Nahe- und Moselmündung gab es schon vor der römischen Rheinlandbesetzung; sie wurde von Rom ausgebaut. Ihre Trasse ist über weite Strecken mit jener der Autobahn A 61 identisch. Bedeutend war die linksrheinische Fernstraße zwischen den römischen Provinzhauptstädten Mainz und Köln über Hochflächen – so im Hunsrück von Rheinböllen nach N – und durch das Rheintal im Verlauf der heutigen B 9. Auch der Rhein selbst diente Rom als Verkehrsweg zum Warentransport. Im 1. Jh. n. Chr. entstanden bei Koblenz eine Rhein- und eine Moselbrücke.

Ab etwa 80 n. Chr. wurde der Limes angelegt, eine Grenzbefestigung gegen das östliche Germanien, in dessen Schutz der beinahe flächendeckende Landesausbau mit Kastellen/Militärlagern, Städten, Dörfern, Gehöften und Gutshöfen des Typus *villa rustica* stattfand. Ab M. 3. Jh. drangen Germanen, in erster Linie Franken und Alamannen, in das römisch besetzte Gebiet am Mittelrhein ein, und der Limes musste um 270 n. Chr. aufgegeben werden. Nach den Germaneneinfällen von 352 n. Chr. kam es zu einer römischen Neubefestigung des Mittelrheingebietes, u. a. durch den Bau von Kastellen, wobei es sich oft um Ausbauten älterer Befestigungen handelte. Mit dem Abzug der römischen Grenztruppen um 400 n. Chr. wurden die Kastelle aufgegeben. 454 n. Chr. wurde das Rheinland fränkisch; dies leitete zur Epoche des MA über.

2.2.2 Mittelalter

Der Rhein bildete während des MA den wohl wichtigsten Handelsweg in N-S-Richtung und stellte die bedeutendste Verbindung im Verkehr von NW nach SO dar. Der Besitz von Land, Burgen oder Städten am Strom war daher immer von wirtschaftlichem und politischem Interesse.

2.2.2.1 Frühmittelalter (5.–9./10. Jahrhundert)

Die Geschichte des Mittelrheingebietes war nach dem Rückzug der Römer zuerst weitgehend Reichsgeschichte. In karolingischer Zeit entstanden einige fränkische Pfalzen am Rhein, so in Ingelheim (unterer Oberrhein) (Abb. 11), Sinzig (Mittelrhein) und Nimwegen (Niederrhein). Gleichzeitig mit den fränkischen Herrschern gewann die Kirche entscheidenden Einfluss am Mittelrhein. So bildeten sich die Erzbistümer Mainz, Köln und Trier, die später im Rahmen der Territorialbildung eine prägende Rolle spielen sollten.

Nachdem die Römer im 5. Jh. von Alamannen und Franken aus dem Rheingebiet vertrieben worden waren, bedeutete dies den Niedergang der römischen Städte in der bisherigen Form, auch wenn sie offenbar alle weiterhin in

Abb. 11 Ingelheim (RP), Kaiserpfalz. Modell der rekonstruierten karolingischen Pfalz im Museum Ingelheim.

Teilen besiedelt waren. Selbst nach der Gründung des fränkischen Merowingerreiches unter König Chlodwig (um 482–511) E. 5. Jh. und der Abwanderung des größten Teils der romanischen Bevölkerung hielt sich im Mittelrheingebiet über längere Zeit ein franko-romanischer Dialekt; Latein fand als Verwaltungssprache nach wie vor Verwendung. In Boppard gefundene Grabinschriften des 5.–8. Jh. bezeugen vermutlich die Existenz eines romanischen Bevölkerungsanteils neben den Franken. Letztere gründeten im Früh-MA zahlreiche neue Siedlungen auf dem Lande. Viele dieser Neugründungen sind an der Endung »-heim« des Ortsnamens erkennbar.

Die Frankenkönige übernahmen römische Siedlungen und Kastelle im Mittelrheingebiet als Kron- und Fiskalgut. So entstand u. a. das »Königsland«, zu dem die heutigen Orte Bingen, Bacharach, Oberwesel, St. Goar, Boppard, Koblenz, Sinzig und Remagen mit ihrem jeweiligen Umland gehörten und das bis in die Karolingerzeit (7./8. Jh.) fast geschlossener königlicher Besitz blieb. Mit dem 8. Jh. setzten Veräußerungen und Vergaben von Teilen dieses Besitzes an Erzbischöfe (Köln, Trier, Mainz, Magdeburg), Klöster (u. a. Prüm; St. Maximin/Trier) und Adelige ein. Das nach Kaiser Karl d. Gr. (König ab 768, Kaiser 800–12) benannte, im Maas-Mosel-Raum beheimatete fränkische Geschlecht der Karolinger besaß in der Eifel viele Hausgüter und Domänen. Von den karolingischen Herrschern erhielten Adelige Grundbesitz als Gegenleistung für ihre Verwaltungs- und Militärdienste für das Reich, anfangs als Lehen, doch wurde solcher Grundbesitz später oftmals erblich.

Unter den Karolingern kam es im 8./9. Jh. zum Bau bzw. Ausbau mehrerer Pfalzen und Königshöfe.

Die von den Enkeln Kaiser Karls d. Gr. vorgenommene, 842 in der St.-Kastor-Kirche in

Koblenz vereinbarte Teilung des Frankenreiches ergab die Zuteilung des linken Rheinufers von Bacharach bis Koblenz an das Mittelreich. 925 wurde Lotharingien dann mit dem ostfränkischen Reich (Austrasien) zum späteren deutschen Reich vereinigt.

Mit dem 8. Jh. kam es zur »Grafschaftsverfassung« des Frankenreiches: Im Reich existierten seit dem 7. Jh. Gaue (lat. *pago*, Plural *pagi*), und innerhalb der Gaue Grafschaften. Die Grafen hatten zivile (Verwaltung, Justiz, Friedenswahrung) und militärische Aufgaben (Heeresaufgebot). Als »Beamte« wurden sie vom König eingesetzt; anders als im Hoch-MA konnte dieses Amt bis ins 10. Jh. nicht vererbt werden. Doch als das fränkisch-karolingische Königtum an Macht verlor, gelang es einigen hochadeligen Geschlechtern, das Grafenamt über mehrere Generationen zu wahren.

Das Mittelrheingebiet gehörte zu verschiedenen Gauen: Maifeld (zwischen Vinxtbach und Unter-Mosel), Trechirgau (zwischen Mosel und Nahe bzw. Hunsrück), Wormsfeld (mit Mainz, Bingen, Kreuznach, Alzey; im 9. Jh. wurde der Nahegau ausgegliedert), Engersgau (Neuwieder Becken), unterer Lahngau, Einrichgau und Rheingau. Der Eifelgau (762 *pago eflinse*, 838 *pago Eifla*) umfasste das Gebiet um die Quellen von Ahr, Kyll, Urft und Erft um die späteren Orte Adenau, Daun, Ulmen, Kronenburg und Münstereifel.

Nach dem Tod Kaiser Ludwigs des Frommen († 840) erfolgte der Zerfall des Frankenreiches und im Laufe der nächsten Jh., bis hin zum 30-jährigen Krieg (1618–48), die territoriale Zersplitterung des Mittelrheingebietes.

Mit der Schwächung des Königtums im späteren 9./fr. 10. Jh. waren die Könige oftmals gezwungen, Reichsgut auf Dauer an Adelige, insbesondere an große Dynastengeschlechter zu vergeben. So waren die früheren Fiskalgüter Bingen, Kreuznach, Boppard, Koblenz und vielleicht auch Oberwesel bis ins fr. 10. Jh. in den Händen der Konradiner, einer v. a. im Mittelrhein-Lahn-Gebiet begüterten Hochadelsfamilie. Mehrere Konradiner erlangten gar die Königswürde, doch um die M. 10. Jh. verringerte sich ihr Einfluss innerhalb der Reichsgutbezirke am Mittelrhein, denn das Königshaus der Ottonen konnte das mächtige, auf Ausbau eines familiären Territorialbesitzes bedachte Hochadelsgeschlecht weitgehend entmachten und die Verfügungsgewalt des Reiches in vielen Fällen wiederherstellen. Andererseits überließen die Ottonen große Teile des Fiskal- bzw. Reichsgutes Bischöfen/Bistümern und Klöstern, am Mittelrhein z. B. der Benediktinerabtei Prüm in der Eifel: Dieses **Reichskirchensystem** stützte sich zur Aufrechterhaltung der Reichsgewalt auf jene, da es »Beamte« im spätma. Sinne noch nicht gab.

2.2.2.2 *Hochmittelalter (10.–13. Jahrhundert)*

Nachdem schon in karolingischer Zeit Kirchen- und Klostergüter zwangsweise von Königen ihren adeligen Gefolgsleuten zugeteilt worden waren, geschah dies abermals unter Kaiser Heinrich II. (reg. 1002–24) im Mittelrheingebiet, in der Eifel und an der Mosel. Später kam es seitens der Könige zu Schenkungen aus Reichsbesitz (*Fiskalgut*), die sich bis A. des 14. Jh. fortsetzten. Nutznießer der Übereignungen waren Äbte (u. a. in Prüm; St. Maximin in Trier) und Erzbischöfe (Köln, Trier, Mainz, Magdeburg).

Bis zur Stauferzeit (1138–1268) war das Mittelrheingebiet ein **königliches Kernland**. Doch bereits nach dem Investiturstreit (1122) funktionierte das frühere Reichskirchensystem nicht mehr wie zuvor. Die Reichskirche, am Mittelrhein v. a. die Erzstifte Mainz, Trier und Köln, betrieb eine eigene Politik. Die genannten Erzstifte erweiterten den weltlichen Teil ihrer Herrschaft, indem sie Burgen und Städte gründeten oder erwarben, womit die im Spät-MA prägende Territorialherrschaft begann. Im 12./13. Jh. hatten sich am Mittelrhein mehrere weltliche und geistliche, auf Expansion setzende Territorialherren etabliert. Die Könige hatten ihre politische Stütze am Mittelrhein in wenigen verbliebenen Reichsgütern, in Reichsstädten (Boppard, Oberwesel) und ihren Reichsministerialen.

Die **Territorialbildung** begann verstärkt mit dem Zusammenbruch der staufischen Reichsmacht und dem Interregnum (der »kaiserlosen Zeit«), nachdem schon durch die Reichstagsbeschlüsse von Worms und Cividale 1231/32 das Landesherrentum begründet worden war. Kurz danach etablierte sich das Kurfürstenkollegium als Oligarchie sieben großer Territorialherren, von denen vier am Rhein ansässig waren. Prägend für ma. Adelsherrschaft war, dass sie meist nicht über größere zusammenhängende Gebiete, sondern über Streubesitz verfügte. Oft gehörten Dörfer nicht einem Herrn alleine, sondern mehreren Adeligen, Bischöfen oder Klöstern gleichzeitig. Auch Burgen konnten im Besitz mehrerer Herrschaften sein (Ganerbenburgen, z. B. Schönburg bei Oberwesel, s. Abb. 111, S. 119).

Im Hoch-MA dienten Burgen meist der Sicherung und Verwaltung von Grundbesitz. Seit dem späteren 12. Jh. waren Burgen für ihre Besitzer aber zunehmend auch Zollstationen

(Abb. 12). Mit der Ausbildung der Städte am Mittelrhein wurden Burgen der Stadtherren mancherorts auch zu »Zwingburgen« gegen die nach bürgerlichen Freiheiten strebenden Städter, wie in Andernach, wo der Kölner Erzbischof seine Burg im Spät-MA noch stärker gegen die Stadt befestigen ließ.

2.2.2.3 *Spätmittelalter (13.–15. Jahrhundert)*

War der Mittelrhein im Früh-MA noch durch umfänglichen Königs- bzw. Fiskalbesitz geprägt gewesen, so hatte die Entwicklung seit dem Ende des karolingischen Königtums zu zunehmender Besitzzersplitterung geführt, sodass im Spät-MA nicht mehr das Reich als Zentralgewalt, sondern Partikulargewalten, d. h. verschiedenste Herrschaftsträger die politische Geschichte des Mittelrheingebietes bestimmten. Dies galt weitgehend bis zum Ende des Reiches 1806.

Ab 12. Jh. hatte eine zunehmende Schwächung des Königtums eingesetzt, und es gelang den Fürsten, ihre Macht auszubauen. Mit den sog. Fürstengesetzen stärkte Kaiser Friedrich II. 1220 und 1231 gezwungenermaßen deren Einfluss, indem er wichtige, zuvor königliche Rechte (*Regalien*) an geistliche und weltliche Reichsfürsten abtrat. 1273 wurde das Wahlkönigtum etabliert, und M. 14. Jh. begann die verstärkte Ausbildung der Territorialstaaten. Am Mittelrhein waren die Erzbischöfe von Mainz, Trier und Köln, die Pfalzgrafen bei Rhein, die Grafen v. Katzenelnbogen (deren territoriales Erbe 1479 die Landgrafen v. Hessen mit ihren Nebenlinien antraten), die Grafen (später Herzöge) v. Jülich und die Grafen v. Nassau Territorialherren. Hinzu kamen Klöster (u. a. die Fürstabtei Prüm) und kleinere Adelsgeschlechter als Grundherren. Der bedeutende Besitz der v. Katzenelnbogen erklärt sich damit, dass sie als Vögte der Abtei Prüm ein eigenes Herrschaftsgebiet rund um St. Goar und die Burg Rheinfels schaffen konnten. Zu diesem gehörten im Mittelrheingebiet u. a. die Marksburg (Abb. 13, S. 28) neben den Burgen Reichenberg und Neukatzenelnbogen (Abb. 14, S. 29). Hinzu kam Besitz in Südhessen und im Odenwald.

Da die Territorialherren untereinander vielfach in Konkurrenz um politische und wirtschaftliche Macht standen, ließen sie zur Untermauerung ihrer Ansprüche im 14. Jh. noch zahlreiche Burgen im Mittelrheingebiet und am Strom selbst erbauen. Vier der sieben Kurfürsten hatten Besitzungen am Mittelrhein. Dabei handelte es sich nach wie vor kaum um zusammenhängende Gebiete, sondern vielmehr um Streubesitz. Der Besitz einer Burg, einer befes-

Abb. 12 Rüdesheim (HE), Burg Ehrenfels mit dem Ehrenfelser Zoll am Fuß des Burgberges. Auch der Mäuseturm (von Mautturm) auf der Insel im Rhein war ein Zollturm (Kupferstich aus: Merian, Topographia Archiepiscopatuum Moguntinensis ..., Frankfurt am Main 1646).

tigten Siedlung oder Stadt bedeutete, am lukrativen Handel auf dem Rhein teilzuhaben und zu verdienen. Insbesondere die Rheinzölle waren wichtige Einnahmequellen und somit Streitobjekte. Burgen waren dabei Stützpunkte der jeweiligen Territorialpolitik, aber auch wichtige Wirtschaftsfaktoren, u. a. als Zollstationen (z. B. Burg Ehrenfels mit Ehrenfelser Zoll bei Rüdesheim [Abb. 15, S. 30] und der Mäuseturm bei Bingen für die Mainzer Erzbischöfe).

Abb. 13 Braubach (RP), Marksburg. Rheinseite der hochmittelalterlichen, im Spätmittelalter ausgebauten Gipfelburg nach der Rekonstruktion der weißen mittelalterlichen Farbgebung.

Im Kontext der Zollerhebungen sind einige Burgen an der Wisper von Interesse: In Lorch begann der ***Kaufmannsweg***, der durch das hier ins Rheintal mündende **Wispertal** über den Niederwald führte und bei Rüdesheim wieder auf den Rhein traf. Er umging die Stromschnellen des *Binger Lochs*, die bedingten, dass im MA auf dem Fluss transportierte Waren in Lorch auf kleinere Schiffe umgeladen werden mussten. Daraus erwuchs die wirtschaftliche Bedeutung des Ortes. Spätestens 983 hatten die Mainzer Erzbischöfe ihre Herrschaft über Lorch gefestigt, das später zum Eckpfeiler des kurmainzischen Kernlandes wurde, gesichert durch die Burgen Kammerburg, Rheinberg und Waldeck. Der in Lorch zahlreich ansässige Adel war an der Verwaltung beteiligt.

Nachdem es dem Erzstift Trier zunächst gelungen war, die Grafenrechte in Trier und dessen Umgebung zu erlangen, konnten die Trierer Erzbischöfe ihr Herrschaftsgebiet im Spät-MA über Teile der Eifel, die Mittel- und Untermosel, das Saargebiet und über den Mittelrhein hinaus an der Lahn und im Westerwald ausdehnen und so die führenden Territorialherren im Mittelrheingebiet werden. Einige Trierer Erzbischöfe, insbesondere Balduin v. Luxemburg (1307–54), betrieben eine durchdachte, expansive Burgenbau- und -erwerbspolitik und konnten so ihre Machtposition festigen, die weitgehend bis zum Ende der Feudalzeit 1806 Bestand hatte. Burgenpolitik betrieben auch die Erzbischöfe von Köln (Abb. 16, S. 31) und von Mainz (Abb. 17, S. 32). Neben den geistlichen Kurfürsten gelang es den Pfalzgrafen bei Rhein – beginnend mit Hermann v. Stahleck – ab den 1140er Jahren am Mittelrhein politisch und wirtschaftlich Einfluss zu gewinnen. Ihre bedeutendsten Stützpunkte waren Bacharach mit Burg Stahleck (Abb. 18, S. 33) und Kaub mit Burg Kube (später Gutenfels gen. [Abb. 19, ebd.]).

Einige Adelige gründeten bei ihren Burgen – oft am Fuß des Burgberges – Städte zur Stärkung ihrer wirtschaftlichen Macht. Insgesamt wurden im 13./14. Jh. am Mittelrhein zwischen Bingen und Koblenz etwa 20 Städte

Abb. 14 St. Goarshausen (RP), Burg Neukatzenelnbogen, genannt Katz, nach 1350 von den Grafen v. Katzenelnbogen gegründet (Ansicht nach Dilich 1607).

und Talsiedlungen gegründet, die Stadtrechte oder ähnliche Freiheiten hatten (sog. Minderstädte). Nicht alle entwickelten sich zu Städten. Fast alle waren mit Mauern und Türmen befestigt. Stadt- bzw. Ortsbefestigungen besaßen am Mittelrhein (über Koblenz hinaus) u. a. Altwied (Neuwied), Andernach, Bacharach, Bad Bodendorf (Sinzig), Bingen, Bonn, Boppard, Braubach (Abb. 20–21, S. 34f), Engers, Kaub, Koblenz, Linz, Lorch, Niederbreisig, Niederlahnstein, Oberwesel, Remagen, Rheinbach,

Abb. 15 Rüdesheim (HE), Burg Ehrenfels.

Rhens, Rüdesheim, St. Goar, St. Goarshausen und Sinzig.

Städtebünde: Die zunehmend nach Freiheiten und wirtschaftlicher Stärkung strebenden Städte hatten sich 1254 – nach Ende der Stauferzeit, als sie wegen des Interregnums keine königliche Unterstützung hatten, sondern vielmehr durch expandierende Territorialherren bedrängt wurden – zu einem Städtebund zusammengeschlossen. Diesem 1. Rheinischen Städtebund (1254–57) gehörten 59 Städte und später auch einige Territorialherren an, weshalb der Bund von Historikern heute allgemeiner als **Rheinischer Bund** bezeichnet wird. Kern war das Bündnis zwischen Mainz und Worms vom Februar 1254. Gründungsmitglieder waren u. a. Mainz, Köln, Worms, Speyer, Straßburg und Basel, doch gehörten dem Bund darüber hinaus Städte und Herrschaften im fränkischen Raum an. Hinzu kamen die Bischöfe bzw. Erzbischöfe von Mainz, Köln, Trier, Worms, Straßburg, Metz und Basel sowie weitere Adelige. E. 1256 umfasste der Bund mehr als 60 Städte und über 30 Fürsten. Der Bund basierte auf den Regelungen des Mainzer Landfriedens von 1235, der sich gegen Fehden gerichtet und Regeln für Konfliktfälle formuliert hatte. Eine bewaffnete Flotte auf dem Rhein sollte Schiffe und Handel sichern, die den Handel beeinträchtigenden Rheinzölle sollten abgeschafft werden. Der seit 1273 amtierende König Rudolf von Habsburg bestätigte einzelne Bestimmungen des Mainzer Landfriedens von 1235, um nach dem Interregnum im Heiligen Römischen Reich einen allgemeinen Frieden zu bewahren. 1273 hob er alle in der Zeit des Interregnums illegal erhobenen Zölle auf; dies betraf besonders das Land am Rhein. Letztlich waren die rheinischen Städte aber aufgrund ihrer vergleichsweise ge-

Abb. 16 Rheineck (Bad Breisig, RP), Burg Rheineck. Die Gipfelburg wurde ab/nach 1164 vom Kölner Erzbischof anstelle einer 1151 zerstörten Burg errichtet und im 19. Jh. historistisch ausgebaut. Zum Originalbestand gehören der Bergfried und die Ringmauer (Abbildung aus Sammlung Duncker, 1857/83).

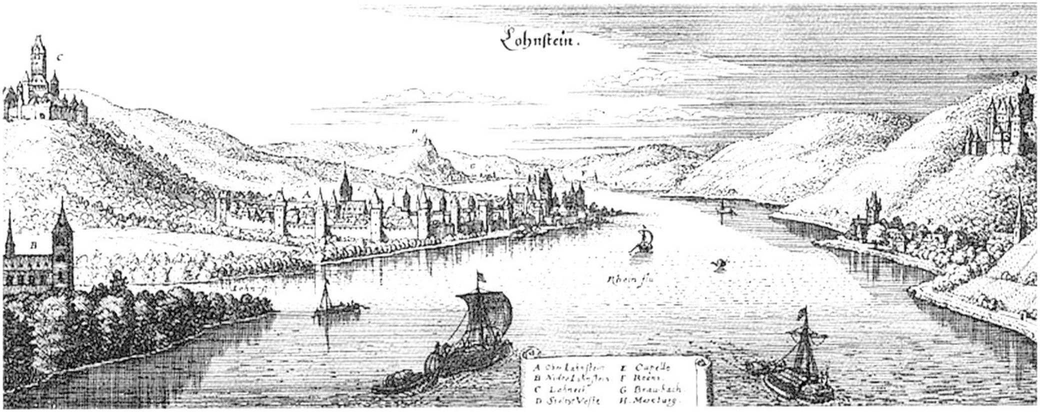

Abb. 17 Lahnstein (RP) mit der kurmainzischen Burg Lahneck (links); rechts die kurtrierische Burg Stolzenfels, im Hintergrund Braubach mit der Marksburg (Kupferstich aus: Merian, Topographia Hassiae, Frankfurt am Main, 1646/55).

ringen Einwohnerschaft von ca. 2–5 000 Personen nicht stark genug, ihre Forderungen durchzusetzen. Während die Städte v. a. daran interessiert waren, die für sie unsichere Situation zu überwinden, wollten die beteiligten Landesherren die Städte nicht zu stark werden zu lassen und Machtzuwachs des Königtums verhindern.

Ein 2. Rheinischer Städtebund wurde 1381 gegründet; ihm gehörten u. a. Mainz, Worms, Speyer, Frankfurt und Straßburg an. Er schloss sich 1381 mit dem Schwäbischen Bund zum Süddeutschen Städtebund zusammen, der 1389 aufgelöst wurde. In diesem 2. Bund blieben die Städte trotz Mitgliedschaft kleinerer Adelsherrschaften das bestimmende Element. Unterbezirke wurden der Mittelrhein mit dem Hauptort Mainz, der Oberrhein mit Straßburg und die Wetterau mit Frankfurt.

Gegen E. des MA setzte sich die adelige Territorialpolitik am Mittelrhein durch. Die Reichsstädte Boppard und Oberwesel wehrten sich noch lange gegen ihre Vereinnahmung. In Boppard kam es 1327 und 1497 zu Kämpfen

Abb. 18 *Bacharach (RP), Burg Stahleck. In der heutigen Form eine Neuschöpfung der 1920er-/60er-Jahre unter Einbeziehung der Ruinen der mittelalterlichen Burg.*

um die kommunale Freiheit. Um 1340 ließ der Trierer Erzbischof Balduin die Burg am Rand der Stadt als Zwingburg gegen diese errichten. Balduins Bruder, Graf Heinrich v. Luxemburg, seit 1308 deutscher König, hatte ihm die Reichsstädte Boppard und Oberwesel verpfändet. Auch anderswo am Rhein standen Burgen der Territorialherren teils bedrohend neben den Städten, eingebunden in die Stadtbefestigungen, aber auch militärisch gegen die jeweiligen Städte gerichtet, wie die Burg der Kölner Erzbischöfe in Andernach (Abb. 22–23, S. 36) oder die Burg (Alte Burg [Abb. 24, ebd.]) der Trierer Erzbischöfe in Koblenz, wobei Letztere zusätzlich die Burg über Ehrenbreitstein (ehe-

Abb. 19 *Kaub (RP) mit den Burgen Gutenfels (eigentlich Burg Kube) auf dem Berg über der Stadt und Pfalzgrafenstein (Pfalz) auf einer Insel im Rhein (Kupferstich aus: Merian: Topographia Palatinatus Rhenani, 1645).*

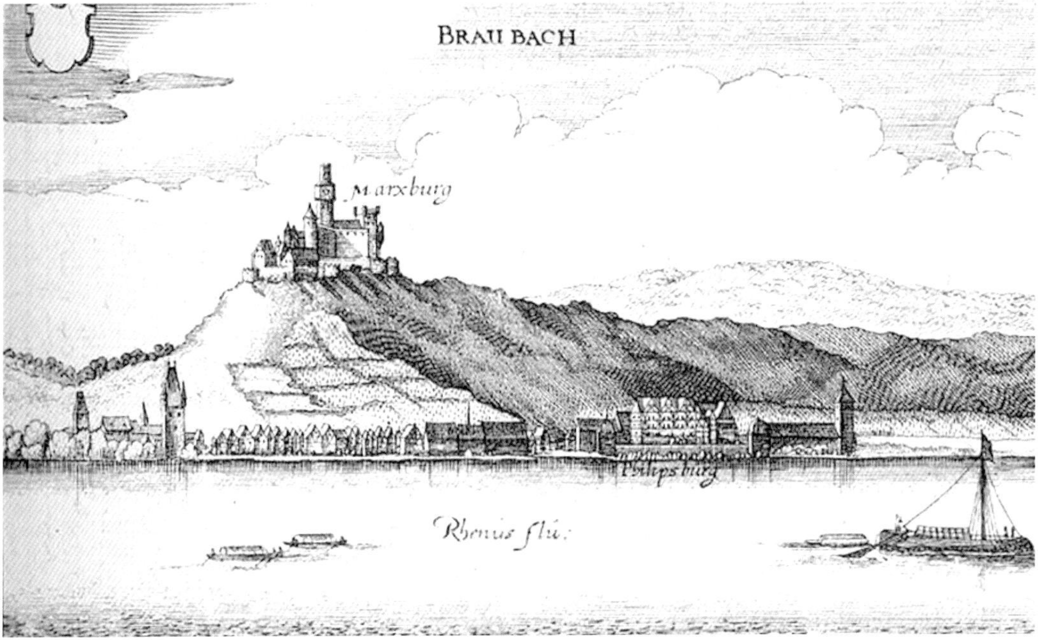

Abb. 20 Braubach (RP) mit Stadtbefestigung, Marksburg (auf dem Berg) und Philippsburg (am Rheinufer) (Kupferstich aus: Merian, Topographia Hassiae, Frankfurt am Main 1646/55).

mals Helfenstein) auf der anderen Rheinseite gegenüber Koblenz besaßen (Abb. 25, ebd.).

2.2.3 Frühe Neuzeit

Die Frühe Neuzeit war am Mittelrhein über lange Zeit durch Kriege und Konflikte geprägt, die vielfach – insbesondere in der 2. H. 17. Jh., im 18. Jh. und nach 1800 – von Frankreich ausgingen. Doch schon zuvor waren ausländische Mächte in kriegerische Auseinandersetzungen am Mittelrhein verwickelt, im Verlauf derer es vom 16. bis zum fr. 19. Jh. zur Zerstörung zahlreicher Burgen kam.

Abb. 21 Braubach (RP), Stadtbefestigung, Torturm.

2.2.3.1 Kölnischer Krieg, auch Truchsessischer Krieg (1583–88)

Teile des unteren Mittelrheingebietes waren von den Folgen des Kölnischen bzw. Truchsessischen Krieges betroffen, den überwiegend kurkölnische und bayerische Truppen ausfochten. Grund und Folge dieses Krieges war die Verhinderung des Vorhabens, das Erzbistum Köln in ein erbliches, protestantisches Herzogtum umzuwandeln. Vorausgegangen war der Konfessionswechsel des Kölner Erzbischofs und Kurfürsten Gebhard Truchsess v. Waldburg, der aus dem kurkölnischen Territorialstaat ein weltliches Fürstentum machen wollte. Der Truchsess verkündete die Gleichberechtigung der Konfessionen und überließ den Kölner Domherren die Freiheit der Bekenntnisse. Dies widersprach nach Auffassung einiger Zeitgenossen dem *Geistlichen Vorbehalt,* einer Regelung des Augsburger Religionsfriedens. Nachdem Gebhard dann die ev. Gräfin Agnes v. Mansfeld geehelicht hatte, wurde er am 2.2.1583 als Erzbischof abgesetzt und am 1.4.1583 vom Papst exkommuniziert. In der Folge brachen Kämpfe zwischen

Abb. 22 (links) Andernach (RP), kurfürstlich-kölnische Stadtburg. Teilansicht der Stadtseite mit gegen die Stadt gerichtetem Graben und Türmen (Johann Andreas Ziegler, 1798).

Abb. 23 (rechts oben) Andernach (RP), kurfürstlich-kölnische Stadtburg. Teilansicht der Stadtseite; bemerkenswert sind die Schießscharten für kleinere Feuerwaffen unterhalb der großen Fenster im unteren Geschoss.

Abb. 24 (unten) Koblenz (RP), Alte Burg. Stadtseite, rechts ein Teil des Grabens.

Abb. 25 (rechts unten) Koblenz-Ehrenbreitstein (RP), Festung Ehrenbreitstein anstelle der früheren Burg Helfenstein.

seinen Unterstützern, dazu gehörten kurpfälzische Verbände, und gegen ihn vorgehenden bayerischen und spanischen Truppen aus, die das Kölner Domkapitel zu Hilfe gerufen hatte, nachdem es am 23.5.1583 Ernst v. Bayern als Nachfolger Gerhards zum Erzbischof gewählt hatte. Der Krieg brachte Belagerungen und Zerstörungen mehrerer Städte und Burgen: Deutz (heute Köln) wurde 1583 fast vollständig zerstört, Rheinberg und Linz geplündert und in Teilen demoliert. Am 7.12. konnten gegnerische Truppen die Godesburg erobern (Abb. 26).

Abb. 26 Bad Godesberg (Bonn), Godesburg. Zerstörung der Burg im Kölner Krieg 1583 (Kupferstich aus: Braun/Hogenberg 1572ff).

Abb. 27 Poppelsdorf (Bonn), Burg. Zerstörung der Wasserburg im Kölner Krieg 1583 (Kupferstich aus: Braun/Hogenberg 1572ff).

Gerhard floh ins kurkölnische Gebiet Westfalens, wo er im kurfürstlichen Schloss Werl eine vorübergehende Residenz fand. 1583 wurde die Wasserburg Poppelsdorf (sie stand anstelle des 1715/40 erbauten Barockschlosses Clemensruhe in Bonn-Poppelsdorf) erobert und zerstört (Abb. 27).

1585 gelang es Graf Adolf v. Neuenahr, einem Parteigänger Gebhards, Neuss in Schutt und Asche zu legen, wie auch einige Burgen und Adelssitze im Umland dieser Stadt. Nach militärischen Niederlagen floh der abgesetzte Erzbischof in die Niederlande, doch die Kämpfe hielten an. Niederländisches Militär eroberte am 23.12.1587 Bonn, doch ging die Stadt Gebhard nach einer Belagerung wieder verloren. Nachdem ihm die Niederlande ihre Hilfe entzogen hatten, musste Gebhard 1588 aufgeben.

Der Kölnische Krieg belegt, dass man im *Heiligen Römischen Reich Deutscher Nation* inzwischen bereit war, konfessionelle Konflikte gewaltsam zu lösen und sich Verbündete außerhalb des Reiches zu suchen, wie es dann im 30-jährigen Krieg noch ausgeprägter geschehen sollte.

2.2.3.2 *Der 30-jährige Krieg (1618–48)*

Der als Religionskrieg zwischen Katholiken und Protestanten 1618 ausgebrochene 30-jährige Krieg (s. Kap. 5.1.1) betraf auch das Mittelrheingebiet, wo er viel Leid und Not, Zerstörungen, Hunger, Truppendurchzüge, häufiger wechselnde Besatzungen durch Feinde – aber auch durch Verbündete –, Einquartierungen, Kontributionszahlungen etc. über Städte und Burgen brachte.

1618 war Kurfürst Friedrich V. von der Pfalz von den protestantischen Ständen im Konflikt mit Kaiser Ferdinand II. zum König von Böhmen gewählt worden. Dem kaisertreuen Rheinischen Bund gehörten damals die Erzbistümer Mainz, Trier und Köln sowie Hochstifte und Reichsabteien an. Sie engagierten sich auf der kath. Seite des Kaisers und des mit ihm verbündeten Spanien. 1620 besetzte der kaiserliche General Spinola pfälzische Besitzungen Friedrichs V.; anschließend ging er gegen kurpfälzische Stützpunkte am Mittelrhein vor: Bacharach wurde im Herbst 1620 von spanischen Truppen eingenommen; kurz danach ergaben sich die Besatzungen von Kaub und der Burgen Gutenfels und Pfalzgrafenstein bei Kaub.

1627 wechselte der Trierer Erzbischof Kurfürst Philipp Christoph v. Sötern die Seiten; er stand nicht mehr dem Kaiser, sondern dem König von Frankreich nahe, da er seinen Territorialstaat durch des Kaisers Politik gefährdet sah. 1632 vereinbarte der Erzbischof mit Schweden und Frankreich Schutzbündnisse. Frankreich durfte eine Garnison in die kurtrierische Festung Ehrenbreitstein bei Koblenz legen. 1635 wurde daher Trier von kaiserlichen Truppen erobert und der Erzbischof gefangen genommen. Er blieb bis 1644 in Haft.

Nach Eintritt Schwedens in den Krieg 1630 belagerten und eroberten sie 1631/32 mit militärischer Hilfe des Landgrafen v. Hessen-Kassel Mainz. Die Grafen v. Nassau verbündeten sich mit den Protestanten. Nachdem Pfalzgraf Ludwig Philipp v. Simmern Vormund für die Erben

Abb. 28 Bacharach (RP), Burg Stahleck während der Belagerung 1632 (Ausschnitt aus einem Kupferstich aus: Merian, Topographia Palatinatus Rheni, Frankfurt am Main 1645).

Pfalzgraf Friedrichs V. († 1632) geworden war, entschieden die Schweden, die Besetzung der für sie strategisch wichtigen befestigten Orte bzw. Burgen Bacharach (1632 von ihnen besetzt [Abb. 28]), Kaub, Gutenfels und Pfalzgrafenstein aufrechtzuerhalten. 1632 besetzten schwedische Truppen zweimal vorübergehend Boppard. Auch eine französische Besatzung musste die Stadt erdulden, die zur Verhinderung von Plünderungen und zur Versorgung einquartierter feindlicher Truppen hohe Kredite aufnahm.

Ebenfalls wurden die Burgen Fürstenberg, Stahlberg und Stahleck von Schweden eingenommen. 1635 – in dem Jahr, in dem Frankreich offiziell mit einer Kriegserklärung an Spanien in den Krieg eintrat – gelang es ihnen nach längerer Belagerung, die kurmainzische Burg Ehrenfels zu erobern und ihre Kontrolle über den Rheingau auszudehnen. 1635–50 saßen kaiserliche, schwedische und schließlich spanische Truppen auf Burg Ehrenfels, die zunehmend beschädigt wurde.

Einige Orte und Burgen erlebten wechselnde Besatzungen, darunter Bacharach, wo in Folge kaiserliches, französisches, bayerisches, Weimarer, spanisches und französisches Militär lag. Die während des Krieges zur Festung ausgebaute pfälzische Burg Gutenfels über Kaub wurde mehrfach umkämpft und erobert (Abb. 29). In ihr lagen Spanier (1620–32), Schweden (1632), Hessen (1632–35), kaiserliches und hessen-darmstädtisches Militär (1635/45), Franzosen (1645), Hessen-Darmstädter (1646) und Hessen-Kasseler (1647). Von den Kämpfen zeugt der Soldatenfriedhof »Spanischer Friedhof«. 1635 belagerte eine bayerische Armee die französische Besatzung von Koblenz, das in den 1630er Jahren zudem kaiserliche und schwedische Belagerung erlebte (Abb. 30, S. 42). Ähnlich erging es anderen Burgen (z. B. Rheinfels; Schönburg; Stolzenfels) und Städten (z. B. Oberwesel).

Zu den Folgen des 30-jährigen Krieges gehörten neben den vordergründigen wie Zerstö-

Abb. 29 Kaub (RP), Burg Gutenfels. Äußere Befestigung des 17. Jh.

rung und Tod auch politische. Zwar blieb die territoriale Gliederung am Mittelrhein weitgehend erhalten, doch war das Mittelrheingebiet zunehmend in den Blickpunkt französischer Interessen gerückt. Seit der Amtszeit des Kardinals Richelieu – seit 1624 leitender Minister in Frankreich – war der Erwerb der Rheinlande ein postuliertes Ziel französischer Politik. Mit dem Westfälischen Frieden 1648 kam es zu ersten Gebietserwerbungen Frankreichs im

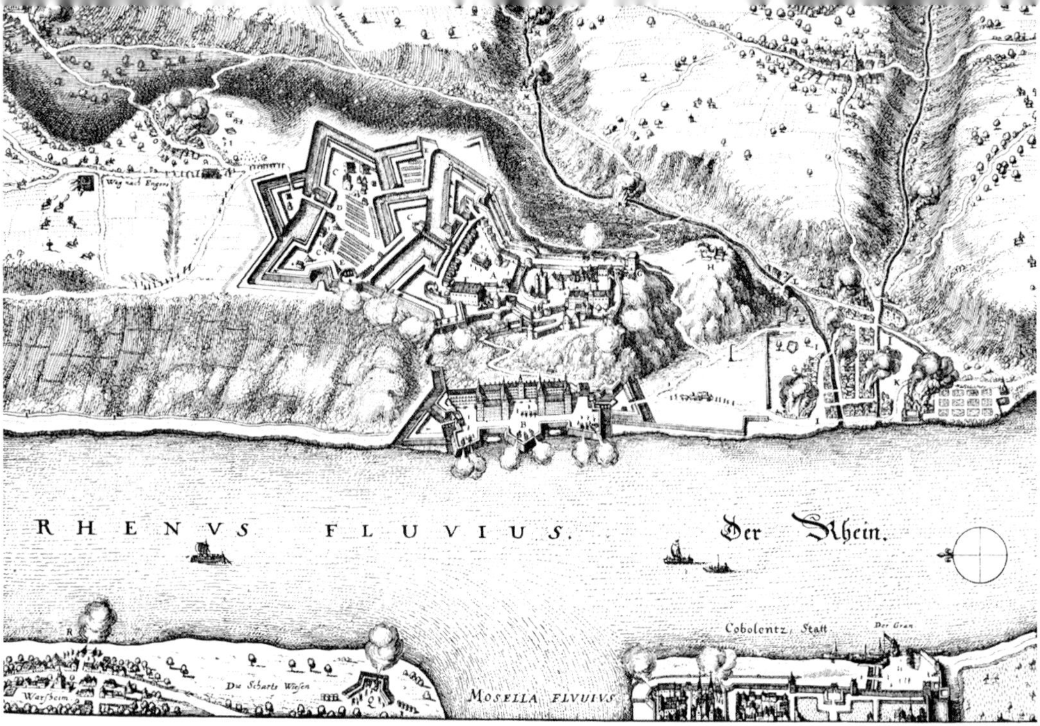

Abb. 30 Koblenz-Ehrenbreitstein (RP), Belagerung der Festung Ehrenbreitstein und des am Fuße des Festungsberges gelegenen Schlosses Philippsburg, 1636 (Kupferstich aus: Merian, Topographie, 1646).

Elsass, und zur Zeit Ludwigs XIV. konnten umfangreiche Landgewinne im Mittelrheingebiet erzielt werden.

1672 erklärte der französische König Ludwig XIV. Holland den Krieg. Der Trierer Erzbischof Karl Kaspar von der Leyen hatte den Durchmarsch französischer Truppen durch den Kurstaat zu dulden. Damals wurde Oberwesel geplündert und gebrandschatzt. Wilhelm v. Oranien konnte die Franzosen zurückschlagen, und noch 1672 trat der Kurfürst von Trier der kurz zuvor begründeten kaiserlich-brandenburgischen Allianz bei, der auch Holland, Spanien und Lothringen angehörten. Koalitionstruppen konnten 1673 wichtige kurkölnische Stützpunkte (Andernach; Bonn; Linz) erobern und den

Kölner Erzbischof Kurfürst Wilhelm v. Fürstenberg in Haft nehmen. Kampfhandlungen fanden bald darauf am Mittelrhein, an der Mosel und in der Pfalz statt. Die im Mosel-Saar-Gebiet sowie in Trier stehenden französischen Truppen wurden 1675 verdrängt.

2.2.3.3 *Reunionskriege (1667/97)*

Viel Leid erfuhr das Rheinland durch die französische **Reunionspolitik** und die daraus folgenden französischen Kriegszüge, Besatzungen und Zerstörungen (s. Kap. 5.1.1). Die Reunionspolitik, deren Folgen die Reunionskriege waren, erwuchs aus der Tatsache, dass die Könige von Frankreich seit 1552 Reichsvikare der Stadt Verdun waren und mit dem E. des 30-jährigen Krieges 1648 die Souveränität über Metz und Toul sowie über das Bistum Verdun erlangt hatten. Wie anderenorts in Deutschland verlangte der französische König daher, dass er als Vertreter der Rechte des Bischofs von Verdun bei der Belehnung mit der Grafschaft Veldenz/Mosel gefragt werden müsse. Der Graf v. Veldenz weigerte sich, denn sein Lehnseid gegenüber dem König von Frankreich hätte die Grafschaft dessen Souveränität unterstellt und damit deren Stellung im *Heiligen Römischen Reich Deutscher Nation*, etwa im Erbfall, gefährdet. Zu jener Zeit hatten bereits mehrere kleinere weltliche und geistliche Herren für einige ihrer Besitzungen vor der Reunionskammer in Metz den Lehnseid geleistet. Im Falle der Grafschaft Veldenz handelte nun König Ludwig XIV. von Frankreich: Er zwang die Untertanen mit Gewalt zur Huldigung und ließ am 6.7.1680 Burg Veldenz stürmen und zerstören. Nach den französischen Verwüstungen – es folgten noch zahllose Zerstörungen von Burgen, Schlössern, Städten und Dörfern, insbesondere 1688/89 – und dem anschließenden Frieden von Rijswijk (1697) büßten die Trierer Erzbischöfe als Landesherren Teile ihrer Eigenständigkeit ein, denn sie standen im Zentrum des damaligen habsburgisch-bourbonischen Konflikts. Auch musste man die Hoffnung auf Frieden im Mittelrheingebiet bald begraben, denn der Spanische Erbfolgekrieg (1701–14) und der Polnische Erbfolgekrieg (1733–35) brachten neues, durch französische, aber auch alliierte Truppendurchzüge verursachtes Elend für das Land.

Als Reunionskriege werden folgende Kriege bezeichnet:

- der Devolutionskrieg (1667/68),
- der Holländische Krieg (1672–79),
- der Reunionskrieg (1683–84) und
- der Pfälzische Erbfolgekrieg (1688–97).

2.2.3.4 Der Spanische Erbfolgekrieg (1701–14)

Zwar waren andere Regionen am Rhein vom Spanischen Erbfolgekrieg stärker betroffen als das Mittelrheingebiet, doch wurde auch bei Bonn gekämpft. Ansonsten war das Land am Mittelrhein von Kontributionen, Truppeneinquartierungen und einigen Überfallen betroffen. Allerdings hatte Landgraf Karl v. Hessen-Kassel den Krieg 1702 genutzt, um die Festung Rheinfels und die Niedergrafschaft Katzenelnbogen unter seine Kontrolle zu bringen. Etwa vier Jahre nach E. des Krieges zwang eine Reichsexekution den Landgrafen 1718 zur Aufgabe der Festung Rheinfels, die eine Besatzung aus gemischten Truppen erhielt. Erst 1754 bestätigte der Kaiser den Anspruch Hessens auf Rheinfels (Abb. 31).

2.2.3.5 Weitere kriegerische Auseinandersetzungen

In den weiteren Kriegen der 1730er bis 1760er Jahre war das Rheinland politisch weniger betroffen, denn die rheinischen Fürsten und Kurpfalz versuchten, sich den jeweiligen Konflikten zu entziehen. Im Polnischen Erbfolgekrieg (1733–38) um die Thronfolge in Polen nach dem Tod Augusts II. des Starken hatte z. B. Oberwesel unter Brandschatzungen zu leiden. Der Österreichische Erbfolgekrieg (1740–48) und der 7-jährige Krieg (1756–63) brachten Truppendurchzüge und -einquartierungen.

1735/66 hatte Frankreich das Herzogtum Lothringen erworben. Mit Ausnahme einiger kleiner Gebiete war das Land am Mittelrhein E. 18. Jh. Bestandteil des *Heiligen Römischen Reiches Deutscher Nation*, es war jedoch durch die Zugehörigkeit zu verschiedenen Kurfürsten-, Herzog- und Fürstentümern, reichsunmittelbaren Grafschaften, reichsritterschaftlichen Herrschaften, Reichsstädten, Abteien und Stiften kein einheitliches Gebilde. Die Zeit nach E. des 7-jährigen Krieges war am Mittelrhein teils von der Aufklärung geprägt, und der Barock entfaltete an den Adelshöfen seine Pracht (s. Kap. 5.2).

1794 wurde das linksrheinische Gebiet von französischen Truppen nach dem Sieg über die Reichsarmee bei Fleurus besetzt, und im Sonderfrieden von Basel 1795 konnte Frankreich bei Preußen, Hessen-Kassel, Baden und Württemberg die Duldung dieser Besetzung durchsetzen. Kirchen- und Adelsgüter wurden eingezogen, zu Nationalgut erklärt und verkauft. Mit dem Frieden von Lunéville (9.2.1801) erfolgte dann die völkerrechtliche Abtretung des gesamten linken Rheinufers an Frankreich. Die damals mit Frankreich verbündeten rechts-

Abb. 31 St. Goar (RP), Burg/Festung Rheinfels. Luftaufnahme.

rheinischen Rheinbundstaaten sollten helfen, diesen Besitz zu sichern. Im Zuge des *Reichsdeputationshauptschlusses* (25.2.1803) folgten weitere Veränderungen der Besitzverhältnisse, da mehrere deutsche Fürsten als Entschädigung für ihre verloren gegangenen linksrheinischen Besitzungen neuen Grundbesitz im rechtsrheinischen Gebiet erhielten.

Napoleon erzwang die Abdankung des Königs; am 6.8.1806 war das Ende des *Heiligen Römischen Reiches Deutscher Nation* gekommen, das 844 Jahre bestanden hatte. Kaiser Franz II. legte die deutsche Reichskrone nieder, blieb aber als Franz I. Kaiser. Im Rheinbund, unter dem Protektorat Napoleons, lösten sich 16 Territorien vom Reich, 1811 waren es dann 36.

1813 publizierte Ernst Moritz Arndt seine Flugschrift *Der Rhein Teutschlands Strom, aber nicht Teutschlands Gränze*. Durch die **Befreiungskriege** 1813–15 wurde schließlich das Ende der französischen Herrschaft am Rhein herbeigeführt. Schon vor der endgültigen regionalen Neuordnung hatten 1813 die alliierten Mächte Preußen, Österreich, Russland und England eine vorläufige Aufteilung in Generalgouvernements verfügt. Infolge der Niederlage Napoleons in der Völkerschlacht bei Leipzig lösten sich die Rheinbundstaaten von ihm.

Die Besatzung des Mittelrheingebietes durch französische Revolutionstruppen um 1800 brachte die Beschlagnahmung kirchlichen und teils auch adeligen Besitzes durch die Besatzer, die zahlreiche Klöster, Burgen und Schlösser zum »Nationaleigentum« Frankreichs erklärten und in der Folge auf Abbruch versteigerten (Abb. 32)! Dies brachte Geld für die Besatzer und gleichzei-

Abb. 32 St. Goar (RP), Burg/Festung Rheinfels. Franzosen, die 1794 die Festung eingenommen hatten ließen 1796 Außenwerke, 1797 den Bergfried und den Darmstädter Bau sprengen. Durch Versteigerung kam die Ruine 1812 in Privatbesitz. 1818 erfolgte Steinraub für den Neubau der Festung Ehrenbreitstein bei Koblenz (aus: William Tombleson, Views of the Rhine, um 1840).

tig die Beseitigung der von ihnen ungewollten baulichen Zeugen der Kirche und der Feudalzeit.

2.2.4 Neuzeit (ab 19. Jahrhundert)

(Zur Rhein- und Burgenromantik des 19. Jh. s. Kap. 6.)

Blüchers Rheinübergang bei Kaub am Neujahrstag 1814 leitete das Ende der französischen Besatzungszeit ein, indem er mit seinen Truppen zur endgültigen militärischen Niederlage Napoleons entscheidend beitrug. In den ersten fünf Tagen des Jahres 1814 fand bei der Wasserburg Pfalzgrafenstein im Rhein – der Pfalz bei Kaub – der Übergang der gegen Napoleon vorrückenden 83 800 Mann starken Armee unter Führung des Generals Georg Leberecht Blücher v. Wahlstatt über den Rhein statt (Abb. 33).

Abb. 33 Kaub (RP). Blüchers Rheinübergang bei Kaub in der Silvesternacht 1813/14. Gemälde des Militär- und Schlachtenmalers Wilhelm Camphausen (1818 Düsseldorf, † 1885 ebd.), Öl/Lw., Staatliche Museen zu Berlin, Preußischer Kulturbesitz, Nationalgalerie.*

1815 fiel das Rheinland infolge der Beschlüsse des Wiener Kongresses an Preußen; es entstand die preußische Rheinprovinz, später **Rheinpreußen** genannt. Sie wurde im N von den Niederlanden begrenzt, im O von den Provinzen Westfalen und Hessen-Nassau (Teile des rechtsrheinischen Gebietes waren nassauisch geblieben) sowie dem Großherzogtum Hessen und der bayerischen Rheinpfalz, im S von Elsass-Lothringen und im W von Luxemburg, Belgien und den Niederlanden. Getrennt von der Provinz lag der Kreis Wetzlar. Die gesamte Fläche betrug 26 992 km². Bestandteile Rheinpreußens waren die ehem. Herzogtümer Kleve, Berg und Geldern, die ehem. Fürstentümer Moers und Lichtenberg, das Herzogtum Jülich, der nördliche und mittlere Teil des Erzbistums Köln sowie die Herrschaften Homburg, Neustadt und Gimborn, weiter die von Nassau eingetauschten Gebiete, die Standesherrschaften Neuwied, Solms und Wildenburg, die Gebiete der Reichsstädte Wetzlar und Aachen, ein Stück von Limburg und Teile vormaliger französischer Départements. Dazu kam 1866 das von Hessen erworbene, ehemals zu Hessen-Homburg gehörige Oberamt Meisenheim. 1824 wurden die beiden vormals eigenständigen Provinzen Jülich-Kleve-Berg und Niederrhein zusammengelegt und bildeten die ab 1830 offiziell so genannte Rheinprovinz. Zur Sicherung der preußischen Rheinprovinz trug der Bau der Großfestung Koblenz ab 1817 bei.

»Die preußische provinzialständische Verfassung von 1823 hielt – entgegen den liberalen Forderungen – am alten Ständestaat (Adel, Städte und Bauern) fest. Der Adel definierte sich nicht über seine Herkunft, sondern über Großgrundbesitz. Die Grundbesitzer wurden als allein Wahlberechtigte zur eigentlich staatstragenden Schicht; Handel und Gewerbe sowie geistige Berufe waren damit weitgehend ausgeschlossen. 1824 wurde schließlich per Spezialgesetz die rheinische Provinzialverfassung erlassen. Sie sollte den besonderen Verhältnissen in der Rheinprovinz Rechnung tragen, unterdrückte definitiv aber erstarkte Kräfte auf wirtschaftlicher sowie Entwicklungen auf gesellschaftlicher Ebene. Der Ausschluss der Mehrheit des Bildungsbürgertums aus dem Landtag schürte die Politisierung dieser Gesellschaftsschicht, was sich bald bemerkbar machen würde. Bis in die 30er Jahre setzte die Regierung in Berlin den rheinischen Adel wieder nahezu vollständig in seinen alten Privilegien ein und bestätigte ihn als politische Führungsschicht« (Stefan Grathoff, in: www.regionalgeschichte.net/bibliothek/texte/geschichte-mittelrhein.html; Zugriff: 31.1.2013).

Mit dem Erwerb des Rheinlandes 1815 übernahm Preußen eine selbstbewusste, teils staatskritische bürgerliche Bevölkerung, die unternehmerisch und wirtschaftlich jener der preußischen Gebiete deutlich voraus war. Im Eifel-Mosel-Gebiet war mit dem Frieden von Lunéville 1801 der französische Besitz der linksrheinischen Gebiete bestätigt worden. Hier bildete sich durch Aufteilung und Versteigerung der großen herrschaftlichen und klösterlichen Besitzungen ein bis zu diesem Zeitpunkt fast fehlender privater Großgrundbesitz, v. a. ein Großwinzerstand. Die Veränderungen seitens der französischen Besatzungsverwaltung wurden in der Rheinprovinz großenteils beseitigt und der Ständestaat reaktiviert. Der Adel übernahm wieder die politische Führung, das Bürgertum war politisch fast ohne Einfluss.

1840 beanspruchte Frankreich während der **Rheinkrise** wieder einmal den Rhein als seine Ostgrenze. Aus der Empörung darüber erwuchsen in Deutschland nationale Lieder wie »Die Wacht am Rhein« und das von Hofmann v. Fallersleben komponierte »Deutschlandlied«. Nikolaus Becker dichtete sein Rheinlied: »Sie sollen ihn nicht haben, den freien deutschen Rhein«.

Nach dem Preußisch-Österreichischen Krieg 1866 (Einigungskrieg) annektierte Preußen die rechtsrheinischen Gebiete von Nassau. Zwar war Nassau 1849 dem »Dreikönigsbündnis« zwischen Preußen, Sachsen und Hannover beigetreten, doch hatte es sich im Krieg 1866 gegen Preußen gestellt. Im Juni 1866 rückten preußische Truppen in Oberlahnstein ein und besetzten die zur Festung ausgebaute Marksburg über Braubach. Braubach, St. Goarshausen, Rüdesheim (als Kreisstadt) und Eltville wurden Amtssitze im preußischen Rheingaukreis. So war E. der 1860er Jahre das gesamte Mittelrheintal nebst Rheingau, Hunsrück, Taunus, Eifel und Westerwald preußisch geworden.

Im Gegensatz zum niederrheinischen und rheinisch-westfälischen Raum blieb das enge Mittelrheintal in seiner Agrar- und Gewerbestruktur dörflich und kleinstädtisch geprägt. Daran hatten die Einführung der Dampfschifffahrt um 1830 (Beginn des Dampfschiff-Linienverkehrs durch die Köln-Düsseldorfer 1827) und der Bau der Eisenbahnen um die M. 19. Jh. nichts geändert. Lediglich im unteren Mittelrheintal (u. a. bei Niederlahnstein, Koblenz und Sinzig) siedelte sich Industrie an.

Auf den Spuren der Romantiker (u. a. Friedrich Schlegel, Achim v. Arnim und Clemens Brentano, s. Kap. 6), entdeckten Touristen den Mittelrhein; durch Dampfschifffahrt und Eisenbahn war das Reisen einfacher geworden. Für viele Orte am Strom wurde der Tourismus ein beachtlicher Wirtschaftsfaktor, insbesondere ab 1871.

Nach dem **1. Weltkrieg** (1914–18) wurden das linksrheinische Gebiet sowie ein 50 km breiter Streifen rechts des Stromes von den Siegern zur »entmilitarisierten Zone« erklärt, die zu Beginn unter amerikanischer und 1923–29 unter französischer Verwaltung stand. 1923 scheiterte die Absicht, eine an Frankreich orientierte »Rheinische Republik« zu etablieren: In Aachen riefen Separatisten unter französischem und belgischem Schutz diese Republik aus, die aber in der Bevölkerung keine Akzeptanz fand.

Der **2. Weltkrieg** (1939–45) brachte große Zerstörungen für Städte (u. a. Koblenz), Schlösser (z. B. Koblenz: Residenz) und Burgen. Manche wurden »nur« beschädigt, wie die Marksburg. Einer der letzten Wehrbauten am Mittelrhein, die unter der Bezeichnung »Brücke von Remagen« bekanntere Ludendorff-Brücke über den Rhein bei Remagen, war zwischen Truppen der deutschen Wehrmacht auf dem Rückzug und vorrückenden US-amerikanischen Einheiten hart umkämpft. Ab 7.3.1945 konnten Amerikaner die Brücke nutzen, doch am 17.3. stürzte sie wegen der starken Beschädigung infolge der Kämpfe ein.

2002 wurde das Obere Mittelrheintal von Bingen und Rüdesheim bis Koblenz als »Kulturlandschaft Oberes Mittelrheintal« zum **Weltkulturerbe** der UNESCO erklärt. Dieses Weltkulturerbe mit seinen Burgen und Schlössern erschließen seit einigen Jahren zwei Fernwanderwege: der rechtsrheinische Rheinsteig und der Rheinburgenweg beiderseits des Flusses. Zudem gibt es einen Rhein-Radweg von Bingen bis Bonn, der links des Stromes abseits der Straße am Fluss verläuft, während rechtsrheinisch auf einigen kleineren Abschnitten die Straße genutzt werden muss.

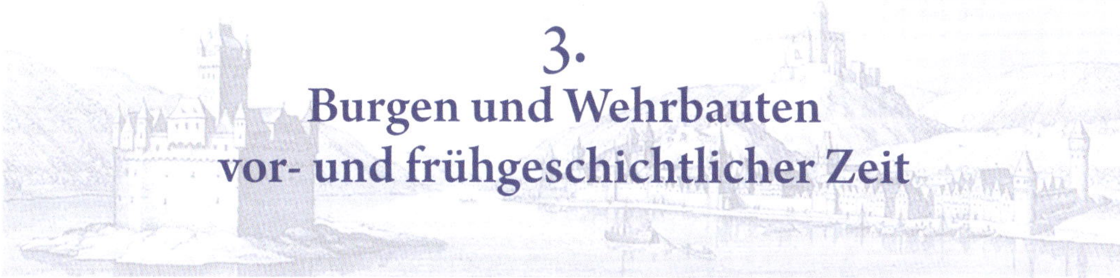

3. Burgen und Wehrbauten vor- und frühgeschichtlicher Zeit

3.1 Vor- und frühgeschichtliche Wehrbauten bis zur Römerzeit

3.1.1 Steinzeit

Bereits für die Altsteinzeit (Paläolithikum) sind menschliche Siedlungsplätze am Mittelrhein und im Mittelrheingebiet archäologisch bezeugt. So wurden im Gebiet von Gönnersdorf (Neuwied-Feldkirchen) Siedlungsreste aus dem 16. Jt. v. Chr. entdeckt. Im Palais der Prinzessinnen bei Schloss Monrepos (Neuwied-Segendorf) werden Funde aus den Gönnersdorfer Ausgrabungen präsentiert. Trotz der Nachweise einzelner Siedlungen bleibt anzumerken, dass der Prozess der Sesshaftwerdung – eine der wichtigsten Voraussetzungen zur Anlage von Wehrbauten – in weiten Teilen Europas erst im Zeitraum 3000/600 v. Chr. stattfand: Zuvor wandernde Stämme begannen, Ackerbau zu betreiben.

Außer Siedlungen wurden prähistorische Wegeführungen in der Region entdeckt, deren Anfänge mancherorts vielleicht in die Steinzeit zurückreichen. Ein nachgewiesener prähistorischer Höhenweg verläuft z. B. »auf einem leicht zum Rheintal hin abfallenden Höhenrücken« bei Boppard-Buchholz; entlang dieses Weges liegen Grabhügel (v. Berg/Joachim, in: Kunow/Wegner 2005, 315f), die jedoch erst nach der Steinzeit entstanden.

Neben Lager- und Siedlungsplätzen der steinzeitlichen Rheinländer finden sich schon seit dem fr. 5. Jt. v. Chr. Wallbefestigungen. Mit dem jungsteinzeitlichen **Erdwerk der Michelsberger Kultur bei Urmitz** im Neuwieder Becken, das beim Bimsabbau entdeckt wurde, lag einer der eindrucksvollsten bislang bekannten Wehrbauten seiner Zeit am Mittelrhein. Axel v. Berg und Andreas Zimmermann (in: Kunow/Wegner 2005, 506f) nannten es die »bedeutendste jungsteinzeitliche Grabenanlage an Mittelrhein und Mosel, das größte Bauwerk der Urgeschichte im vorrömischen Westdeutschland«. In der Form eines gedrückten Hufeisens mit Maßen von ca. 1 200 x 850 m lehnt sich die ein Areal von ca. 100 ha umschließende Befestigung mit ihrer offenen Seite an den Rhein (Abb. 34). Durch Bimsabbau und Überbauung ist das einzigartige Bauwerk allerdings inzwischen bis auf wenige Reste zerstört.

»Mit einer Länge von insgesamt 2 250 m umschloss ein äußerer Sohlgraben die Innenfläche. Er besaß 25 Unterbrechungen oder Tordurchlässe. Ein innerer Graben mit ähnlichem Aufbau verlief in etwa 9 m Abstand zum äußeren Grabenwerk und wies 34 Durchlässe auf. Auf der Innenseite wurde mit dem Grabenaushub ein Wall aufgeschüttet. Der innere Bereich des Erdwerks wurde zusätzlich […] mit einem Palisadengraben umgeben. An zwölf Stellen der Anlage befanden sich zwischen den Grabenköpfen des inneren Sohlgrabens Bastionen, die teilweise mit Einbauten versehen waren. Diese Bastionen entsprechen jeweils den Öffnungen des äußeren Sohlgrabens und des Palisadengrabens und können als Tordurchlässe gedeutet werden. Von der nur in Ausschnitten untersuchten Innenfläche liegen Siedlungsspuren wie Gruben, Pfostenlöcher und eingetiefte Grubenhäuser der Jungsteinzeit vor. Mit dem Bau wurde schon während des

Abb. 34 Urmitz (MYK, RP), jungsteinzeitliches Erdwerk der Bischheimer und Michelsberger Kultur, ca. 4400/3500 v. Chr.

Zeitabschnitts der Bischheimer Gruppe begonnen, und die Anlage bestand bis zum Ende der Michelsberger Kultur, M. 4. Jt. v. Chr.« (ebd.).

Als Bischheimer Kultur oder Gruppe wird ein Abschnitt der Jungsteinzeit am Übergang vom Mittel- zum Jungneolithikum (ca. 4400–4200 v. Chr.) in Mitteleuropa bezeichnet. Benannt wurde sie nach dem bedeutenden archäologischen Fundort Bischheim bei Kirchheimbolanden. Auf die Bischheimer Kultur folgte die Michelsberger Kultur (ca. 4400–3500 v. Chr.), die ebenfalls nach einem wichtigen Fundort benannt ist: dem Michels- bzw. Michaelsberg bei Untergrombach nahe Bruchsal (BW). Verbreitet war sie von Süddeutschland (Ostbayern, Donau) über Südwestdeutschland – ihre Siedlungsschwerpunkte finden sich in der oberrheinischen Tiefebene, am Mittelrhein und im Kraichgau – bis zum Pariser Becken in Frankreich. Das Erdwerk von Urmitz entstand in wahrscheinlich vier Bauphasen in diesen Zeiträumen.

Ein weiteres Erdwerk der Michelsberger Kultur im Rheinland, das vielleicht annähernd die Dimension der Befestigung von Urmitz erreichte, ist das nördlich von Jülich neben einer Ausflugschneise des Fliegerhorstes Nörvenich gelegene, das durch Auswertung von Beobachtungen aus der Luft erkannt, aber noch nicht archäologisch ergraben wurde. Allerdings ergaben bei Begehungen gemachte Funde von Keramikscherben eine Nutzung im Jungneolithikum (4.–3. Jt. v. Chr.). Drei weitere Erdwerke wurden seit 1974 durch Ausgrabungen im nördlichen Rheinland nachgewiesen, und zwar in Inden, Koslar und Lich-Steinstraß.

3.1.2 Bronzezeit und Eisenzeit

An die bis ungefähr 1800 v. Chr. währende Steinzeit schloss sich die **Bronzezeit** an, die, je nach Region, um etwa 1250 v. Chr. endete. Es folgte die Urnenfelderzeit (13. Jh. – ca. 750 v. Chr.) – aus dieser Epoche sind mehrere befestigte Höhensiedlungen im Rheinland bekannt. Es blieben bemerkenswerte Reste mehrerer Wehrbauten der **Kelten** im Mittelrheingebiet erhalten. Einige dieser Befestigungen werden von Archäologen »Burgen« genannt. Zwar wird mit dem Begriff »Burg« heute primär die hoch- und spätma. Adelsburg des 12.–14. Jh. bezeichnet, doch nutzen Archäologen die Bezeichnung auch für ältere Befestigungen. So findet der Begriff »Burgwälle« für Befestigungen der Epoche zwischen später Steinzeit und früher Bronzezeit im Rhein-Eifel-Mosel-Gebiet Verwendung, etwa für die eisenzeitlichen Befestigungen *Auf der Dickt* bei Brohl-Lützing und *Schwedenschanze* bei Rheineck (Bad Breisig).

Wegen der zahlreichen populären, teils esoterisch eingefärbten und verfälschten Darstellungen »der Kelten« gilt es hier kurz zu skizzieren, wen Wissenschaftler heute mit diesem Begriff bezeichnen: Die Kelten bildeten keinen (Gesamt-)Staat. Es ist wahrscheinlich, dass sie in nicht immer deutlich voneinander abzugrenzenden Gruppen und Stammesverbänden im Zeitraum vom 7.–1. Jh. v. Chr. in Alteuropa heimisch waren und durch ähnliche Sprachen und vergleichbare kulturelle Ausprägungen eine Verwandtschaft zueinander zeigten. Dabei waren sie »im großen und ganzen durch eine relativ einheitliche materielle [...] und immaterielle [...] Kultur von anderen Stämmen und Stammesverbänden abgehoben« (Birkhan [2]1997, 32). In der letzten Phase der keltischen Kultur, in der Spätlatènezeit (2./1. Jh. v. Chr.), erreichte diese das Niveau einer präurbanen Gesellschaft, die mit den in Iulius Caesars Schriften erwähnten *oppida* stadtartige Großsiedlungen errichtete, in denen bis zu einige Tausend Menschen lebten und arbeiteten. Derartige Siedlungen waren in der Regel befestigt. Ein solches *oppidum* lag auf dem Bleidenberg über Oberfell/Untermosel, 10 km in Luftlinie vom Mittelrhein entfernt.

Generell zu unterscheiden sind zwei verbreitete Typen ur- und frühgeschichtlicher Wallbefestigungen: sog. Ringwälle und Abschnittsbefestigungen. **Ringwälle** waren Wehranlagen, die ein geschlossener, im Grundriss unregelmäßiger (ovaler, nierenförmiger o. Ä.), nur selten annähernd ringförmiger Wall charakterisierte (z. B. Malberg bei Moschheim, Latènezeit). Im Mittelrheingebiet blieben solche Befestigungen vielfach ohne vorgelegten Graben (z. B. in der Eifel: Barsberg/Bongard; Dietzenley/Gerolstein).

Bei **Abschnittsbefestigungen**, wie sie im Mittelrheingebiet während der älteren Hunsrück-Eifel-Kultur (7./6. Jh. v. Chr.) entstanden, wurde ein Abschnitt eines Höhenrückens durch Wälle oder (Pfostenschlitz-)Mauern gesichert, wobei die Steilhänge der jeweiligen Anhöhe zusätzlichen Schutz bieten konnten. Eine besondere Form der Abschnittsbefestigungen waren Spornbefestigungen, bei denen auf drei Seiten Schutz durch natürliche Abhänge gegeben war. Die an das Höhengelände anschließende Seite wurde mit einem Abschnittswall befestigt, dem ein Graben vorgelegt sein konnte.

Meist wurden die »Wälle« der Ringwälle und Abschnittsbefestigungen nicht als solche errichtet: Verfallene, überwachsene Mauern können heute wie Erdwälle wirken. Viele eisenzeitliche Wehrbauten sicherten **Pfostenschlitzmauern**: Je eine enggestellte, in den Boden eingetiefte Standpfostenreihe an Außen- und Innenseite verbanden hölzerne Längs- und Querriegel. Dieses Holzgerüst, dessen Holzkastenwerk im Inneren mit Steinen gefüllt war, stützte die Mauer, deren Steinlagen in Lehm verlegt waren. Hölzerne, mancherorts mit Zinnen versehene Brüstungen schützten die Verteidiger (Abb. 35). Caesar bezeichnete diese Mauertechnik als *murus Gallicus* (»gallische« bzw. »keltische Mauer«).

Die ausführlichere Darstellung vor-/frühgeschichtlicher Wehrbauten am Mittelrhein muss mit einer kurzen Betrachtung der zur älteren Eisenzeit zählenden **Hunsrück-Eifel-Kultur** (7./6.–4. Jh. v. Chr.) beginnen. Der Einflussbereich dieser keltischen Kulturphase reichte von der Kölner Bucht/Niederrhein bis nach Rheinhessen/Oberrhein und von Luxemburg bis zur unteren Lahn. Zwar stand diese Kultur im Austausch mit Nachbarregionen, doch fällt auf, dass sie »sich manchen Entwicklungen verschloss und damit ihren Eigencharakter erkennen lässt« (Nortmann 2006, 232).

Eine »Burgenbauwelle« ist für die **ältere Eisenzeit** (520–320 v. Chr.) im Mittelrhein-

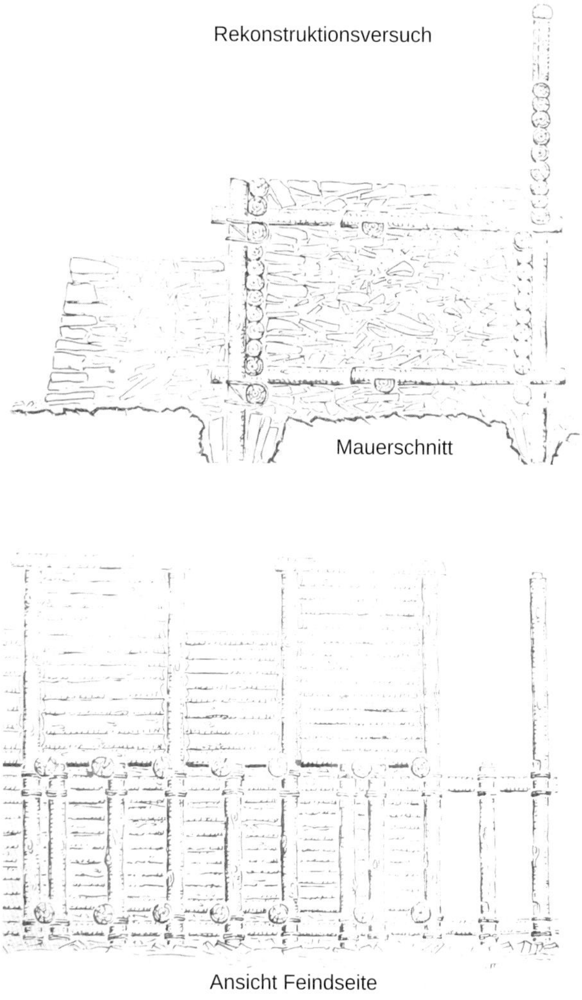

Abb. 35 Pfostenschlitzmauer. Rekonstruktion der Wehrmauer auf dem Hühnerberg (Hünenberg) über St. Goarshausen (EMS, RP), befestigte Siedlung der älteren Hunsrück-Eifel-Kultur (6. Jh. v. Chr.).

Mosel-Eifel-Gebiet feststellbar: Die Führungsschicht der damaligen keltischen Bevölkerung baute mit Ring- oder Abschnittsmauern und Gräben gesicherte Höhenbefestigungen (Innenfläche häufig um 2 ha) als Herrschaftssitze. Die mit Brustwehren versehenen Mauern besaßen meist eine Trockenmauerfassade und waren durch ein Strebewerk eingebauter Hölzer stabilisiert (Nortmann 2006, 233). Offenbar bestand keine dieser Burgen über M. 5. Jh. v. Chr. hinaus.

In der **Eisenzeit** entstanden, mutmaßlich wegen der allgemeinen Bevölkerungszunahme, auch befestigte Höhensiedlungen, teils auf markanten Bergkuppen, teils als Abschnittswälle. Ein auffallendes Element dieser Wehrbauten waren Pfostenschlitzmauern. Eine eisenzeitliche Pfostenschlitzmauer wurde auf dem (im MA erneut genutzten) Bleidenberg bei Oberfell/Mosel – unweit vom Mittelrhein – untersucht: In Abständen von jeweils ca. 1,5 m zeugten senkrechte Hohlräume von den einstigen Holzpfosten, die im Schieferboden verankert und feldseitig mit einer Trockenmauer verbunden waren.

Eine bewusste »Aufwertung der [adeligen] Führungsschicht«, die als Auftraggeber des Burgen- und Befestigungsbaues gelten muss, und die »demonstrative Hervorhebung der einheimischen Eliten« sind ebenso Charakteristika jener Zeit wie die »intensive Begegnung mit Südeuropa«, und zum Ausgang dieser historischen Entwicklung »ist das Mittelrheingebiet bei allem Eigenleben fester Bestandteil eines südmitteleuropäischen Kulturverbandes, der als keltisch bezeichnet werden darf« (Nortmann 2006, 232f). Für den Beginn der Hunsrück-Eifel-Kultur konnten Archäologen eine ausgeprägte Burgengründungsphase feststellen, während der z. B. in der an den Mittelrhein angrenzenden Eifel mehrere Befestigungen und Burgen entstanden. Auch im nahe gelegenen Moselgebiet vom Volksstamm der Treverer gegen germanische Übergriffe angelegte befestigte Höhensiedlungen (*oppida*) entstanden um diese Zeit (etwa auf dem Martberg/Pommern).

In der Zeit der (älteren) Hunsrück-Eifel-Kultur (8.–6./5. Jh. v. Chr.) erfolgten auch umfänglichere Ausbauten älterer Befestigungen, deren heute als Wälle erkennbare Umfriedungen oftmals Trocken- oder Erdmauern in hölzerner Kastenbauweise waren. Erschlossen waren sie durch einfache Tore. Trotzdem es sich um permanente Siedlungen handelte, weisen sie kaum innere Gliederungen auf (v. Berg 2006, 218f).

Eine größere Zahl von Burgen und Befestigungen bezeugt die keltisch-eisenzeitliche Besiedlung des Mittelrheingebietes. Ihre erhaltenen Reste belegen, dass diese Schutz- und Wehrbauten neben ihrem fortifikatorischen Charakter auch eine jeweils repräsentative Wirkung hatten. Archäologisch nachweisbare Siedlungen, Befestigungen und Gräber- bzw. Grabhügelfelder bezeugen eine offenbar durchgängige keltische Besiedlung entlang des Mittelrheins und den angrenzenden Gebieten. Allerdings fehlten scheinbar größere Siedlungskammern und damit die Existenzvoraussetzung für reiche, mächtige »Keltenfürsten«. Die Burgen könnten somit lokale »Häuptlingssitze« gewesen sein. Die Umwohner solcher Burgen lebten von Ackerbau und Viehzucht; u. a. in der Eifel beuteten sie zudem Erzlagerstätten aus.

3.1.2.1 *Burgen/»Burgwälle«*

Für die kleineren Befestigungen der Hunsrück-Eifel-Kultur bzw. der Eisenzeit hat sich die ungenaue Bezeichnung »Burgwälle« eingebürgert – ungenau deswegen, weil viele scheinbare Wälle dieser Befestigungen durch den Versturz von Trockenmauern oder Holz-Stein-Erde-Konstruktionen entstanden und erst durch ihren Verfall zu Wällen wurden. Nachfolgend werden einige markante Beispiele vorgestellt.

Festzuhalten bleibt vorerst, dass die baulichen Reste einiger Befestigungen bislang noch nicht eindeutig zu datieren sind, so etwa bei der auf einer bewaldeten Höhe zwischen Braubach und Osterspai gelegenen Befestigung mit gerundeter, das Umfeld teils nur schwach überhöhender Kernanlage mit Wall und Graben (stark verschleift [Abb. 36–37, S. 58]), in deren Nähe sich möglicherweise ein ma. Burgstall befindet. Bei Braubach wurden eisenzeitliche Siedlungs- und Grabfunde gemacht (s. Jost, in: Kunow/Wegner 2005, 316f).

Auf der Dickt (Brohl-Lützing): eisenzeitlicher Burgwall

Zu den eisenzeitlichen Burgwällen der älteren Hunsrück-Eifel-Kultur gehört die Burg in der Flur *Auf der Dickt* auf einem Sporn des Dicktberges nahe Andernach. Als Abschnittsbefestigung liegt sie »exponiert auf dem Berggrat zwischen Rhein- und Brohltal«; durch »zwei mächtige Abschnittswälle wird das Plateau auf der Hauptterrasse abgeriegelt. Die 1,5–2 m hohen und an der Sohle etwa 14 m breiten Wälle mit vorgelagerten Gräben laufen mit etwa 74 m Abstand parallel zueinander« in O-W-Richtung; die im N »des Hauptwalles gelegene, dreieckige Fläche umfasst 2 ha« (v. Berg 2005, 319). Eine geplante Wegebaumaßnahme machte 1973 »eine kurzzeitige Ausgrabung am Fuß des inneren Walles« notwendig; nach dem Befund

Abb. 36–37 Braubach (EMS, RP), Wallbefestigung.

»erhob sich über dem aus dem Wallgraben stammenden kiesigen, sandigen Aushub eine Trockenmauer aus Grauwackesteinen. Zwei bis drei Steinlagen der Hinterfront konnten dokumentiert werden« (ebd.). Zur Datierung der Burg in die ältere Hunsrück-Eifel-Kultur (7./6. Jh. v. Chr.) trug die im Rahmen der Grabung gefundene Gefäßkeramik bei.

Schwedenschanze auf der Reutersley bei Rheineck (Bad Breisig)

Als im Kern eisenzeitlich gilt die *Schwedenschanze* auf der Reutersley, einem Bergsporn zwischen Rhein- und Vinxtbachtal (Abb. 38). Von dieser Abschnittsbefestigung südlich der im Kern hochma. Burg Rheineck, die noch nicht umfassend archäologisch untersucht wur-

Abb. 38 Rheineck (Bad Breisig, AW, RP), Abschnittsbefestigung Schwedenschanze auf der Reutersley.

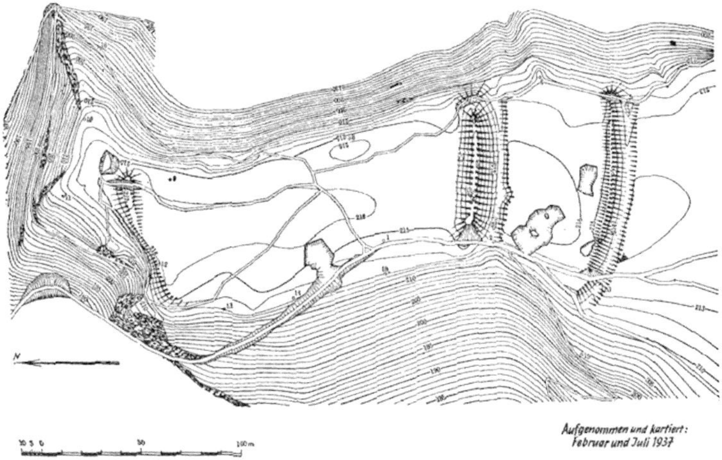

de, ist vorerst unbekannt, ob ihre Befestigung aus Wällen bestand oder ob es sich beim heutigen Befund um verstürzte Mauern handelt. Die im N und am S-Ende befindlichen Wälle begrenzen eine etwa längsrechteckige, 180–200 m lange und 80–100 m breite Innenfläche. Im S sicherten zwei im Abstand von 50–60 m zueinander verlaufende Wälle mit vorgelegten Gräben die Burg. Die »zur Ebene hin orientierte Südseite ist die am stärksten gefährdete Seite. [...] Der äußere, leicht sichelförmig angelegte Vorwall erstreckt sich auf einer Länge von 100 m in west-östlicher Richtung und endet an den Steilhängen. Davon abgesetzt folgt weiter nördlich an einer Engstelle ein imposanter Wall von heute 6 m Höhe mit einem vorgelagerten, 7 m breiten und 2,8 m tiefen Graben. Die Breite des Walles beträgt etwa 15–20 m. Das nördliche Ende der [... Burg] ist durch einen tiefen, natürlichen Einschnitt [...] sowie durch einen sichelförmigen, verflachten Randwall von 10–12 m Breite geschützt. Dieser Wall entlang des Bergabfalls ist etwa 80 m lang« (Mohr, in: Kunow/Wegner 2005, 297).

Ein nahe der Burg gelegener späthallstattzeitlicher Grabhügel und eine gefundene frühlatènezeitliche Gefäßscherbe legen die Vermutung der Befestigung in der keltischen Zeit nahe. Es gibt Indizien dafür, dass die mutmaßlich eisenzeitliche Burg im MA nachgenutzt wurde (ebd.).

3.1.2.2 Oppida *und befestigte Siedlungen*

Es wurde erwähnt, dass die keltische Kultur in der Spätlatènezeit (2./1. Jh. v. Chr.) das Niveau einer präurbanen Gesellschaft erlangt hatte, wie es nicht zuletzt Iulius Caesars Schriften belegen: Diese erwähnen *oppida*, stadtartige Großsiedlungen mit teils mehreren Tausend Bewohnern.

Bleidenberg über Oberfell: oppidum *der Spätlatènezeit*

Zu den bemerkenswertesten und zudem wissenschaftlich gut untersuchten *oppida* der Spätlatènezeit gehört das *oppidum* auf dem Bleidenberg über Oberfell/Untermosel, etwa 10 km in Luftlinie vom Mittelrhein entfernt. Archäologen fanden hier auch ältere Spuren aus der Altsteinzeit sowie Siedlungsreste aus der jungsteinzeitlichen Michelsberger Kultur (ca. 3000 v. Chr.) und aus der Urnenfelderzeit (ca. 9./8. Jh. v. Chr.). »Deutliche Schwerpunkte der Besiedlung liegen in der Späthallstatt- und Frühlatènezeit (5. Jh. v. Chr.) und mit der am Ende der Spätlatènezeit einsetzenden Befestigungsanlage im 1. Jh. v. Chr. Funde geben eine Datierung in die letzten Jahrzehnte vor Christi Geburt an [...]. In römischer Zeit wurde die Bergbefestigung offensichtlich aufgegeben« (Wegner, in: Kunow/Wegner 2005, 453). Allerdings wurde sie im Hoch-MA im Rahmen der Thurandter Fehde (1246–48) als Belagerungs- und Blidenstellung gegen die Burg Thurant genutzt.

Ein 18 ha großes, auf allen Seiten durch Steilhänge geschütztes Hochplateau war über eine schmale Bergzunge im S zu erreichen. Diese Seite war durch eine zweiphasige Pfostenschlitzmauer (1. Jh. v. Chr.) geschützt. Zudem umgab die gesamte Fläche eine 2,5 km lange Pfostenschlitzmauer. »In der für die Region typischen eisenzeitlichen Konstruktion weist sie in Abständen von ca. 1,50 m senkrechte Hohlräume der vergangenen Holzpfosten auf. Diese waren in den anstehenden Schieferboden eingetieft, an der Front mit einer Trockenmauer verbunden und in dem dahinter liegenden, mit Erde und Gesteinsmaterial aufgefüllten Holzkastenwerk verankert« (ebd., 452). Im NW war der Mauer ein Graben vorgelegt.

Bonna *(Bonn): befestigtes* oppidum *der Ubier*

Ein befestigtes *oppidum* war das vorrömische Bonn, die vom Stamm der Ubier bewohnte Siedlung *Bonna*. Die Ubier siedelten urspr. zwischen Lahn, Taunus, Wetterau und Rhein-

Main-Gebiet. Caesar erwähnte sie als Germanen mit engem kulturellem Bezug zu benachbarten Kelten. Um 55 v. Chr. suchten die Ubier das Bündnis mit Rom gegen den Stamm der Sueben, vor denen die Ubier sich in Gebiete östlich des Rheins zurückzogen. Unter dem römischen Kaiser Agrippa wurden sie um 38/19 v. Chr. in Gebiete westlich des Rheins umgesiedelt. Aus Ubiersiedlungen gingen die Städte Bonn (*Bonna*), Köln (*Oppidum Ubiorum*) und Neuss (*Novaesium*) hervor.

Bei Ausgrabungen fanden Archäologen 1983 und 1987 im Bereich der »Theaterarkaden« und des im N von diesen gelegenen heutigen Hotels Hilton Reste des ubischen *Bonna*. Die Siedlung lag »auf hochwasserfreiem Areal« zwischen Gumme, Rhein, Josefstraße – »mit möglicher Rheinsenke als Landungsmöglichkeit [Hafen?] – und dem ehem. Minoritenplatz [...]. Hier wurde bereits 1949 am Rand einer Bodenschwelle eine 20 m lange Pfotenreihe mit vorgelagertem Graben als Schutzwall der Anlage beobachtet. Im Inneren sind locker gestreute Gehöftgruppen anzunehmen, wovon Grubenhäuser und ein mögliches Pfostenhaus [...] nachgewiesen sind. Außerdem kam ein in keltischer Tradition stehender Töpferofen« zutage (Joachim, in: Kunow/Wegner 2005, 310).

Dommelsberg bei Koblenz: Wallanlage der Urnenfelderzeit und der Hunsrück-Eifel-Kultur

An der N-Spitze des Hunsrücks liegt der *Dommelsberg*, eine nach N ausspringende Höhenzunge im Koblenzer Stadtwald. Auf der Anhöhe sind Reste einer vorgeschichtlichen Befestigung erhalten, die zwei durch einen Sattel getrennte Bergkuppen umgab. Den *Dommelsberg* rahmen das Tal des Königsbaches im NW und das *Siechhaustal* im S. Die O-Seite des Höhenzuges fällt steil zum Rheintal hin ab.

Nach W und SW »steigt der etwa 220 m hoch liegende Bergrücken in breiten Terrassen an. Die exponierte Lage der Befestigung ermöglicht einen Blick auf die Flusssysteme von Lahn und Rhein mit der Moselmündung und dem Neuwieder Becken« (v. Berg, in: Kunow/Wegner 2005, 396). »Beide Bergkuppen wurden auf der westlichen, besonders gefährdeten Seite durch Wallanlagen gesichert. Die nördliche [...] wird von drei Wallsystemen umzogen (Wall 1–3). Der südliche Geländeabschnitt weist einen einzelnen, mächtigen Wall auf (Wall 4). Wallanlage 1 umzieht im nördlichen Teil eine möglicherweise künstlich planierte Fläche. Wall 2 ist mit einer Grabenführung im Süden sichtbar und folgt im weiten Bogen dem natürlichen Geländeverlauf nach Norden. Wall 3 beginnt im Süden und fällt nach Osten bis zu einer deutlichen Geländekante gleichmäßig ab. Im mittleren Teil befindet sich eine Öffnung, die als Toranlage zu deuten ist. Wall 4 ist im Gelände gut erhalten und umschließt die relativ ebene Fläche der Südkuppe. Zudem finden sich verschiedene Terrassierungen im Steilhang unterhalb der Anlage« (ebd.). Die Höhensiedlung und ihre Befestigungen sind in mehreren Phasen entstanden. Die ältesten bisher nachweisbaren Siedlungsspuren stammen aus der späten Bronzezeit. Es handelte sich um eine offenbar unbefestigte Siedlung der frühen Urnenfelderkultur (um 1000 v. Chr.); sie lag im nördlichen Bereich des Berges. Noch während der Urnenfelderzeit wurde die Siedlung mit einer Befestigung versehen, die aus Erdwall mit feldseitiger Steinmauer und vorgelegtem Wall bestand. Gegen Ende der Urnenfelderzeit (9./8. Jh. v. Chr.) wurde die Befestigung aufgelassen, doch ungefähr ein Jh. später bauten Menschen auf den Kuppen des Dommelberges eine neue Befestigung, die somit der älteren Hunsruck-Eifel-Kultur (7./6. Jh.) zuzurechnen ist. Dabei wurden das inzwischen wohl teils verfallene ältere Wallsystem erweitert und teils ergänzt. Im Bereich der Wälle 3 und 4 wurde der urnenfelderzeitlichen Befestigung eine Trockenmauer aufgesetzt. Der zwischenzeitlich verfüllte Graben wurde wieder ausgehoben. »Neu errichtet wurde eine breite Toranlage, die in späterer Zeit durch [...] Feuer zerstört wurde. Die Zerstörung im 5. Jh. v. Chr., in der jüngeren Hunsrück-Eifel-Kultur, bedeutete das Ende der Anlage« (ebd.).

Muffendorf (Bonn): befestigte Siedlung der Spätlatènezeit

Eine Siedlung der Spätlatènezeit nebst Befestigung wurde 1991 im Kontext der Erschließung von Baugrundstücken in Muffendorf auf der Hauptterrasse am O-Hang des Vorgebirges aufgedeckt. Ein in N-S-Richtung verlaufender 4 m breiter Erdwall mit vorgelegtem, noch bis zu 1 m tiefem Spitzgraben »umschloss im gegrabenen Westteil eine Innenfläche von 52,2 m Länge und 16 m Breite. In der südwestlichen Innenfläche wurden zahlreiche Pfostengruben und Gruben beobachtet, die Brandlehm, Knochen- und Zahnbruchstücke von Rindern und Schweinen, Keramikscherben von Töpfen, Schalen und Fässern sowie Eisennägel und eine Bronzenadel enthielten. Pfostenverfärbungen in der südlichen Grabenböschung sind vielleicht Reste einer Brücke« (Joachim, in: Kunow/Wegner 2005, 311).

Petersberg bei Königswinter: befestigte sugambrische Burg/ Höhensiedlung der Spätlatènezeit

Etwa 1,5 km nö von Königswinter erhebt sich der Petersberg (336,5 m), auf dem Reste einer spätlatènezeitlichen Befestigung zu finden sind. Allerdings blieben lediglich im NW und SO der Anhöhe Teile der befestigten Höhensiedlung erhalten, während die übrigen Teilstücke der Befestigung durch Wegebau, die Zahnradbahn und Hotelbauten seit 1888 – teils unerkannt, teils aus Desinteresse – zerstört wurden. Die von Befestigungsanlagen umgebene Innenfläche (ca. 150 x 350 m) wurde 1936/37 und 1980 archäologisch untersucht, doch konnten bei diesen Grabungen keine Überreste von Gebäuden aufgefunden werden (Joachim, in: Kunow/Wegner 2005, 399). Befestigt war die

Abb. 39 Petersberg bei Königswinter (NRW), befestigte sugambrische Burg/Höhensiedlung der Spätlatènezeit. Ansicht des Berges von der Talseite.

Siedlung mit einer im Fundamentbereich 1,6–3 m starken Trockenmauer, der feldseitig im einst besonders gefährdeten NW eine ca. 2 m breite, aus anstehendem Basalt errichtete Vormauer sowie ein bis zu 3 m breiter Graben vorgelegt sind. »Dieser […] Sperriegel bindet in die Hauptmauer [ein], die an dieser Stelle in 11 m Entfernung innen noch eine zusätzliche Holzpalisade als Annäherungshindernis aufwies« (ebd.) [Abb. 39–40]. »Das spärliche Fundmaterial aus scheibengedrehter, hart gebrannter Keramik, einem Scherbenwirtel und einer Bronzedrahtfibel datiert die Anlage in die Stufe Lt D1. Die sugambrische Burg fungierte vor der M. 1. Jh. v. Chr. als Mittelpunktsiedlung und wurde im Zuge der Auseinandersetzungen mit den Römern, ähnlich wie die ›Erdenburg‹ bei Bergisch Gladbach-Bensberg, unzerstört aufgegeben« (ebd., 400).

3.1.2.3 Eine Gruppe eisenzeitlicher Befestigungen bei St. Goarshausen

Auf dem Höhenzug über St. Goarshausen, zu dem auch der weltbekannte Felsen *Loreley* gehört, finden sich in großer Dichte Reste eisenzeitlicher Besiedlung, darunter Hügelgräber und drei Befestigungen. Letzteres mag damit zusammenhängen, dass hier offenbar ein alter Rheinübergang (Furt oder Fähre?) bestand; noch in römischer Zeit querte u. a. die Fernstraße von Trier in die Wetterau zum Kastell Saalburg hier den Fluss. Auf der *Loreley* – der Lehrer und Heimatforscher Bodewig (Lahnstein) nahm hier 1882/1905 Untersuchungen vor –, auf dem *Hühnerberg* und auf dem Felssporn *Heide* über Burg Katz gab es Befestigungen.

Auf dem stromaufwärts vom Hühnerberg gelegenen Felsmassiv **Loreley** bestand ein Abschnittswall, dessen Reste 1904/05 noch bis zu 1 m hoch und 4,5 m stark erhalten waren. Die 1904 untersuchte, zum Wall verstürzte Mauer der Abschnittsbefestigung verlief in N-S-Richtung. Die trocken aufgeführte Mauer hatte beiderseits glatte Schalen, deren Mauerwerk Auszwickungen mit kleineren Steinen zeigte. Ein Graben wurde nicht nachgewiesen. Zu den archäologischen Funden im Bereich der Mauer gehörten Keramikscherben und gebrannter Hüttenlehm (am Mauer-N-Ende). Im O war dem oberen Plateau eine untere, fast plane Fläche mit Seitenlängen von jeweils ca. 100 m vorgelegt, die ein von N nach S verlaufender, den gesamten Sattel schneidender, 4 m breiter Graben sicherte. Als die Römisch-Germanische Kommission 1905 die Loreley untersuchte, fand sie auf dem unteren Plateau u. a. ein na-

Abb. 40 Petersberg bei Königswinter (NRW) im Siebengebirge; von links: Petersberg mit Gästehaus der Bundesregierung, Drachenburg und Burg Drachenfels.

türliches (?), ca. 20 x 30 m großes Podest mit Pfostenlöchern (darin Verkeilsteine), wohl ein Standort von Wohnbauten, doch erschwerte das felsige Gelände, dass weitere Erkenntnisse erlangt wurden. Gefundene Keramikscherben entstammten der Wende von der Bronze- zur Hallstattzeit. Die gesamte Anlage wurde als »befestigtes Gehöft« bzw. Burgwall gedeutet. Noch vor dem 2. Weltkrieg wurde die Befestigung auf der *Loreley* durch den Bau der Jugendherberge und ihrer Außenanlagen (u. a. Wege, Sportplätze) großenteils zerstört, doch blieb am N-Rand des Herbergsgeländes der Graben noch schwach erkennbar erhalten. Weitere Zerstörungen brachten später der Bau des Restaurants und seiner Zuwege.

Abb. 41 (links) *Hühnerberg (Hünenberg) über St. Goarshausen (EMS, RP), Reste der eisenzeitlichen befestigten Siedlung der älteren Hunsrück-Eifel-Kultur (6. Jh. v. Chr.).*

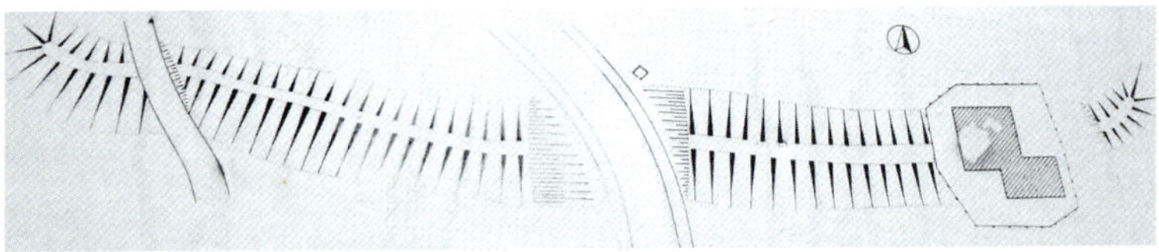

Abb. 42 (oben) Hühnerberg (Hünenberg) über St. Goarshausen (EMS, RP), befestigte Siedlung der älteren Hunsrück-Eifel-Kultur (6. Jh. v. Chr.). Grundriss auf der Infotafel vor Ort.

Oberhalb der *Loreley* erstrecken sich heute Äcker, die bis zum bewaldeten Höhenrücken *Obenhard* hin reichen. Die Verlängerung dieses Höhenrückens bildet der **Hühner-** bzw. **Hünenberg** über St. Goarshausen, auf dem – 900 m von der *Loreley* entfernt – zahlreiche hallstattzeitliche Grabhügel erhalten sind. Das Gräberfeld begleitet den alten Höhenweg von St. Goarshausen über Bornich und Weisel nach Lipporn. Auf dem *Hühnerberg*, ca. 1,5 km stromabwärts der *Loreley* über dem ma. Städtchen St. Goarshausen, finden sich Reste einer eisenzeitlichen befestigten Siedlung (ca. 5 ha), die wohl in der älteren Hunsrück-Eifel-Kultur im 6. Jh. v. Chr. entstand (Abb. 41–42). Der dreiseitig durch Steilhänge geschützte ehem. Siedlungsplatz ist durch einen vergleichsweise schmalen Sattel mit dem eigentlichen Höhenzug verbunden. Diese Seite sicherte eine Pfostenschlitzmauer mit vorgelegtem Graben. »Der archäologische Befund deutet darauf hin, dass die Wallanlage offensichtlich nach einer Brandkatastrophe in späterer Zeit aufgegeben wurde. Siedlungsfunde von der [teils überbauten] Innenfläche fehlen bisher völlig« (v. Berg 2005, 480). Teile des Walles der Spornbefestigung wurden im 20. Jh.

durch den Einbau eines Wasserhochbehälters zerstört (Infotafel).

Auch die **Spornbefestigung *Heide*** beim gleichnamigen Ortsteil von St. Goarshausen oberhalb der Burg Katz ist stark zerstört. Noch 1962 war sie recht gut erhalten: Die aus Trockenmauerwerk mit Holzbalken bestehende Abschnittsmauer war, zum Wall verstürzt, noch ca. 3 m dick und 2,6 m hoch, der Graben sichtbar. Die Befestigung wies mindestens zwei Bauperioden auf, eine jungeisenzeitliche (um 500/450 v. Chr.) und eine ma. Sichtbar sind heute nur noch Teile der Wallköpfe (Infotafel).

3.2 Römische Wehrbauten

Während die vorrömische Geschichte fast ausschließlich über archäologische Quellen erschlossen wurde und wird, geben seit der Römerzeit zusätzlich Schriftquellen Aufschluss über die Geschichte des Mittelrheingebietes. Zwischen 59/58 und 51/50 v. Chr. eroberte römisches Militär unter Führung von Gaius Iulius Caesar weite Teile des Rheinlandes, darunter das linksrheinische Gebiet. Caesar erwähnt den ersten Rheinübergang mit seinen Truppen in seiner Schrift *De bello Gallico* (*Der gallische Krieg*), der um 55 v. Chr. über eine von seinen Pionieren angelegte Brücke erfolgte, deren rechtsrheinischer Brückenkopf auf der heutigen Neuwieder Gemarkung lag.

Nach einigen vergeblichen Versuchen, das ganze rechtsrheinische Germanien dem Römischen Reich zu unterwerfen, verlegte schließlich Kaiser Tiberius (reg. 14–37 n. Chr.) die römische Staatsgrenze von der Elbe zurück an den Rhein. Mehrere Jh. war das Eifel-Mosel-Gebiet somit ein Teil des östlichen Grenzlandes des römischen Staates. Die Römer nutzten die Mosel als wichtige Wasserstraße, und Trier wurde in spätrömischer Zeit gar eine Kaiserresidenz.

In der 1. H. 1. Jh. n. Chr. kam es zur Sicherung der römischen Rheingrenze u. a. durch den Bau von Kastellen. Ein Bsp. bietet das um 40 n. Chr. erbaute Holz-Erde-Kastell *Rigomagus* (Remagen), das später durch zwei steinerne Kastelle (späteres 1.–4. Jh.; s. u.) ersetzt wurde.

Ab M. 3.–M. 5. Jh. drangen germanische Stämme ins römisch besetzte Gebiet und damit an den Mittelrhein vor. Der Fall des rechtsrheinischen Limes erfolgte 259/60. Um 275 erlitt das am Schnittpunkt wichtiger Fernstraßen (u. a. nach Koblenz, Mainz, Straßburg, Metz, Paris, Reims und ins Rhônetal) gelegene Trier im Alemannen- und Frankensturm auf das linksrheinische Gebiet große Zerstörungen, doch wurde es knapp 20 Jahre später unter Diokletians Mitkaiser Constantinus Chlorus Residenz. Ungefähr 100 Jahre lang blieb Trier die größte Stadt nördlich der Alpen und Verwaltungssitz mit Zuständigkeiten, die bis nach England und Gibraltar reichten. Neben Rom, Konstantinopel und Alexandria war Trier im 4. Jh. die wichtigste Stadt im römischen Weltreich. Eine vergleichbare Bedeutung erlangten die römischen Städte und befestigten Orte am Mittelrhein (u. a. Koblenz, Boppard, Remagen) nicht, doch finden sich auch dort bedeutende Relikte römischer Bausubstanz und ansehnliche Reste römischer Befestigungen.

Nach der unter Kaiser Diokletian erfolgten Staatsreform und nachdem das Rhein-Mosel-Eifel-Gebiet wieder unter römische Kontrolle gebracht worden war, kam es zur Einrichtung eines tief gestaffelten Verteidigungssystems mit vielen Kastellen, u. a. an der Mosel (z. B. Neumagen) und in der Eifel (so etwa Bitburg; *Icorigium* anstelle der Ortschaft Jünkerath an der Römerstraße Trier – Köln). Mehrere mit gerundeten Flankierungstürmen versehene Straßenkastelle entstanden zur Zeit der Herrschaft des in Trier residierenden Kaisers Konstantin d. Gr. (306–37).

Zu besonders heftigen Germaneneinfällen (Germanensturm) kam es 352 n. Chr. Alamannen verheerten – das verraten Brandschichten – Teile der Pfalz, und »der bestehende römische Grenzschutz zwischen Mainz und Straßburg [scheint] ziemlich aufgerieben worden zu sein« (Oldenstein 2011, 17). Alamannen begannen bald darauf, im zuvor römisch besetzten Gebiet zu siedeln. 355 n. Chr. startete eine größere römische Gegenoffensive unter dem von Constantinus II. als Caesar in Gallien eingesetzten Julian, in deren Verlauf Kastelle – auch am Mittelrhein – neu aufgebaut wurden, so 359 n. Chr. Andernach und Bingen, »die als Proviantlager benutzt wurden« (ebd., 18). In den 360er Jahren kam es dann erneut zu Kämpfen zwischen Alamannen und Römern, auch im Rheinland. Unter dem 364 zum Augustus ausgerufenen Valentinian I. wurden neue Grenzbefestigungen geschaffen. Der römische Geschichtsschreiber Ammian (Ammianus Marcellinus, * 330, † um 395) berichtet: »Den ganzen Rhein, angefangen von Rätien [der römischen Provinz, die vom nördlichen Alpenvorland über den SO-Schwarzwald bis zur Donau reichte] bis zur Meerenge des Ozeans, ließ er mit großen Dämmen befestigen und auf der Höhe Militärlager und Kastelle, ferner in dichten Abständen an geeigneten und günstigen Stellen Türme errichten, soweit sich die gallischen Länder erstrecken. Zuweilen wurden auch Gebäude jenseits des Stroms angelegt, wo er das Land der Bar-

baren berührt« (zit. nach ebd., 19). Allerdings scheint es sich vielfach um Ausbauten älterer Befestigungen gehandelt zu haben.

Weil das Mittelrheingebiet längere Zeit Teil des römischen Grenzlandes war, gab es hier – außer der eigentlichen Grenzbefestigung, dem Limes – eine Vielzahl verschiedenartiger römischer Befestigungen. Neben dem durch Wall, Graben, Palisaden und Wachttürme gesicherten Limes waren dies Kastelle (darunter Kleinkastelle), *burgi* und Stadtbefestigungen. Am Mittelrhein wurde Boppard um M. 4. Jh. als Großkastell angelegt. Mit dem Abzug der römischen Grenztruppen um 400 n. Chr. wurden die Kastelle aufgegeben. Manche gingen später in ma. (Wehr-)Bauten auf (z. B. Boppard).

Der **Limes**, die römische, den Rheinhöhen folgende Grenzbefestigung, setzte rechtsrheinisch an, gegenüber der Mündung des aus der Eifel kommenden Vinxtbaches. Auf dem Gebiet der Verbandsgemeinde Bad Hönningen ging der obergermanisch-raetische Limes in die Grenzlinie entlang des Rheins, den niedergermanischen Limes, über, der zwischen Rheinbrohl und Bad Hönningen ansetzte. Der eigentliche Limes war eine durch Wall, Graben, Palisaden und Wachttürme gesicherte Grenzbefestigung und somit eher eine Schutz- als eine Verteidigungslinie. Der bei Rheinbrohl ansetzende obergermanische Limes verlief über mehrere Kilometer des heutigen Stadtgebietes von Neuwied. In den Neuwieder Stadtteilen Rodenbach, Niederbieber-Segendorf, Altwied, Oberbieber, Gladbach und Heimbach-Weis blieben umfängliche Reste der einstigen römischen Grenzbefestigung erhalten; dazu gehören zwei Kastelle, ein Kleinkastell sowie offenbar mehr als 30 Wachttürme und *burgi*.

Es können hier lediglich einige Limes-**Wachttürme** als Bspe. benannt werden. Als besonders anschaulich ist die Rekonstruktion eines solchen römischen Turmes bei Bad Hönningen zu nennen (Abb. 43, S. 70). Der zweigeschossige steinerne Bau mit rundbogigem Hocheingang ins UG trägt eine von einer Galerie umgebene Türmerstube aus Fachwerk und ein flaches Pyramidendach.

Mehrere hölzerne Wachttürme konnten archäologisch über die Pfostengruben ihrer Fundamentierungen nachgewiesen werden; einige wurden später durch steinerne Türme ersetzt, wie der Turm »Am Heideweg«. Nur gut 20 m von der NW-Ecke des Kleinkastells »Am Forsthofweg« bei Hammerstein entfernt, findet sich der Standort des Wachtturmes als kaum noch wahrzunehmende Bodenerhebung, den Schutthügel des 4,5 x 4,3 m großen steinernen Turmes (Mauerstärken 0,75 m). Zahlreiche

Abb. 43 Bad Hönningen (RP), Rekonstruktion eines römischen Wachtturmes.

Türme hatten Seitenlängen von gut 4,0–4,5 m und Mauerdicken von 0,7–0,8 m. Vereinzelt gab es abweichende Grundrissformen, so im Falle des sechseckigen Steinturmes im Gewann »Auf dem Busch« (ø 5,5 m), von dem obertägig nichts mehr zu sehen ist. Im Gewann »Auf der Alteck« nahe des Kastells Niederbieber (s. u.) stand ein sechseckiger Turm (Seitenlängen 3,2 m) innerhalb eines Ringgrabens.

Im Zeitraum 1.–3. Jh. baute und unterhielt das Römische Reich **Kastelle** zur militärischen Sicherung des Limes. Seit der 1. H. 1. Jh. kam es zur Sicherung der Rheingrenze. Es wurde bereits darauf hingewiesen, dass in der Folge der 352 n. Chr. einsetzenden Alamanneneinfälle in das Land am Rhein unter dem 364 zum Augustus erhobenen Valentinian I. neue Grenzbefestigungen entstanden und ältere erneuert wurden. Am Mittelrhein könnte das Kastell Boppard nach archäologischen Funden (z. B. Münzen) und Ziegelstempeln zu den um/nach M. 4. Jh. entstandenen Wehrbauten gehören. Es handelt sich um eine längsrechteckige, turmbesetzte Anlage (308 x 154 m), die mit 4,6 ha umbauter Fläche das größte bekannte spätantike Kastell zwischen Andernach und Straßburg war. (Zum Vgl.: Die Kastelle in Alzey und Bad Kreuznach mit jeweils gut 2,5 ha gelten schon als groß.) Die Größe der Bopparder Kastells mag damit zusammenhängen, dass nahebei ein vergleichsweise einfacher Aufstieg in den Hunsrück bestand (Oldenstein 2011, 25) und hier eine Garnison als Eingreiftruppe zum Schutz von Mittelrhein, Hunsrück und Unter-

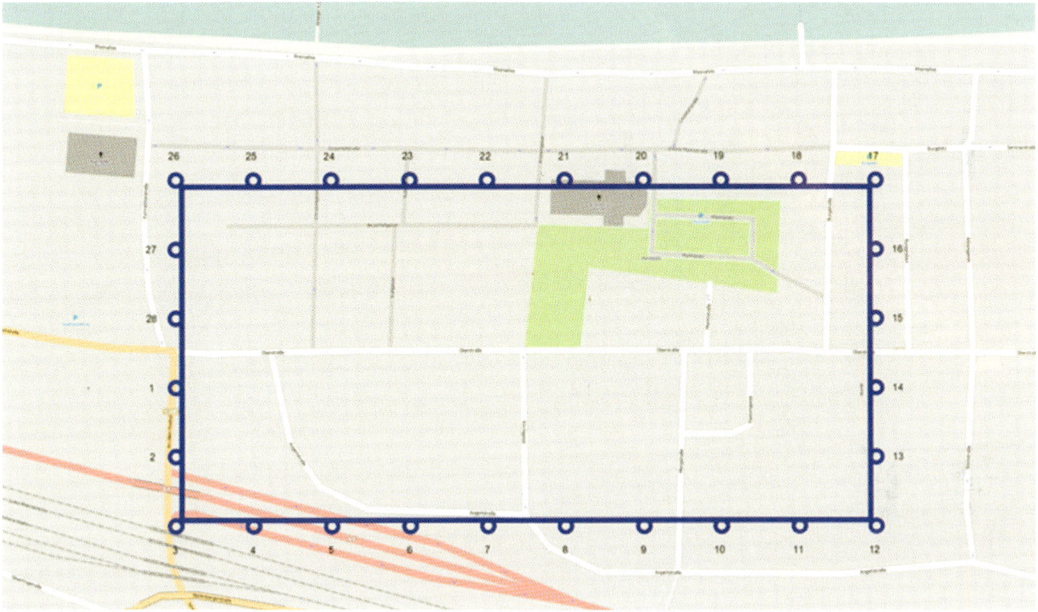

Abb. 44 Boppard (RP), römisches Großkastell, Grundriss (auf Infotafel vor Ort).

Mosel stationiert war (Abb. 44–45). Etwa 1 km vom Kastell entfernt, an der Mühlbachmündung in den Rhein, lag eine römische Zivilsiedlung; durch das Tal führte der genannte Aufstieg.

Bei den bisweilen als **Großkastelle** bezeichneten spätrömischen Befestigungen Andernach und Koblenz handelt es sich um befestigte Städte, in denen eine Garnison lag. Lediglich aus Schriftquellen bekannt ist das Kastell Bingen, dessen Struktur vorerst ungeklärt bleibt.

Einige Kastelle am Mittelrhein wurden im Laufe ihres Bestehens verstärkt, umgebaut oder räumlich verlegt, wofür das Kastell in Remagen ein Bsp. bietet: Um 40 n. Chr. entstand das Kastell *Rigomagus*, eine Holz-Erde-Befestigung, im Kontext des niedergermanischen Limes. Im späteren 1. Jh., unter Vespasian, baute man ein

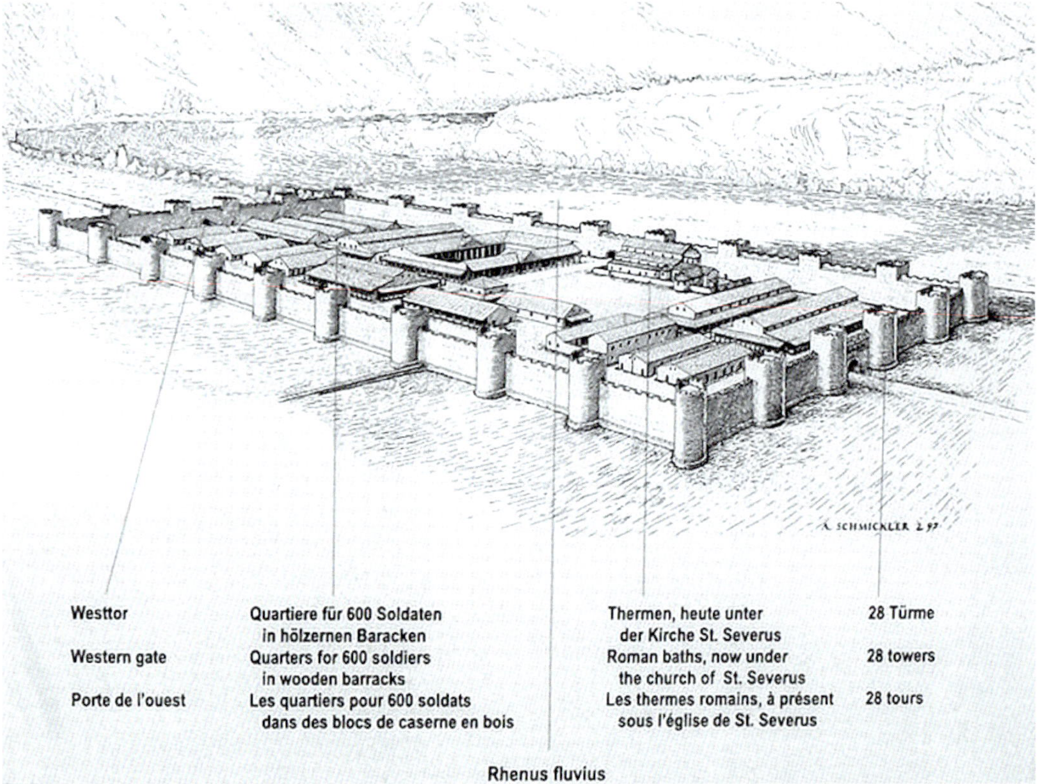

Abb. 45 Boppard (RP), römisches Großkastell, Rekonstruktion (auf Infotafel vor Ort).

Steinkastell, an dessen Stelle in spätrömischer Zeit (4. Jh.) erneut ein Wehrbau mit bis zu 3 m dicken Mauern unter Einbeziehung des älteren Kastells errichtet wurde (Abb. 46).

Gut erforscht (jedoch weitgehend zerstört) wurde das **Auxiliarkastell Niederbieber**, eines der größten am Limes, der 150 m nö von hier entfernt verlief. Das um 185/190 n. Chr.

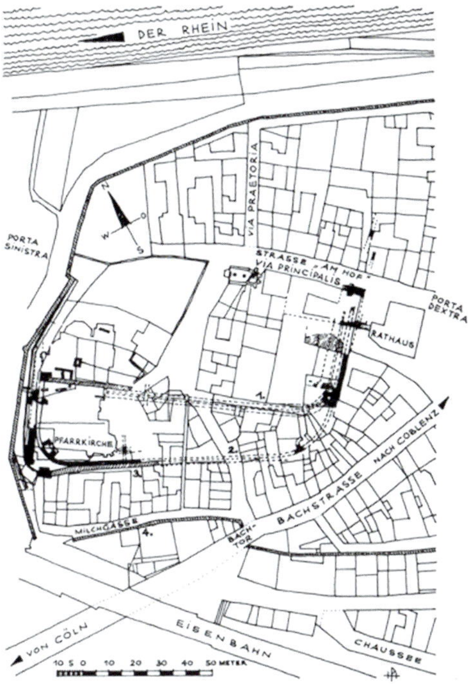

Abb. 46 Remagen, Kastell, »Wenn ... möglich, ... hatte das Lager die Form eines Rechtecks. Davor lag ein ... Graben. Hinter der Mauer war eine Erdaufschüttung als Wallgang. Die Kastellmauer trug 16 Türme; je zwei an den vier Toren, je einen auf den Ecken und ... zur Verstärkung der Mauern in der Mitte einen Turm zwischen Tor und Eckturm. Oft waren die Türme mehrgeschossig und mit Wurfgeschützen für Steinkugeln armiert. Das Kastell Remagen wird ... in gleicher Weise befestigt worden sein. Leider hat man nur wenige Türme in der Erde festgestellt, und über die Aufbauten kann kein sicheres Beweisstück beigebracht werden« (Bernhard Kossmann: Remagen zur Römerzeit. In: Heimatjahrbuch Kreis Ahrweiler 1965, hier zit. nach: http://www.kreis.aw-online.de/kvar/VT/hjb1965/hjb1965.8.htm).

angelegte, vielleicht bis 260 n. Chr. bestehende, 5,25 ha (265,25 x 198,5 m) große Steinkastell lag auf einer flachen Anhöhe ö eines vom Flüsschen Wied beschriebenen Bogens in dem Bereich, in dem dieses aus dem Westerwald in das Neuwieder Becken einmündet; zweiseitig begrenzt der Aubach die Anhöhe. Die Kastell-Garnison bestand aus ca. 1 000 Mann und hatte offenbar nahebei ins Neuwieder Becken einmündende Wege zu überwachen und Besatzungen für Limes-Wachttürme zu stellen. Die sterblichen Überreste des bei Ausgrabungen im Kastell gefundenen, offenbar im Kampf gefallenen Soldaten mit Teilen seiner Ausrüstung (Helm, Feldzeichen) machten deutlich, dass das Kastell durch Kriegshandlungen sein Ende fand. Offenbar gehörte der römische Soldat zu einer aus dem Kastell Niederberg zur Hilfe gekommenen Einheit, der »7. teilberittenen Kohorte der

Raeter« (*Cohors VII Raetorum equitata*), wie ein bei dem Gefallenen gefundenes Schrifttäfelchen interpretieren lässt.

Das Kastell hatte den sog. Grundriss in Spielkartenform: ein Geviert mit abgerundeten Ecken. Die im Fundamentbereich bis zu 2,4 m dicke Mauer war im aufgehenden Mauerwerk bis zu 1,6 m stark. Ihr waren eine 5,5–6,5 m breite Berme und ein 1,5 m tiefer, 6–6,5 m breiter Spitzgraben vorgelegt. Vor diesem gab es weitere Annäherungshindernisse (angespitzte Hölzer, Astverhaue). Außerhalb der Befestigung lag der *vicus*, die Zivilsiedlung. In jede Richtung öffnete sich ein Tor. Flankierungstürme sicherten die gezinnte Wehrmauer, die eine weiße Farbfassung mit aufgemalten roten Linien zeigte und so Quadermauerwerk suggerierte, obwohl die Mauer aus Bruchstein bestand. Die 3,25 m breiten Türme hatten vielleicht für Pfeilkatapulte nutzbare Plattformen. Hinter der Mauer verlief eine 3 m hohe Erdanböschung, gegen Abrutschungen durch Palisaden und Trockenmauern gesichert.

Die Innenbebauung entsprach dem standardisierten Bauschema der Entstehungszeit: Eine Straße verlief hinter der Wehrmauer, und ein die Tore miteinander verbindendes Straßenkreuz teilte das Kastellinnere in vier Baublocks. Zu den Bauten gehörten neben dem zentralen Stabs- und Verwaltungsgebäude (*principia*) Kasernen, das Wohnhaus des Kommandanten (*praetorium*), ein Getreidespeicher (*horreum*), Werkstatt (*fabrica*), Thermen und Stallungen.

Schon 1759 erkundigte sich der Graf zu Wied, der in Schloss Neuwied eine Antikensammlung zusammentragen wollte, nach Kenntnissen über bekannte lokale »Altertümer«. Pastor Breusing aus Niederbieber berichtete über einen Palast, der einst im Gewann »Auf der Altenburg« stand. Ein anderes Gewann trug den Namen »Auf der Ringmauer«. Bereits im 17. Jh. waren, das belegen zeitgenössische Berichte, Ruinen und Inschriftensteine hier gefunden worden. Breusing begann 1759 mit einer – aus heutiger Sicht – unsachgemäßen Ausgrabung. Er fand u. a. ein kupfernes Brustbild eines Gottes, eine Waage und Dachpfannen. 1791 veranlasste die altertumsbegeisterte Fürstin Luise Wilhelmine zu Wied weitere Ausgrabungen, die weitgehend ohne Dokumentation verwirklicht wurden. Die Leitung hatte Ing.-Hauptmann Christoph F. Hoffmann, nach dessen Tod 1820 dann der Archivrat Hugo v. Knopäus (bis 1829). Viele der Funde gelangten in die fürstliche Sammlung, die einige Gelehrte (u. a. Goethe 1815) besuchten.

Nach M. 19. Jh. war vom Kastell obertägig fast nichts mehr zu sehen. Steinraub reduzierte die archäologische Stätte immer mehr; die 1861 teils noch sichtbare Ringmauer wurde zur Gewinnung von Baumaterial »als Packlage für die Strasse von Niederbieber nach Oberbieber« abgebrochen (Ernst Heinrich Carl v. Dechen, in: Jb. des Vereins von Alterthumsfreunden im Rheinlande, 38, 1864, 1–26, hier 5). 1894 begannen archäologische Ausgrabungen, ab 1897 unter Leitung des Archäologen und Streckenkommissars der Reichs-Limes-Kommission (RLK), Emil Ritterling (1861–1928).

In den 1960er Jahren wurden die Baureste des Kastells zum Abbruch freigegeben, um Bauland für Eigenheime zu gewinnen. Eines der größten, wichtigsten und besterforschten römischen Militärlager des obergermanischen Limes wurde so – trotz seiner kultur- und militärgeschichtlichen Bedeutung – bewusst vernichtet. Damit nicht genug: Die Reste des dem Kastell vorgelegten Lagerdorfes fielen Bimsabbau zum Opfer. Hier und im Bereich des Kastells kam es zu Notgrabungen (1963–68, 1973/74). 1986 konnten die Kastell-Thermen und das inmitten der Wohnhäuser stehende N-Tor gerettet und zugänglich gemacht werden, und 2005 bedingte lediglich der inzwischen geltende Status des Weltkulturerbes, Teile des S-Tores vor der geplanten Überbauung zu retten (Cliff Alexander Jost: Überreste eines der größten Limeskastelle – Kastell Niederbiber bei Neuwied, in: Der Limes, 3. Jg. 2009, H. 1, 8–12, hier 10). Gesicherte und teilrekonstruierte Fundamente der *porta decumana* und der Thermen und Informationstafeln inmitten des Baugebietes sind frei zugänglich. Die Lage des abgebrochenen Kastells bezeichnen in etwa vier das einstige Geviert umlaufende Straßen: Burgstraße, Am Limes, Melsbacher Straße und Ringmauerstraße; Letztere verläuft jedoch 60 m innerhalb des einstigen Kastells.

Der oben eingeführte Begriff »Großkastelle« impliziert, dass es auch **Kleinkastelle** gab. Vielen kamen wichtige Aufgaben im Rahmen der Überwachung Verkehrswegen zu. Zu dieser Kategorie zählen im Mittelrheingebiet die Kastelle in bzw. bei Rheinbrohl, Hammerstein, Heddesdorf, Niederbieber, Bendorf, Niederberg, Anhausen, Ferbach, Hillscheid und Arzbach. Sie liegen in dem Gebiet, in dem sich der obergermanisch-raetische Limes vom Mittelrhein, der hier die eigentliche Reichsgrenze bildete, löste und weiter über die unteren Westerwaldhöhen verlief.

Exemplarisch sei hier das **Kleinkastell »Am Forsthofweg«** bei Hammerstein vorgestellt, das als befestigtes Militärlager zum obergermanisch-raetischen Limes gehörte. Es lag zwischen den Kleinkastellen Rheinbrohl und

Niederbieber, etwa 3,5 km nö von Hammerstein und entstand in der Nähe mehrerer frühgeschichtlicher Verkehrswege. Von dem 1894 und 1901 unter Leitung von Heinrich Jacobi, dem lokalen Streckenkommissar der RLK, in zwei Grabungen erforschten Kastell zeugen heute nur noch stark verschliffene, letztlich aber noch gut erkennbare Geländespuren bzw. Bodenverformungen. Die im Grundriss annähernd quadratische, aus Holz und Erde errichtete Befestigung (ca. 0,7 ha) war durch eine Palisade sowie einen dieser vorgelegten Wall und einen Graben (5 m breit, 1,5 m tief) geschützt. Das Tor öffnete sich in Richtung Limes, der so im Bedarfsfall schneller zu erreichen war. Im Inneren wurde archäologisch ein wahrscheinlich zweiphasiges Holzgebäude unbekannter Funktion (ca. 45 m^2) nachgewiesen. Weder zur Gründungszeit noch zur Aufgabe des Kastells liegen Erkenntnisse vor, doch darf angenommen werden, dass seine Besatzung einen Limesdurchgang zwischen zwei Wachtürmen zu sichern hatte.

Ein anderer Typus römischer Wehrbauten waren die ***burgi*** (Singular: *burgus*). Das lat. Wort *burgus* dürfte vom griech. *pýrgos* – es bezeichnete burgartige Bauten mit Wohnturm und Ringmauer in hellenistischer Zeit (4.–1. Jh. v. Chr.) und zuvor – abgeleitet sein. Es ist m. E. das Ursprungswort für das ma. Wort »Burg« und etymologisch verwandt mit dem keltischen Wort *brig* bzw. *bre* für Befestigung.

Der Begriff *burgus* wird teilweise undifferenziert angewendet: Fachwissenschaftler verstehen heute darunter meist kleinere (spät-) römische Wehrbauten, wobei deren Ausprägung vom Wachtturm (mit Ringmauer oder Umwallung) über die Uferbefestigung an einer Schiffslände bis hin zum Kleinkastell reichen kann. *Burgi* standen an Flussläufen oder wichtigen Straßen, die von ihnen aus überwacht und gesichert wurden. Auch Nachrichtenübermittlung (etwa durch Brieftauben) könnte über sie erfolgt sein.

Nach der Aufgabe römisch besetzter Gebiete und der Rückverlegung der Reichsgrenze an den Rhein im Jahr 260 bestand im Gebiet des Ortes Engers ein *burgus* zur Sicherung einer Schiffslände und als Stützpunkt der römischen Rheinflotte (Abb. 47–48). *Burgi* mit einer Schiffslände gab es auch im Bereich der Lahnmündung nahe Niederlahnstein und Rheinbrohl. Zudem gab es im Rheingebiet zwischen Andernach und Straßburg *burgi* ohne Schiffslände, doch waren diese im Mittelrheingebiet offenbar selten (Oldenstein 2011, 31).

Außer Kastellen, *burgi* und Stadtbefestigungen gab es in den an den Mittelrhein angrenzenden Mittelgebirgen weitere römische Wehr-

Abb. 47 Engers (Neuwied, RP), römischer burgus, *Rekonstruktion.*

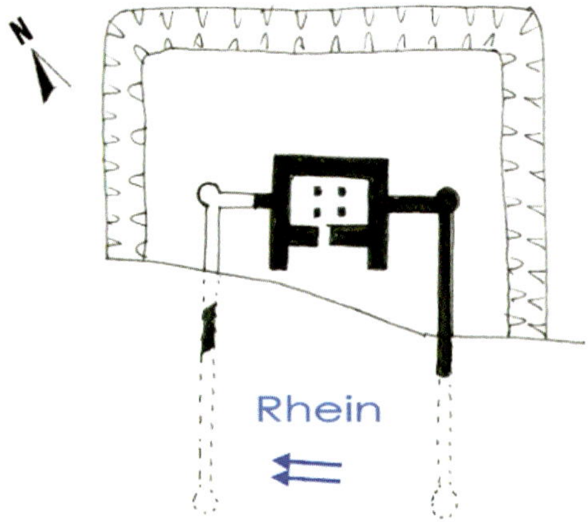

Abb. 48 Engers (Neuwied, RP), römischer burgus, *Rekonstruktion des Grundrisses.*

bauten: **spätrömische Höhenbefestigungen** (meist 4. Jh.). Ein bemerkenswertes Bsp. in der Eifel, unweit des Mittelrheins, bietet der als »Römerwarte« bekannte Katzenberg bei Mayen, eine ca. 1,2 ha große Höhenbefestigung, die zu den größten der etwa 60 bisher bekannten spätrömischen Höhenbefestigungen in Eifel und Hunsrück gehörte. Etwa 70 Jahre lang wird sie genutzt worden sein, bevor sie nach ca. 30-jähriger Unterbrechung bis 450 n. Chr. erneut besetzt wurde. Man vermutet, auf der obersten Kuppe des Katzenberges habe sich ein Militärposten befunden, während die darunter-gelegenen Flächen im Bering als Refugium für die umwohnende Zivilbevölkerung dienten; eine römische Siedlung, ein *vicus*, bestand nahebei. Teilstücke der Wehrmauer auf dem Katzenberg wurden im Jahre 2000 zusammen mit zwei Türmen rekonstruiert (Abb. 49, S. 78).

Manche Städte im Mittelrheingebiet erhielten in spätrömischer Zeit **Stadtbefestigungen**, so die Provinzhauptstädte Trier (Mosel), Köln (Niederrhein) und Mainz (Oberrhein), deren Stadtmauern neu erbaut wurden. Auch ver-

Abb. 49 Mayen (RP), römische Höhenbefestigung auf dem Katzenberg (rekonstruierter Teil).

gleichsweise kleinere Städte wurden ummauert, z. B. Koblenz und Andernach. In die Wehrmauern waren, wie bei spätrömischen Kastellen, meist runde Türme flankierend eingefügt (Abb. 50). Mancherorts blieben solche Türme erhalten, teils umgebaut und in andere Gebäude integriert, wie der Turm am Pfarrhof von Liebfrauen in Koblenz. Die Apsis der Stiftskirche St. Florin in Koblenz steht auf den Fundamenten eines gerundeten römischen Stadtmauerturmes.

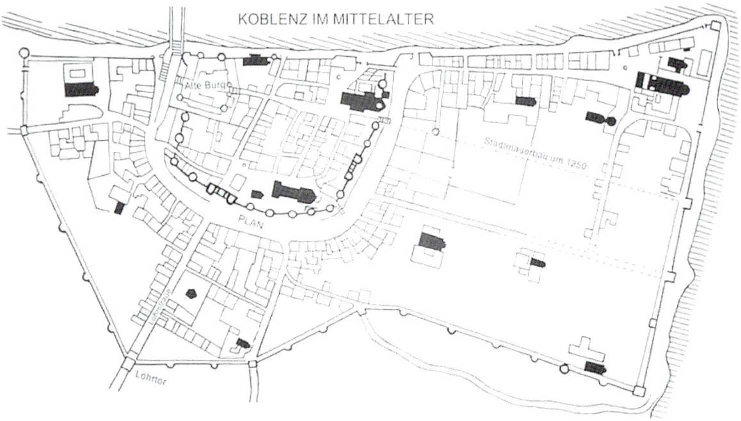

Abb. 50 Koblenz (RP), Stadtbefestigung. Deutlich erkennbar ist das an die Mosel anschließende halbe Oval der römischen Befestigung, an deren NW-Ecke die erzbischöfliche Burg steht. Im Osten der römischen Mauer steht die Apsis der Stiftskirche St. Florin auf den Fundamenten eines der Flankierungstürme.

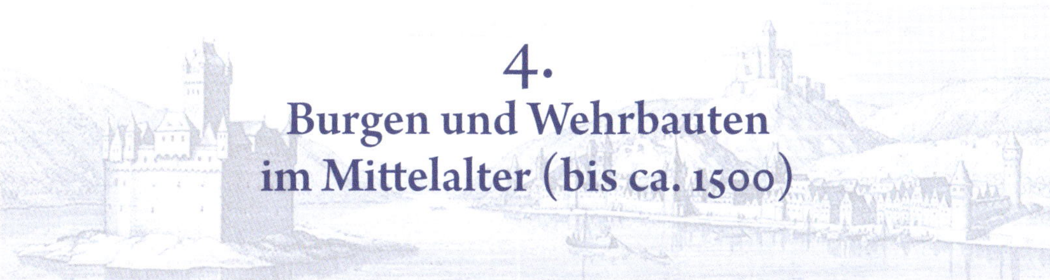

4. Burgen und Wehrbauten im Mittelalter (bis ca. 1500)

In der heutigen wissenschaftlichen Burgenforschung bezeichnet der Begriff Adelsburg mehr oder weniger wehrhafte, repräsentative Adelswohnsitze des Zeitraumes 11.–15. Jh. in (Mittel-) Europa. Der im 18./19. Jh. aufgekommene, noch heute populärwissenschaftlich genutzte Begriff »Ritterburg«, der dem verklärten Mittelalterbild des 19. Jh. entstammt, wird von den meisten Burgenforschern inzwischen abgelehnt. Jene Burgen des 12.–14. Jh. mit markanten Türmen, die mit diesem romantischen Begriff assoziiert wurden und werden, markieren den Höhepunkt und das Ende der Burg als architektonischer Aufgabe.

Während der letzten Jahrzehnte gelang es der interdisziplinären Burgenforschung durch Archäologie und Bauforschung, ältere Vorgänger solcher Burgen zu erkennen und damit die Entwicklung der ma. Adelsburg seit dem 10./11. Jh. differenziert darzustellen. Es erfolgte die Abkehr von der vorher fast alleinigen Betrachtung militärischer Aspekte sowie eine neue Interpretation ideeller, symbolischer Funktionen und ihrer Bedeutung im jeweiligen geografisch-historischen Umfeld (s. Zeune 1996). Die Burgenkunde des 19. Jh. hatte ma. Burgen noch häufig als oft umkämpfte Wehrbauten interpretiert, die ihr Umland militärisch »beherrschten«. Hochma. Burgen waren auch am Mittelrhein meist Wohnsitze von Adelsfamilien, deren Macht auf Grundbesitz und Lehen beruhte. Sie waren lokale Herrschafts- und Verwaltungszentren. Im späteren MA waren Landesausbau und herrschaftliche Durchdringung eines Gebietes stark mit dem Besitz von Burgen verbunden, die wichtige Instrumente der Territorialpolitik und Wirtschaft wurden.

Neben Adelsburgen, die den größten Teil hoch- und spätma. Burgen ausmachten, gab es Sonderformen – z. B. Amts-, Zoll-, Trutz- und Belagerungsburgen (s. Kap. 4.6).

Außer den oft landschaftsgestaltenden, markanten spätmittelalterlichen Adels- und Landesburgen gab es im Verlauf des Mittelalters auch am Mittelrhein verschiedene andere Ausprägungen und Typen von Adelssitzen und Wehrbauten, darunter

- Herrenhöfe (Fronhof; lat. *curtis*);
- Kaiser- und Königspfalzen;
- kleinere, meist wenig wehrhafte, eher symbolhaft »befestigte« Burghäuser und Burgmannensitze;
- Orts-, Tal- und Stadtbefestigungen (oft baulich verbunden mit einer Burg);
- Warttürme;
- Landwehren;
- Ritterordens-Kommenden (auch Komtureien genannt) und
- Kirchenburgen, Wehrkirchen und Wehrkirchhöfe (diese aber am Mittelrhein eher selten).

Auch im Mittelrheingebiet wurden mehrere ma. Burgen von Laien und Heimatforschern per se als angebliche Nachfolgebauten »römischer Kastelle« oder »römischer Wachttürme« interpretiert. Für die Eifel gilt dies für die Bertradaburg bei Mürlenbach, die Nürburg und die Kasselburg bei Pelm. Nur in wenigen Fällen ist ein römischer Wehrbau auf einem späteren ma. Burgberg in der Eifel tatsächlich archäologisch belegt, so auf der *Alten Burg* Reifferscheid (AW) und der *Alten Burg* Insul. Auch Funde römerzeitlicher Ziegel in Burgruinen – so in der *Altburg* bei Blankenheimerdorf – bezeugen nicht zwangsläufig einen römischen Bau: Sie könnten im MA durch die Ausbeutung römischer Gebäude als wiederverwertetes Baumaterial auf die Burg gelangt sein, wie möglicherweise auf der Tomburg geschehen. Hingegen wurde kürzlich archäologisch nachgewiesen, dass die Burg Landshut über Bernkastel/Mosel tatsächlich über den Resten eines römischen Wehrbaues steht, von dem aus ein Flussübergang auf die Eifelseite überwacht wurde.

Am Mittelrhein könnte es aber tatsächlich vereinzelt römische Wehrbauten anstelle späterer Burgen gegeben haben. Für die keltische und römische Zeit wird für den Rhein zwischen St. Goar und St. Goarshausen ein Flussübergang (Furt oder Fähre) angenommen. Zur Sicherung dieses Rheinübergangs könnte eine Befestigung bestanden haben. Reste römischen Mauerwerks innerhalb der Burg/Festung Rheinfels wurden darauf bezogen; die Burg steht wahrscheinlich anstelle eines römischen Wehrbaues (Abb. 51). Anders die Burg Klopp über Bingen (Abb. 52, S. 82), denn das Kastell *Bingium* umschloss den Burgberg offenbar nicht.

Von der Brömserburg in Rüdesheim, gegenüber Bingen auf der rechten Rheinseite gelegen,

Abb. 51 St. Goar (RP), Burg/Festung Rheinfels. Im Gelände der Burg wurde römisches Mauerwerk gefunden, das möglicherweise von einer Befestigung stammt (Ansichtskarte, 1900).

wurde lange (bis in 1980er Jahre) vermutet, sie sei über Fundamenten eines römischen Kastells entstanden. Ein solches wurde als Brückenkopf des Kastells *Bingium* angenommen, doch fanden sich bislang keine Hinweise auf eine römische Befestigung an ihrer Stelle.

Integriert in ma. Stadtbefestigungen gab es am Mittelrhein vereinzelt Reste römischer Wehrmauern, so in Koblenz und in Andernach, wo römische Mauerteilstücke im NW, W und SW als Unterbau der Stadtmauer des fr. 12. Jh. erhalten blieben.

Abb. 52 Bingen (RP), Burg Klopp. Im Hintergrund die Rüdesheimer Burgen.

4.1 Burgen im Frühmittelalter (bis 10. Jahrhundert)

Das Mittelrheingebiet war im Früh-MA Teil des fränkischen Reiches der Merowinger und Karolinger; es gehörte nach Reichsteilungen im 6./7. Jh. zu Austrasien, dem östlichen Teilreich des Frankenreiches. Regiert wurde das Reich durch Könige, die eine Reiseherrschaft ausübten: Sie bewohnten nicht permanent eine Residenz, sondern hielten sich während ihrer Reisen durch das Reich in nicht oder nur schwach befestigten Pfalzen oder in Klöstern auf. Das nach Kaiser Karl d. Gr. benannte, im Maas-Mosel-

Raum beheimatete fränkische Geschlecht der Karolinger besaß an Maas und Mosel sowie in der Eifel und am Rhein Hausgüter und Domänen.

Seit dem 7. Jh. kam es im Frankenreich zur Gliederung in **Gaue**, in deren kleinere Einheiten lagen, die **Grafschaften** (s. Kap. 2.2.2.1). Von den Karolingern erhielten Adelige Grundbesitz gegen für das Reich ausgeübte Dienste in Militär und Verwaltung – meist als Lehen, die später oft erblich wurden. Als Lehen (*beneficium, feudum*) wird ein Gut bezeichnet, das ein Lehnsherr auf Zeit gegen die Verpflichtung zu Dienst und Treue verlieh. Nach dem Tod Kaiser Ludwigs des Frommen († 840) zerfiel das Frankenreich. In den folgenden Jh. kam es zur territorialen Zersplitterung.

Schon zur Karolingerzeit waren Kirchen- und Klostergüter zwangsweise von Herrschern ihren adeligen Gefolgsleuten zugeteilt worden. Über die Burgenstruktur der fränkisch-karolingischen Zeit (8./9. Jh.) im Mittelrheingebiet ist kaum etwas bekannt. Spätestens seit der Karolingerzeit stand das Recht, Burgen zu bauen bzw. zu genehmigen, dem König zu: Karl der Kahle regelte 864 für das Westfrankenreich, dass ohne königliche Genehmigung erbaute Burgen abzubrechen seien.

Archäologie und Bauforschung haben in den letzten Jahrzehnten die Kenntnis über frühma. Burgen sehr bereichert. Inzwischen ist bekannt, dass Wurzeln der Adelsburg ins 9./10. Jh. reichen. Doch unterschieden sich die oft großflächigen frühma. Burgen in Form und Funktionen stark von späteren Adelsburgen. Die Entwicklung zur »klassischen Adelsburg« verlief nicht linear; es gab verschiedene Burgentypen nebeneinander. Diese Phase ist für den Mittelrhein noch nicht erforscht.

Im 8.–10./11. Jh. erbaute Befestigungen werden oft undifferenziert »**Wallburgen**«, »Ring-« oder »Abschnittswälle« genannt, da verfallene Ringmauern solcher Burgen heute als Wälle erscheinen, z. B. bei der Spornburg auf der Reutersley südlich der Burg Rheineck, einer Burg (100 x 200 m), deren Gründung und Geschichte bislang noch unbekannt sind. Es wurde vermutet, sie könne der Vorgänger der Burg Rheineck gewesen und E. 11. Jh. gegründet worden sein. Sichtbar sind ein gut erhaltener, steiler Abschnittswall mit Vorwall an der S-Seite und ein weniger ausgeprägter, halbmondförmiger Abschnittswall im NO (Abb. 53, S. 84).

Es gab zwar frühma. Befestigungen mit Erdwällen, doch oft waren diese Umwallungen durch Holzpfosten- oder/und Steinkonstruktionen stabilisiert. Pfostenschlitzmauern gab es schon in der Eisenzeit. Vermittelt durch die Kenntnis antiker Bauten seitens der Franken setzte sich Mörtelmauerwerk dann im Burgenbau durch.

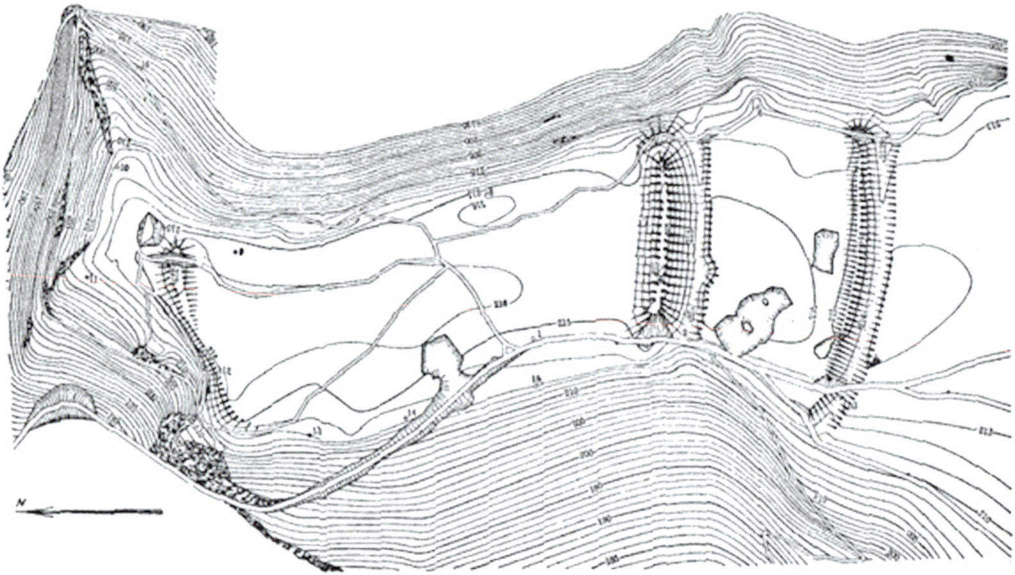

Abb. 53 Rheineck (Bad Breisig, RP), Burg (sog. Schwedenschanze) auf der Reutersley. Grundriss; Aufnahme von 1937.

4.2 Burgen im Hochmittelalter (10./11. bis 13. Jahrhundert)

4.2.1 Die Auftraggeber der Burgen

Bis zum 11. Jh. entwickelte sich aus dem Adel (Edelfreie) der **Reichsadel**, den der König zu bestimmten Diensten heranzog. Mit sukzessiver Inanspruchnahme von Hoheitsrechten und ihrer Weitergabe innerhalb einer Familie entstand eine kleine Gruppe von Dynastenfamilien, deren Angehörige in ma. Urkunden *princeps* (Fürst) genannt wurden; sie standen an der Spitze des Adels. Ab etwa 1180 gab es einen Reichsfürstenstand, seitdem konnten Grafen und andere Adelige nur noch vom König zu

Fürsten erhoben werden. Um 1250 gab es 38 Fürsten im *Heiligen Römischen Reich*. Kaiser Friedrich II. erließ die Fürstengesetze (1220, 1231), die den Verzicht des Königtums auf wichtige Hoheitsrechte (Geleit-, Münz-, Zollregal) zugunsten kirchlicher und weltlicher Reichsfürsten brachten; das Befestigungsrecht mit dem Burgen- und Städtebau ging de jure vom König auf diese über.

Wichtige Träger ritterlich-höfischer Kultur im Reich waren **Ministeriale** – meist Unfreie –, die im Verwaltungs-, Hof- und Kriegsdienst höherrangiger Adeliger standen und die in folgenden Generationen teils in den Adel aufstiegen. Nachdem in ma. Urkunden anfangs Edelfreie (*nobiles*) und Ministeriale (*ministeriales*) unterschieden wurden, findet sich ab 13. Jh. zunehmend der Begriff *miles* (Ritter, Krieger) für beide. Die Grenzen verschwammen zudem dadurch, dass nun öfter Edelfreie in die Ministerialität eines Grafen oder Reichsfürsten eintraten, da der Dienst für einen Dynasten größere soziale Sicherheit brachte. Bisweilen übten Hochadelige Druck auf Ritter aus, um sie in ihre Dienst- und Lehnsabhängigkeit zu bringen, so etwa der Trierer Erzbischof Balduin v. Luxemburg (reg. 1307–54).

Infolge des fortschreitenden Zerfalls der königlichen Zentralgewalt im Reich begann – je nach Region früher oder später – im 10./11. Jh. die eigentliche Phase der ma. Adelsburg, die – ebenfalls regional unterschiedlich – zwischen 14. und 16. Jh. endete. Hoch- und spätma. Adelsburgen waren, wie schon erwähnt, mehr oder weniger befestigte Wohnsitze adeliger Familien inmitten ihres Grundbesitzes bzw. Lehens sowie Zentren ihrer Herrschaft und Verwaltung. Einige waren durch ihre Höhenlage markante Herrschaftszeichen in der Landschaft, als Gipfel- wie als Spornburgen (z. B. Burg Dattenberg bei Linz). Es bleibt jedoch anzumerken, dass deutlich mehr im späteren Hoch-MA am Mittelrhein errichtete Burgen landesherrliche Gründungen waren, während in anderen Regionen des Mittelrheingebietes (z. B. Eifel) Adelsburgen überwiegen.

Vorweggenommen sei hier der Hinweis, dass bemerkenswert viele Burgen am Mittelrhein Niederungsburgen sind, so bischöfliche Stadtburgen des späteren MA (z. B. Boppard; Lahnstein: Martinsburg [Abb. 54, S. 86]; Koblenz: *Alte Burg*), aber auch Adelsburgen etwa rund um Bonn und bei Rüdesheim (Abb. 55, S. 87). Im an den Rhein angrenzenden Bergland der Eifel gab es Niederungsburgen, oft als Wasserburgen, in Tälern (z. B. Ahrental; Ahrweiler: Roter Turm; Bodendorf; Eich: Krayer Hof; Namedy). Ma. Burgen werden wissenschaftlich

Abb. 54 Lahnstein (RP), Martinsburg, eine Niederungsburg unweit des Rheinufers.

heute in topografische, architektonische und funktionale Typen eingeteilt, die sich nicht in allen Fällen klar gegeneinander abgrenzen lassen. Generell wird bei topografischen Typen zwischen Höhen- und Niederungsburgen unterschieden (s. Kap. 4.6).

Die konkrete Gründungszeit der meisten hochma. Burgen ist unbekannt; das gilt auch für das Mittelrheingebiet. Bei hochma. Burgen dient meist die erste bekannte urkundliche Nennung einer Burg in einer Schriftquelle als Basis der Datierung. Ist keine solche bekannt, bleibt oft nur der Bau selbst als Quelle: Anhand von Fensterformen, Mauerwerkstechniken, Turmformen etc. erfolgt eine Annäherung an die mögliche Entstehungszeit. In diesen Fällen gibt es zahlreiche potentielle Fehlerquellen. Archäologische und Bau-Forschung

Abb. 55 Rüdesheim (HE), Boosenburg. Eine von mehreren Niederungsburgen bei Rüdesheim.

wurde nur an wenigen Objekten betrieben.

4.2.2 Motten und Turmburgen

Am Übergang zum bzw. im frühen Hoch-MA traten zwei neue Typen der Adelsburg auf: Motte und Turmburg. Es wird von einer parallelen Entwicklung von Motte und Turmburg ausgegangen.

4.2.2.1 Die Motte

Ab dem 9., wahrscheinlicher aber seit dem 10./11. Jh. verbreitete sich in Mittel- und N-Europa sowie Teilen N- und O-Europas ein neuer Burgentypus, der kaum am Mittelrhein, jedoch in der angrenzenden Voreifel häufiger vertreten ist (z. B. EU). Das französische Wort *la motte* bedeutet, ebenso wie das mittelhochdeutsche *molt*, Hügel. Die Motte besteht aus einem künstlich aufgeworfenen runden, seltener rechteckigen Hügel, der ein anfangs meist hölzernes Wohngebäude (Haus, Wohnturm) trug und den ein Wassergraben umgab, aus dessen Aushub der Hügel aufgeschüttet war. Oft schützten Palisaden den Turm. Es gab ein- und zweiteilige Motten. Letztere setzten sich aus Burghügel und Vorburg (Wirtschaftshof) zusammen, die von einem Graben umgeben und so von der Motte getrennt waren. Motten lagen vielleicht öfter als Rückzugsorte nahe bei Herrenhöfen, später wurden sie zu ständigen Wohnsitzen.

Die Entwicklungsgeschichte der Motte lässt sich am Bsp. der gut erforschten, niederrheinischen **Burg Husterknupp** (ehemals Frimmersdorf [Abb. 56, S. 88]) aufzeigen. Vor der Zerstörung durch Braunkohletagebau wurde sie 1949–51 untersucht. Vier Bauperioden konnten nachgewiesen werden:

I. Im 10. Jh. entstand anstelle der späteren Burg eine mit einem Graben gesicherte Flachsiedlung.

II. Bis zur 2. H. 10. Jh. wurde das Siedlungsareal erweitert; durch einen Graben wurde sie zur zweiteiligen Anlage. In der Hauptburg entstand ein kleines, 1 m hohes Plateau, auf dem nur ein Gebäude (Kernmotte) stand.

III. Vom 11. Jh. bis zur Zerstörung zwischen 1194 und 1244 wurde in der Hauptburg ein großer, runder Erdhügel aufgeschüttet (Hochmotte), dem ein erweitertes, jetzt halbkreisförmiges Areal (Vorburg) vorgelagert war.

IV. In der jüngsten Bauphase entstanden Steingebäude. Die Außenfronten der Vorburg wurden mit einer Holz-Erde-Konstruktion befestigt.

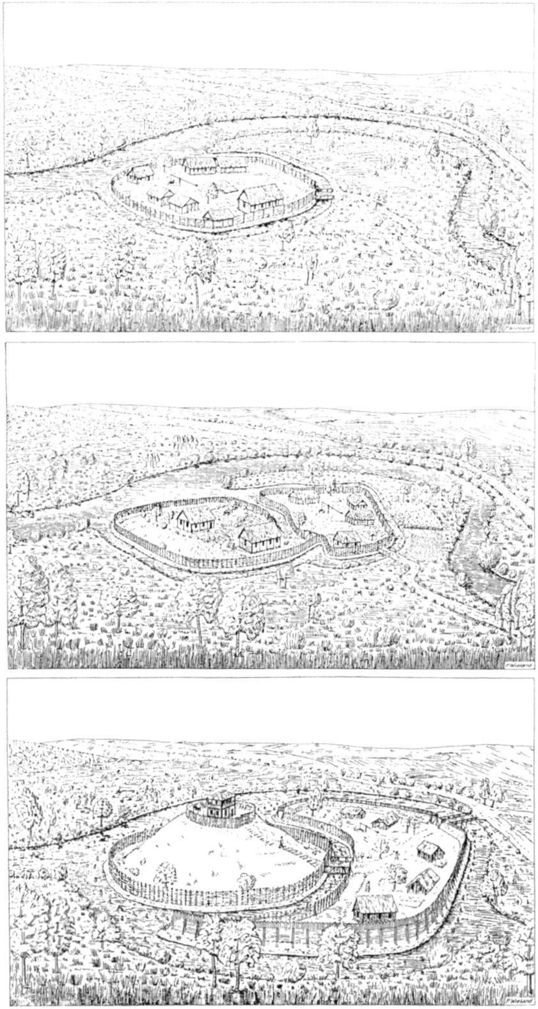

Abb. 56 Husterknupp (ehemals Frimmersdorf, NRW), Entwicklungsphasen der Motte von der Flachsiedlung des 10. Jh. bis zum 13. Jh. Vor dem Abbruch wegen des Braunkohletagebaues wurde die Burg 1949-51 umfassend archäologisch untersucht.

Hoch-/Bergmotten nennt man Adelsburgen des 10.–12. Jh., die aus einer natürlichen Geländeformation herausgearbeitet und nur wenig aufgeschüttet wurden (z. B. *Altburg*/Blankenheimerdorf; s. Herzog 1989, 76f). Eher optische als typologische Parallelen bestehen zu Burgen am Mittelrhein, deren Hauptturm mehr oder weniger isoliert auf einem stark abgesteilten Felsklotz steht (s. Kap. 4.2.2.2).

4.2.2.2 Die Turmburg

Benannt nach dem markanten Hauptgebäude, war die Turmburg einer der langlebigsten Burgtypen. Ihre Entwicklung könnte parallel zu jener der Motte begonnen haben (Biller 1993); viele Motten sind Turmburgen, was zur weit verbreiteten fälschlichen Bezeichnung »Turmhügelburg« für Motten führte, doch war nicht jede Motte eine Turmburg.

Die Veränderung im Erscheinungsbild der Adelsburg begann um 1000/A. 11. Jh.. Für die Salierzeit (1024–1125) ist für viele Regionen die Entwicklung von großflächigen frühma. Burgen hin zu kleineren, durch einen Wohnturm geprägten Burgen festzustellen. Aus den von einer polygonalen Ringmauer umgebenen Turmburgen (z. B. Hardtburg, EU) entwickelte sich im 12. Jh. die »klassische« Adelsburg (Biller 1993, 123). Rechteckige Wohntürme entstanden im 12. Jh. in SW-Deutschland, der Schweiz und im Elsass. Horst Wolfgang Böhme (1992) benannte fast 80 % der von ihm untersuchten salierzeitlichen Burgen in Hessen, Rheinland-Pfalz und im Saarland als Turmburgen. Prägend war ein meist drei- bis fünfgeschossiger steinerner Wohnturm mit Hocheingang im 1. OG. Die meist quadratischen Türme waren markante Symbole adeligen Wohn-/Wehrbaues im salischen Jh. und in späteren Zeiten.

In Rüdesheim finden sich mit der Brömserburg und der Boosenburg zwei interessante Beispiele für Turmburgen. Beide sind Niederungsburgen.

Die Brömserburg (auch Niederburg) nahe dem Rheinufer – der Fluss reichte in früheren Jh. näher an die Burg heran – am nördlichen Stadtrand von Rüdesheim entstammt in ihrem Baubestand wohl weitgehend dem fr. 12. Jh. Möglicherweise wurde sie von der mainzischen Ministerialenfamilie v. Rüdesheim erbaut, der sie ab M. 13. Jh. als Allod zustand. E. 12. Jh. könnte der quadratische Bergfried entstanden sein. Den rechteckigen Bering (ca. 26 x 33 m) umgab wohl urspr. ein Wassergraben. Die romanische Burg setzte sich aus einer recht niedrigen Ringmauer mit Zinnen, kleinem Bergfried (6 x 6 m) an der NW-Ecke und dem viergeschossigen,

18 m hohen Wohnturm (8,5 x 12 m) an der SO-Ecke zusammen. Durch spätere Ausbauten entstand unter Einbeziehung der Türme die heute noch erkennbare Vierflügelanlage (Abb. 57): Die Ringmauer wurde um 1200 erhöht, auf 1,6 m verstärkt und mit einem gezinnten Wehrgang über Rundbogenfries besetzt. Ein Bergfried wurde im Hof erbaut, die Innenräume der Burg erhielten Tonnen- und vereinzelt Kreuzgratgewölbe.

Nahe der Brömserburg steht die erst in der 2. H. 13. Jh. urkundlich erscheinende Boosenburg (auch Oberburg), doch dürfte die mutmaßliche Ministerialenburg dem 12. Jh. entstammen. Auf diese Zeit gehen wohl Wohnturm und Ringmauer (ca. 30 x 33 m) zurück. Umgeben war die Burg von einem etwa 9 m breiten Graben. Der etwa mittig stehende ungefähr quadratische Wohnturm (ca. 10 x 10 m) mit Hocheingang zeigt zwei markante Rücksprünge; der obere Teil verjüngt sich deutlich (Abb. 58).

Die Grundidee von Turmburg und Motte kombinieren mehrere Burgen am Mittelrhein, deren Hauptturm (Bergfried/Wohnturm) auf einem künstlich modellierten Felssockel steht, wie der Turm in Burg Sterrenberg; er entstand angeblich im 11., vielleicht eher im 12. Jh. (Abb. 59). Auch auf der benachbarten Burg Liebenstein (Kamp-Bornhofen [Abb. 60]) findet sich eine ähnliche Situation. Hier steht ein in Ruinen erhaltener, rechteckiger Wohnturm inmitten der Burg auf einem künstlich versteilten Schieferfels.

Turmburgen wurden noch im Spät-MA im Mittelrheingebiet vom Niederadel und von Burgmannen erbaut, etwa Arloff um 1270 und Kirspenich

Abb. 57 Rüdesheim (HE), Brömserburg.

Abb. 58 (oben) Rüdesheim (HE), Boosenburg. Der Stahlstich (1840) zeigt die Burg vor dem historistischen Umbau.

Abb. 59 (oben) Kamp-Bornhofen (RP), Burg Sterrenberg. Hauptturm auf künstlich abgesteiltem Felssockel.

Abb. 60 (links) Kamp-Bornhofen (RP), Burg Liebenstein. Auf der Luftaufnahme erkennbar ist die Ruine des Hauptturmes auf künstlich abgesteiltem Felssockel inmitten der Hauptburg.

Abb. 61 Boppard (RP), Burg. In der barock veränderten Burg blieb der um 1265 unter König Richard von Cornwall neben der Stadt erbaute Wohnturm erhalten; er wurde in der 2. H. des 14. Jh. um- und ausgebaut.

Abb. 62 Boppard (RP), Burg. Grundriss.

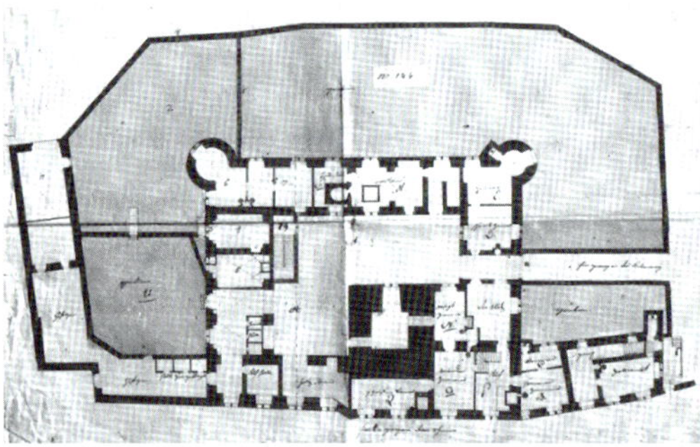

in der Voreifel. Auch Hochadel und Landesherren bauten noch Turmburgen, wenn auch größer und aufwendiger. Ein gutes Bsp. bietet die Burg Boppard (Abb. 61–62), deren Wohnturm um 1265 unter König Richard v. Cornwall neben der Stadt Boppard errichtet und in der 2. H. 14. Jh. von den Trierer Erzbischöfen um-/ausgebaut wurde. Im Spät-MA wurde aus der Turmburg des 13. Jh. eine Kastellburg.

In den Kontext der Turmburgen gehören städtische Adels- und Geschlechtertürme (z. B. in Koblenz, s. Kap. 4.7.1). In der Stadt Ahrweiler steht die Burg Weißer Turm (Staffeler Turm), deren dreistöckiger Wohnturm um 1265 innerhalb der Stadtmauer erbaut wurde.

4.2.3 Das Erscheinungsbild hochmittelalterlicher Burgen (11.–13. Jahrhundert)

(Hinweis: Zur besseren Erklärung verschiedener baulicher Entwicklungen wird auch auf spätma. Bauelemente verwiesen, deren Wurzeln im Hoch-MA liegen. Einzelne Bauelemente wie z. B. Bergfried und Palas sind in Kap. 4.7 ausführlicher dargestellt.)

Bei Höhenburgen wurde der Burgberg meist baumlos gehalten; so erschwerte man unbemerkte Annäherungen und erhöhte die Fernwirkung der Burg. Für Letztere war zudem die **Farbigkeit** der Gebäude bedeutend. Die Steinsichtigkeit, die noch immer fälschlich als original angesehen wird, entsprach einem Ideal der Romantik des 19. Jh. Putzreste – überwiegend des Spät-MA – blieben an einigen Burgen am Mittelrhein erhalten (z. B. Fürstenberg [Abb. 63]; Gutenfels [Abb. 64]; Lahneck). Größere Flächen ma., wohl romanischen Putzes mit weißem Kalkanstrich ließen sich am Bergfried der Burg Sterrenberg nachweisen. Man kann sich die äußere Farbgebung hochma. Burgen ähnlich vorstellen wie die zeitgleicher Kirchen (z. B. Sinzig, St. Peter, 1230er Jahre [Abb. 65, S. 94]). An einigen wurde die Farbigkeit teilrekonstruiert (z. B. Schönburg/Oberwesel), und die Marksburg erhielt im Laufe der letzten Jahre fast vollständig ihre weiße Farbfassung zurück [Abb. 66, S. 94]. Bei anderen Burgen wurde die farbige Fassung an einzelnen Bauten teils rekonstruiert (z. B. Boppard; Koblenz: *Alte Burg*; Pfalzgrafenstein; Sterrenberg). Architekturgliederungen (z. B. Rundbogenfriese [Abb. 67, S. 94]), Portal- und Festerrahmungen, Säulen etc. waren vielfach polychrom gefasst (Abb. 68, S. 95). Ein bemerkenswertes Bsp. nach Befund rekonstruierter Farbigkeit eines romanisch-gotischen Wehrbaues findet sich am Löwentor der Mainzer Stadtbefestigung am unteren Oberrhein (Abb.

Abb. 63 Rheindiebach (RP), Burg Fürstenberg. Bergfried mit konservatorisch gesicherten Putzresten.

Abb. 64 Kaub (RP), Burg Gutenfels. Rheinseite mit Putzresten.

Abb. 66 Braubach (RP), Marksburg mit rekonstruierter weißer Farbgebung.

Abb. 65 Sinzig (RP), Pfarrkirche St. Peter (mutmaßlich im Bereich der ehemaligen Kaiser-/ Königspfalz) mit nach Befund rekonstruierter Farbigkeit des 13. Jh.

Abb. 67 Braubach (RP), Marksburg. Eckwarte an der Hauptburg mit rekonstruierter rot-weißer Farbgebung.

Abb. 69–70 Mainz, Stadtbefestigung, Löwentor. Rechts: Feldseite des im unteren Teil romanischen, in den oberen Geschossen gotischen Torturmes mit rekonstruierter Farbigkeit. Unten: Feldseite der romanischen Tordurchfahrt (12. Jh.) mit wiederhergestellter Farbigkeit.

Abb. 68 (oben) Schwarzrheindorf (Bonn, NRW), ehem. Burgkapelle (M. 12. Jh.), im 12. Jh. in eine Benediktinerinnen-Klosterkirche umgewandelt. Wiederhergestellte Farbigkeit der Zwerggalerie.

69–70). Während die Wandflächen dort weiß mit einer roten Fugenmalerei gefasst sind, findet sich die umgekehrte Farbgebung an einigen Burgbauten und Kirchen am Mittelrhein, z. B. in Oberwesel an der Schönburg (rekonstruiert) und der Liebfrauenkirche (Abb. 71, S. 96).

Abb. 71 Oberwesel (RP), Liebfrauenkirche mit rekonstruierter Farbigkeit.

Hochma. Höhenburgen hatten überwiegend einen an der Bergform orientierten, ovalen (z. B. Löwenburg im Siebengebirge [Abb. 72]; Godesburg [Abb. 73]) bis polygonalen Grundriss (z. B. Marksburg [Abb. 74]) bei weitgehender Vermeidung einspringender Winkel. Im Laufe der Stauferzeit erscheinen dann vereinzelt auch annährend rechteckige Grundrisse (z. B. Stahleck [Abb. 75]). Eine regelmäßige Form wurde vor der Verbreitung des Typus der Kastellburg um/nach 1300 meist nicht angestrebt, doch gibt es einige Ausnahmen (z. B. Gutenfels).

Der Wohnbau oder Palas überragte die Ringmauer kaum, und der Bergfried oder Wohnturm bildete die Dominante des gesamten Baukomplexes. Gebäude waren oft zur Materialersparnis und aus Platzmangel an die Innenseite der Ringmauer angefügt (sog. Hausrandburg,

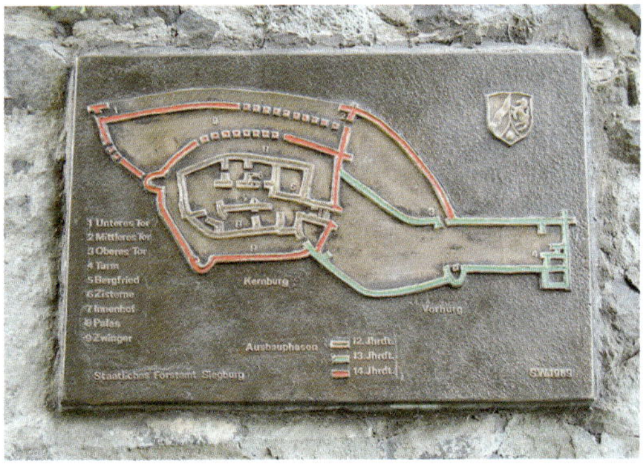

Abb. 72 Löwenburg im Siebengebirge (NRW), Grundriss mit Markierung der Bauphasen. Infotafel an der Burg.

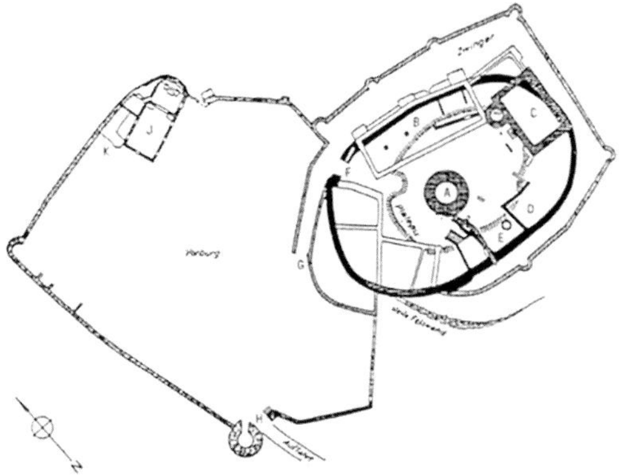

Abb. 73 Bad Godesberg (Bonn, NRW), Godesburg. Kernburg mit ovalem Grundriss (aus: KD Rheinprovinz, Bonn 1905)

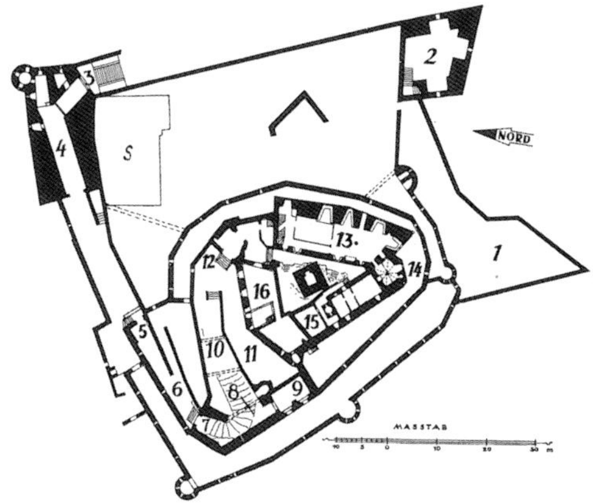

Abb. 74 Braubach (RP), Marksburg. Polygonaler Grundriss der romanischen Hauptburg.

z. B. Marksburg; Brömserburg/Rüdesheim jeweils im späteren Ausbauzustand).

Nur in sehr wenigen hochma. Burgen ist die Gesamtstruktur des hochma. Gründungsbaues umfänglich sichtbar erhalten. Die meisten wurden im Spät-MA und der Frühen Neuzeit umgebaut. Oft lässt nur die Grundrissstruktur der Kernburg die Entstehung im Hoch-MA erkennen. Nur vereinzelt erlaubten die natürlichen Gegebenheiten bei Höhenburgen eine annähernd symmetrische Struktur der Burg, wie im Falle der Burg Gutenfels (Abb. 76–78, S. 98), die auf die Zeit um/nach 1200 zurückgehen wird. Meist entstanden jedoch additive Strukturen, die sich stark von Kompaktanlagen des Spät-MA unterscheiden.

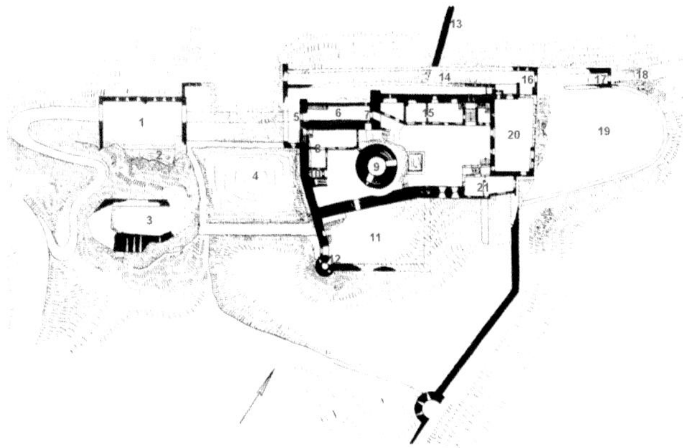

Abb. 75 Bacharach (RP), Burg Stahleck. Annähernd rechteckiger Grundriss der romanischen Hauptburg.

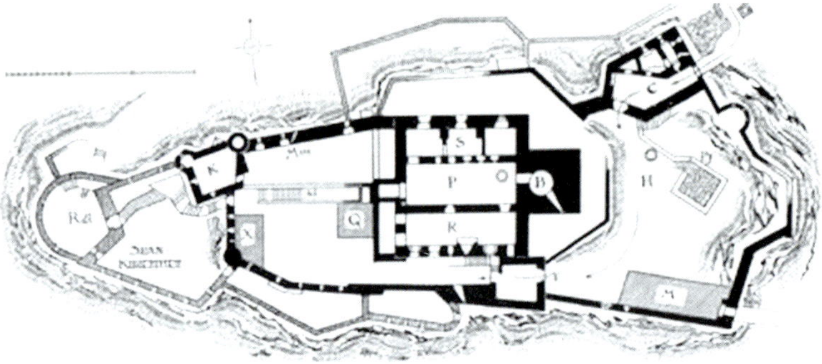

Abb. 76 Kaub (RP), Burg Gutenfels. Der Grundriss der rechteckigen Hauptburg zeigt die symmetrische Planung. Die äußeren Anlagen entstanden in dieser Form im Spätmittelalter und der Frühen Neuzeit.

Abb. 77 Kaub (RP), Burg Gutenfels. Nordansicht und Längsschnitt (aus: Ebhardt 1939).

Abb. 78 Kaub (RP), Burg Gutenfels. Teilansicht der symmetrischen Kernburg, einer Frontturmburg.

Eine Ringmauer bzw. Wehrmauern, die zusammen mit dem Wohnbau/Palas und weiteren Gebäuden den Bering der Burg bildeten, vervollständigten das Bauprogramm der hochma. Burg. In der Ringmauer bzw. im Bering öffnete sich ein mehr oder weniger wehrhaft und repräsentativ ausgestalteter Torbau oder -turm. Gesichert wurde die Burg zudem durch der Ringmauer oder Teilen des Berings vorgelegte Gräben. Gipfelburgen umgab mancherorts ein Ringgraben (z. B. Burg Neuenahr [Abb. 79]). Bei Spornburgen trennte ein Halsgraben den Sporn an der Zugangsseite vom anschließenden Gelände (z. B. Gutenfels; Lahneck; Stahleck; Stolzenfels). Im Idealfall fand beim Grabenaushub gewonnene Steine als Baumaterial Verwendung. Bei mehrteiligen Spornburgen gab es teils mehrere Halsgräben (z. B. Burg Sterrenberg [Abb. 80]). Höhenburgen verfügten fast ausschließlich über Trockengräben,

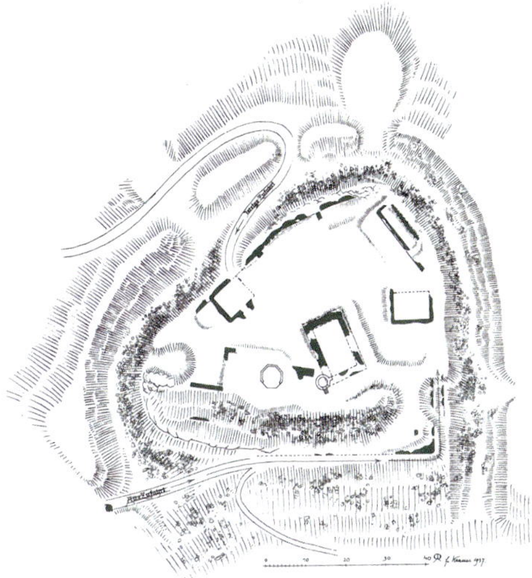

Abb. 79 Bad Neuenahr (RP), Burg Neuenahr. Grundriss; die Gipfelburg umgibt ein Ringgraben.

Abb. 80 Kamp-Bornhofen (RP), Burg Sterrenberg ist u. a. durch einen Halsgraben gegen das ansteigende Gelände gesichert.

Abb. 81 Vilich (Bonn-Beuel), Wasserburg Lede.

Niederungsburgen umgaben oft Wassergräben (Wasserburgen: z. B. Ahrental; Burg Lede/ Bonn [Abb. 81]).

4.3 Burgen im Spätmittelalter (13. bis Anfang 16. Jahrhundert)

In der älteren Burgenkunde galt die Stauferzeit (1138–1268) als »Blütezeit« ma. Burgenbaues. Damals entstanden angeblich die architektonisch bedeutendsten Burgen, doch gilt dies, so der heutige Kenntnisstand, bei weitem nicht für alle Regionen Deutschlands bzw. den deutschen Sprachraum. Insbesondere im Mittelrheingebiet gab es aber eine solche »Blüte« im Burgenbau des Spät-MA, v. a. im 14. Jh.

Die zahlreichen Burgengründungen seit dem 12. Jh. resultierten aus der zunehmenden Wichtigkeit der Burgenpolitik, mit welcher der Hochadel versuchte, Besitz und Herrschaft zu sichern. Burgneugründungen wurden seit der Stauferzeit öfter mit Stadtgründungen kombiniert; dies war ein wichtiger Schritt auf dem Wege der Entwicklung spätma. Residenzen. Eine bedeutende Residenzburg mit einer Stadt am Fuß des Burgberges wurde z. B. die 1245 von Graf Diether v. Katzenelnbogen gegründete Burg Rheinfels über St. Goar, die im 13./14. Jh. ausgebaut und Zentrum der Niedergrafschaft Katzenelnbogen wurde. Im 15. Jh. war sie kultureller Mittelpunkt des höfischen Lebens der Grafen, bis sie 1479 an die Landgrafen v. Hessen kam.

Bald nachdem Reichstagsbeschlüsse in Worms und Cividale 1231/32 das Landesherrentum begründet hatten, etablierte sich das **Kurfürstenkollegium**: Sieben große Territorialherren, von denen vier im Rheinland ansässig waren – die Erzbischöfe von Mainz, Köln und Trier sowie die Pfalzgrafen –, trafen sich als Kollegium zur Wahl der Könige des Heiligen Römischen Reiches (Deutscher Nation). Die Erzbischöfe verfolgten wie viele weltliche Große jener Zeit eine expansive **Territorialpolitik**, die primär auf Burgenpolitik basierte, mit der die Landesherren versuchten, Besitz und Herrschaft zu sichern und auszudehnen. Nachdem die »Fürstengesetze« Kaiser Friedrichs II. 1220 und 1231 die Basis zum Ausbau von Territorien weltlicher und geistlicher Reichsfürsten geschaffen hatten, verstärkten die Erzbischöfe ihre teils sehr weiträumige Burgenpolitik. In ihr wurde der politische Wandel deutlich: Burgen, insbesondere neu erbaute, dienten nicht mehr der Stützung des Reiches und des Königtums, sie waren nun Stützpunkte und Symbole aufstrebender Partikulargewalten. Auch Reichs-

Abb. 82 St. Goarshausen (RP): Burg Neukatzenelnbogen (oder Burg Katz).

burgen fielen – etwa infolge Verpfändung – an die Erzbischöfe als Territorialherren, z. B. die um 1265 von König Richard v. Cornwallis gegründete Burg Boppard, die 1312 dem Kurfürsten und Erzbischof von Trier, Balduin v. Luxemburg, verpfändet wurde, der dann versuchte, sie zum Ausbau seiner angestrebten Vormachtstellung am Mittelrhein zu nutzen.

Noch im 14. Jh. wurden im Kontext der Territorialbildung und -sicherung neue Burgen erbaut. 1337 erhielt Markgraf Wilhelm v. Jülich vom Kaiser die Erlaubnis zum Bau der Burg vor der Stadt Sinzig); sie wurde zeitweise vom Markgrafen selbst bewohnt. Nach 1350 erfolgte der Bau der Burg Neukatzenelnbogen (Burg Katz, Abb. 82) über St. Goarshausen durch die Grafen v. Katzenelnbogen; für 1371 ist die erste urkundliche Erwähnung bekannt. 1356 ließ der Trierer Erzbischof Boemund II. den Bau der unter dem Namen »Burg Maus« bekannten Burg Peterseck über Wellmich beginnen. Der territoriale Konflikt zwischen den Grafen und den Trierer Erzbischöfen wird durch die volkstümlichen Benennungen der beiden Burgen deutlich. Im gesamten Mittelrheingebiet erfolgten also im 14. Jh. bemerkenswerte Burgneu- und -ausbauten.

Burgenpolitik umfasste neben dem Bau zunehmend den Erwerb von Burgen. Adlige mussten unter Druck Lehnsleute der Landesherren werden und ihre Burgen zu deren »Offenhäusern« machen. Das Öffnungsrecht gewährte dem Territorialherrn bzw. seinen Soldaten den Zugang zur Burg im Bedarfs-, d. h. vielfach im Kriegsfall.

4.3.1 Das Erscheinungsbild von Burgen vom 13. bis zum 15. Jahrhundert

(s. hierzu auch Kap. 4.7: Wichtige Bauelemente hoch- und spätma. Burgen)

Mehrtürmige Adelsburgen des 13./14. Jh. markierten den Höhepunkt und das Ende der ma. Burg als Architekturform am Mittelrhein und in angrenzenden Gebieten. Neue Burgen wurden erbaut, ältere ausgebaut und den Erfordernissen, aber auch künstlerischen Ansprüchen der Zeit angepasst.

Lange hatte die Burgenforschung postuliert, das Ende »der ma. Burg« sei mit dem Ende des MA »um 1500« erreicht gewesen und mit dem Beginn der Frühen Neuzeit sei es zur Aufspaltung der wesentlichen Aufgaben ma. Burgen gekommen: Schlösser hätten die repräsentativen, Festungen die defensiven Funktionen der Burgen übernommen. Die lange vertretene Unterscheidung von Burg und Schloss entspricht jedoch weder historischen Tatsachen noch dem Selbstverständnis der Bauherren im 15./16. Jh., denn die Begriffe »Burg« und »Schloss« wurden bis in die Frühe Neuzeit synonym genutzt.

Zu Festen Schlössern oder Festungen wurden seit dem 15./16. Jh. einige Burgen am Mittelrhein ausgebaut (u. a. Arenfels; Marksburg; Rheinfels; Sinzig). Andere entstanden noch im 16. Jh. als Neubauten (z. B. Philippsburg/Braubach).

Nachdem Grundrisse früh- und hochma. Burgen meist dem Gelände angepasst waren (oval, nierenförmig, polygonal), kam es im Spät-MA zur Entwicklung neuer Formen und Strukturen, die sich auch im Mittelrheingebiet häufiger finden. Erkennbar sind Tendenzen zu kompakt strukturierten Anlagen, deren Gebäude sich einem Gesamtplan unterordnen, wie schon früh im Falle der Burg Kaub.

Der markanteste neue architektonische Typ war die **Kastellburg**, die Repräsentation und gesteigerte Wehrhaftigkeit kombinierte. Ihre burgenkundliche Bezeichnung bezieht sich auf die scheinbare Vorbildlichkeit römischer, turmbesetzter Kastelle. Kastellburgen mit runden Eck- und Flankierungstürmen waren unter König Philippe II. Auguste von Frankreich (1180–1224) ein königlicher Burgentyp geworden, der in Teilen Europas übernommen und von der Burgenforschung als **französischer Kastelltyp** bezeichnet wurde. Im weiteren Mittelrheingebiet war die erzbischöflich-trierische Burg Welschbillig in der Eifel (um 1250) eine frühe rechteckige Kastellburg. Meist wurde der französische Kastelltyp regionalen Traditionen und Ansprüchen des Bauherren angepasst, wie

Abb. 83 Niederheimbach (RP), Heimburg, eine unregelmäßige Kastellburg in Spornlage (um 1300), die nach 1879 historistisch ausgebaut wurde.

die erzbischöflich-trierische Burg Mayen (Genovevaburg, um 1280) in der Eifel und die wohl um 1305 vollendete, im Rahmen der territorialpolitischen Konflikte zwischen den Pfalzgrafen und den Mainzer Erzbischöfen vom Erzbistum Mainz erbaute Burg Haneck (später Heimburg) bei Niederheimbach (Abb. 83). Sie hat einen nicht ganz regelmäßigen, vierecki-

Abb. 84 Sinzig (RP), Schloss. Die Kastellburg (ab 1337) wurde im 16. Jh. und nach einer Zerstörung E. 17. Jh. erneut 1854/58 neu erbaut, doch bleibt die Kastellburg mit runden Ecktürmen in der Luftaufnahme erkennbar.

Abb. 85 Namedy (Andernach, RP), Burg Namedy, eine in der Frühen Neuzeit und historistisch veränderte Kastellburg des 14. Jh. Links oben die Vorburg.

gen Grundriss in Annäherung an Kastellburgen des französischen Typs.

Mehrere fast regelmäßige Kastellburgen entstanden seit A. 14. Jh. im Backsteingebiet der Nord- und Voreifel (z. B. Moyland; Zülpich) und in anderen Teilen der Eifel näher am Mittelrhein (z. B. Ahrental; Sinzig, ab 1337 [Abb. 84]). Als rechteckige Kastellburg am Mittelrhein ist die Wasserburg Namedy (Abb. 85) zu erwähnen; sie wurde in der Frühen Neuzeit zum Schloss ausgebaut und später historistisch überformt. In Boppard wurde die Burg in Anlehnung an den Typus lediglich zur Stadt hin mit zwei Flankierungstürmen wie eine Kastellburg gestaltet.

Französischen Einfluss zeigen nicht nur Kastellburgen des 13./14. Jh. und Wehrbauten mit Schalentürmen, sondern auch bewohnbare Rundbergfriede und Wohntürme (z. B. Godesburg [Abb. 86, S. 106]) am Mittelrhein und in

Abb. 86 Bad Godesberg (Bonn), Godesburg. Der im 13. Jh. erbaute runde Wohnturm mit Schießscharten wurde später aufgestockt.

angrenzenden Gebieten (z. B. Eifel: Nürburg; Burg Pyrmont). Ebenso gehören abgerundete Gebäudeecken und gerundete Mauerführungen als Stilelemente dazu (Abb. 87).

Das Gesamterscheinungsbild von Burgen im 14./15. Jh. prägten häufig höhere und mehrere Türme, daneben Tourellen und Eckwarten. Mehrere 1607 entstandene von Wilhelm Scheffer gen. Dilich gefertigte Zeichnungen katzenelnbogenscher Burgen zeigen dies deutlich (Abb. 89).

Zudem wurden vielen Burgen im 14./15. Jh. **Zwinger** vorgelegt, zwischen der Ringmauer und einer ihr ganz oder streckenweise vorgesetzten Mauer (Zwingermauer [Abb. 89–90]) gelegene Geländestreifen. Der Zwinger bildete ein zusätzliches Annäherungshindernis, die Zwingermauer eine weitere, vorgelagerte Verteidigungslinie. Im heutigen Deutschland waren Zwinger ab 14. Jh. verbreitet. Sie konnten eine Burg oder Stadtbefestigung komplett als geschlossener äußerer Bering umgeben (z. B. Marksburg), nur einem Bereich der Burg vorgelegt sein –

Abb. 87 Rheinbreitbach (NRW), Untere Burg. Vorne rechts ist die gerundete Mauerführung des 14. Jh. erkennbar.

Abb. 88 Braubach (RP), Marksburg. Die Zeichnungen nach Dilich (1607) zeigen den spätgotischen Ausbauzustand um 1600.

Abb. 89–90 Braubach (RP), Marksburg. Luftaufnahme der Burg mit ihrem Zwingersystem. Unten: Teilansicht.

Abb. 91 Kamp-Bornhofen (RP), Burg Sterrenberg. Zwinger vor der inneren Schildmauer.

als Torzwinger oder vor der Schildmauer (z. B. Burg Sterrenberg [Abb. 91]) – oder den Burgweg einschließen. Zwinger konnten Ställe, Schuppen, Scheunen oder sonstige untergeordnete Bauten aufnehmen. Im Verlauf von Zwingermauern standen vielfach vor die Feldseite ausspringende Flankierungstürme (z. B. Marksburg). Am Mittelrhein wurde um 1300 unter den Grafen v. Katzenelnbogen die Hauptburg der Marksburg durch einen Zwinger verstärkt. Im 14./15. Jh. kamen neue Zwinger mit Flankierungstürmen hinzu.

Während Ringmauern bis weit ins 13. Jh. hinein nur mit einem Wehrgang hinter Zinnen ausgestattet waren, wurden ab dem späteren 13. Jh. immer häufiger **Flankierungstürme** an Ringmauern gesetzt, die eine (anfangs meist recht

Abb. 92 Burg Reitersdorf (Bad Honnef, NRW), ab/nach 1270. Im Vordergrund ist das Fundament eines nach innen offenen Schalenturmes erkennbar, im Hintergrund der Wohnturm der ca. 25 x 25 m großen Burg.

Abb. 93 Burg Hohenstein (RP). Im Bild links ist der nach innen mit einer Fachwerkwand geschlossene Schalenturm (Torturm) zu sehen (Ansicht nach Dilich 1607).

eingeschränkte) flankierende Verteidigung der Mauer und ihres Vorfeldes ermöglichten. Ab der 2. H. 13. Jh. waren solche Wehrtürme zunehmend mit schmalen Schlitzscharten für den Einsatz von Bogen und Armbrust ausgestattet. Die Türme waren urspr. oft ½- bis dreiviertelrunde (Abb. 92) – seltener rechteckige (z. B. Oberwesel) –, nach innen offene **Schalentürme**. Solche nur aus drei steinernen Wänden bestehenden Schalentürme erbaute man, um Material und damit Kosten zu sparen und um zu verhindern, dass Feinde, die einen Turm erobert hatten, von diesem aus gegen die Verteidiger operieren konnten. Sie finden sich an Stadtmauern und Burgen. Manche Schalentürme wurden (nachträglich) rückseitig in Fachwerk geschlossen (Abb. 93–94).

Abb. 94 Oberwesel (RP), Stadtbefestigung. Schalenturm, Innenseite.

Flankierungstürme konnten als kombinierte Wehr-/Wohntürme von Burgmannen bewohnt

Abb. 95 Oberwesel (RP), Stadtbefestigung. Schalenturm, Feldseite mit Schlitzscharten; im OG die Balkenlöcher und der Zugang zu einem ehemals hier auskragenden hölzernen Wehrgang (sog. Hurden).

werden. Schon ganz vereinzelt im 13. Jh. in SW-Deutschland vorkommend – wohl nach Kriegserfahrungen der Kreuzzüge vermittelt über Frankreich –, waren sie seit 14./15. Jh. gängige Elemente von Burgen und Stadtbefestigungen. Frühe Bspe. zeigt die Stadtmauer von Oberwesel (1240er Jahre [Abb. 95]). Bis ins fr. 15. Jh. waren Flankierungstürme zur Verteidigung mit Bogen und Armbrust eingerichtet, erkennbar an der Schießschartenform (schmale, hohe Schlitzscharten), dann wandelten sie sich zu Feuerwaffen- und Geschütztürmen. Für den Einsatz von Feuerwaffen ist der Flankierungsturm der Burg Fürstenberg (Rheindiebach) eingerichtet, der im 15. Jh. einem Knick der Ring- bzw. Schildmauer vorgesetzt wurde, ebenso wie die Flankierungstürme am Zwinger der Marksburg.

Das Erscheinungsbild vieler Burgen des 14./15. Jh. prägten neben Türmen Tourellen und Eckwarten als turmähnliche Baukörper. Sie trugen zu dem als »**Türmereichtum**« wahrgenommenen und benannten Eindruck spätgotischer Burgen bei.

Die meist gerundeten, auf Bodenniveau ansetzenden **Tourellen** (französ. für Türmchen) waren oft massiv (u. a. Nollig über Lorch); es gab aber auch in der Außenwirkung vergleichbare schmale Türmchen mit Innenräumen (z. B.

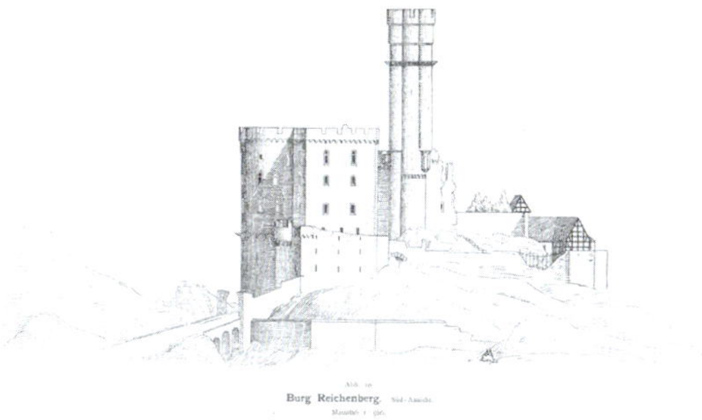

Abb. 96 Burg Reichenberg (RP). Die beiden Bergfriede waren mit jeweils drei Tourellen rundum besetzt, eine enthielt die Wendeltreppe; ähnlich war der Turm der Burg Eigenberg gestaltet (Ansicht nach Dilich 1607).

Schloss Arenfels) oder als Treppenspindeln (z. B. Burg Reichenberg, Bergfried, 14. Jh. [Abb. 96]; St. Goarshausen, Stadtbefestigung, *Dicker Turm*, 1485/87 [Abb. 97]). Häufig finden sich Tourellen an Burgen im Gebiet zwischen Eifel, Mittel- und Niederrhein (z. B. Burg Kleinbüllesheim, EU: Torbau).

Eckwarten (Scharwachttürmchen, im Festungsbau Pfefferbüchsen genannt) kragen auf Konsolen über die Wehrmauer oder ein Gebäude aus (z. B. Marksburg, Palas; Burg Maus, Palas und Wohnturm [Abb. 98, S. 112]). Häufig

Abb. 97 St. Goarshausen (RP), Stadtbefestigung, Dicker Turm (1485/87) mit Tourelle als Treppenspindel.

Abb. 98 Wellmich (RP), Burg Maus. Alle wichtigen Gebäude der Hauptburg sind mit Eckwarten besetzt.

waren Turm-OG (Bergfriede, Wohntürme, Tortürme) durch Eckwarten betont, so an den Wohntürmen der Burgen Maus, Osterspai [Abb. 99], Sooneck, Stolzenfels und Eltville/Oberrhein [Abb. 100], aber auch an dem im Spät-MA wehrhaft ausgebauten Turm der romanischen Pfarrkirche St. Peter in Bacharach. Sie finden sich sogar auf den Kirchenschiffen von Liebfrauen und St. Martin in Oberwesel (s. Wehrkirchen). Eckwarten gibt es zudem mehrfach feldseitig auf den Enden von Schildmauern (u. a. Reichenstein; Rheinstein; Stahleck, hier rekonstruiert).

Übergangsformen zwischen Eckwarten und Tourellen stellen u. a. die mehrgeschossigen, schlanken, spätgotischen Eckwarten an der Burg Rheinfels dar (Abb. 101, S. 114).

Abb. 99 Osterspai (RP), Burg Osterspai. Wohnturm mit Resten der gotischen Eckwarten, M. 14. Jh.

Tourellen und Eckwarten konnten als Streichwehren dienen, manche waren – besonders ab 16. Jh. – aber bloße Bedeutungsträger ohne realen Defensivwert, wie z. B. auf dem Ritter-Schwalbach-Haus in Boppard und dem von Arscheid'schen Haus, einem spätgotischen Adelssitz in Kamp-Bornhofen (Abb. 102, S. 114), insbesondere aber auf städtischen Bauten der Gotik wie dem Rathaus von Remagen oder dem *Gürzenich*, dem Spiel- und Tanzhaus der Stadt Köln.

Zu den markantesten Elementen spätma. Burgen am Mittelrhein zählt die v. a. an Burgen in SW-Deutsch-

Abb. 100 Eltville am unteren Oberrhein (RP), Burg Eltville. Gotischer Wohnturm mit mehrgeschossigen Eckwarten (aus: William Tombleson, Views of the Rhine, um 1840).

Abb. 101 (links) St. Goar (RP), Burg/Festung Rheinfels. Am Gebäude rechts findet sich rheinseitig eine über mehrere Geschosse reichende, im Unterbau massive Eckwarte (Ansicht nach Dilich 1607).

Abb. 102 (unten) Kamp (Kamp-Bornhofen, RP), Arscheid'sches Haus. Das spätgotische Hauptgebäude des Adelssitzes flankieren rheinseitig zwei Eckwarten als Bedeutungsträger für die »Wehrhaftigkeit« der Familie.

land öfter erbaute **Schildmauer**. Von der Ringmauer bzw. der einfachen Wehrmauer unterschied sie sich durch deutlich größere Höhe und Mauerstärke. Sie konnte ein separater Bau oder in die Ringmauer eingebunden sein. Schildmauerburgen gab es seit dem fr. 13. Jh., insbesondere aber im 14. Jh. am Mittelrhein, in der Pfalz, im Elsass und vereinzelt in anderen Regionen Europas. Bei Burgen in Sporn- oder Hanglage bot die Schildmauer Schutz gegen Beschuss mit Wurf-/Schleudermaschinen von der Berg- bzw. »Angriffsseite« her. Zudem war sie ein eindrucksvolles repräsentatives Element der Burg. Schildmauern boten anfangs nur Deckung durch ihre Höhe und Mauermasse ohne weitere Defensiveinrichtungen als den Wehrgang (u. a. Burg Reichenstein); ab dem 14. Jh. wurden sie zuneh-

Abb. 103 Rüdesheim (HE), Burg Ehrenfels. Feldseitige Ansicht.

mend in die aktive Verteidigung einbezogen, indem sie integrierte Schießkammern erhielten (z. B. Schönburg), wobei sich diese nach Verbreitung von Feuerwaffen zu Geschützschildmauern mit Geschützständen wandeln konnten (mehrere Bspe. in der Pfalz). Der Schildmauer war meist ein Halsgraben vorgelegt.

Schildmauern unterschiedlichster Art besitzen folgende Burgen am Mittelrhein und in unmittelbar angrenzenden Gebieten:

- Burg Ehrenfels (Rüdesheim): Hangburg mit von zwei Rundtürmen gerahmter, aber nicht flankierten Schildmauer (wohl 1. Dr. 13. Jh.). Sie ist 20 m hoch, 4,6 m stark und trägt zwei Wehrgänge, der untere mit Schlitzscharten, der obere mit Zinnen. Die später erhöhten Türme sind 33 m hoch. Vor der Mauer liegt ein 9 m tiefer Halsgraben (Abb. 104).
- Burg Fürstenberg (Rheindiebach) [Abb. 104, S. 116].

Abb. 104 Rheindiebach (RP), Burg Fürstenberg. Schildmauer, Feldseite.

- Burg Hohenstein (Taunus): Zwei Schildmauern, je eine an Vor- und Hauptburg (Abb. 105), 14. Jh. Abseits des Mittelrheins, von den Grafen v. Katzenelnbogen ausgebaut (vgl. Marksburg, Rheinfels und Reichenberg/Taunus).

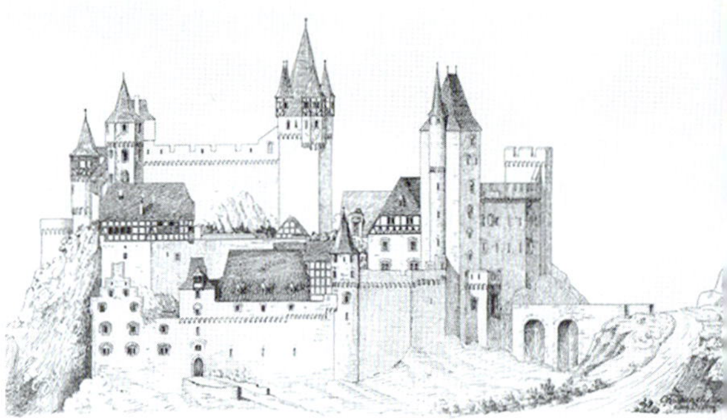

Abb. 105 Burg Hohenstein (RP) mit zwei Schildmauern, 14. Jh. (Ansicht nach Dilich 1607).

- Burg Lahneck (Lahnstein): Die Hauptburg gehört zu den Kompaktanlagen des 13. Jh. An der Angriffseite steht die tourellenflankierte Schildmauer; in die der fünfeckige Bergfried einbindet, dessen Spitze aus der Flucht der Schildmauer vorspringt. An der Talseite steht der Wohnbau. In die Längsseiten sind die Kapelle und, ihr gegenüber, der Torbau eingefügt. Der äußere Bering mit einer weiteren Schildmauer und äußerem Halsgraben dürfte in zwei Bauabschnitten im 15. Jh. entstanden sein und ist auf den Kampf mit und gegen Feuerwaffen eingerichtet.
- »Burg« Nollig (Lorch): Der spätma. Turm (Wachtturm oder kleine Burg; vgl. Kap. 4.5.2)

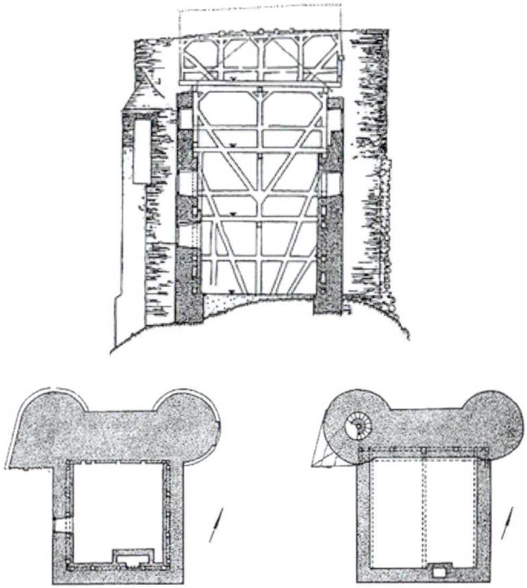

Abb. 106 Lorch (RP), »Burg« Nollig. Grundrisse und Schnitt.

Abb. 107 Lorch (RP), »Burg« Nollig. Links die Schildmauer.

wurde im 14. Jh. ummauert. Die Angriffsseite wurde dabei als 3,2 m dicke Schildmauer mit beidseitig 3,8 m starken Tourellen ausgebildet (Abb. 106–107).

- Burg Reichenberg: bewohnbare, von zwei Bergfrieden gerahmte, repräsentative Schildmauer in einer Burg der Grafen v. Katzenelnbogen, 14. Jh., im Hasenbachtal bei St. Goarshausen (Abb. 108, S. 118).
- Burg Reichenstein (Trechtingshausen): massive Schildmauer, wohl nach 1253; später um Eckwarten ergänzt (Abb. 109, S. 118).
- Burg Rheinfels (St. Goar): lange, stumpfwinklig abgeknickte Schildmauer, 14. Jh.
- Schönburg (Oberwesel): Hinter dem Halsgraben eindrucksvolle, dreifach stumpfwinklig umknickende Schildmauer (*Hoher Mantel*), die vielleicht in der 1. H. 14. Jh. unter

Abb. 108 Burg Reichenberg (RP) mit bewohnbarer Schildmauer (Ansicht nach Dilich 1607).

Abb. 109 Trechtingshausen (RP), Burg Reichenstein mit massiver Schildmauer, wohl nach 1253; später um Eckwarten ergänzt. Die Burg selbst um 1900 neugotisch ausgebaut und erweitert.

Erzbischof Balduin entstand. Sie zeigt drei Verteidigungshorizonte: Die überwölbten Schießkammern der beiden unteren öffnen sich zur Feldseite in hohen Schlitzscharten für Bogen und Armbrust. Den Abschluss bildet der beiderseits auf einem Rundbogenfries überkragende Wehrgang mit Zinnen, die teils von Schießscharten durchbrochen sind (Abb. 110).

- Burg Rheinstein (Trechtingshausen), eigentlich Vaitz- bzw. Fautsburg, wohl ab 1316/17 vom Mainzer Erzbischof Peter v. Aspelt (reg. 1306–20) errichtet, um das Wiederaufbauverbot für die in Sichtweite gelegene, 1286 zerstörte Burg Reichenstein zu kontrollieren. Um 1330 weiter ausgebaut.
- Burg Stahleck (Bacharach): Die Schildmauer des 14. Jh. im Rahmen des 1925 begonnenen Neuaufbaues der Burg (Neuschöpfung, Planung: Ernst Stahl) frei rekonstruiert. Die helle Mauerpartie rechts gehört zum Originalbestand (Abb. 111).
- Burg Sterrenberg (Kamp-Bornhofen): Die Burg besitzt zwei Schildmauern; die innere

Abb. 110 Oberwesel (RP), Schönburg. Schildmauer, genannt Hoher Mantel, Feldseite.

Abb. 111 Bacharach (RP), Burg Stahleck. Schildmauer, Feldseite; die Mauer wurde beim Neuaufbau der Burg (ab 1925) nach 1925/38 frei rekonstruiert.

soll im Kern romanisch sein (ebidat), die äußere (*Streitmauer*) entstand wohl A. 14. Jh. als Reaktion auf die Besitzentwicklung der oberhalb liegenden Burg Liebenstein, die seit 1294/95 in gegnerischer Hand war.

Als **Mantelmauer** werden Ring-/Wehrmauern bezeichnet, die eine Burg ganz oder zu einem größeren Teil in einer solchen Höhe umgeben, dass die dahinterstehenden Gebäude ganz oder weitgehend nach außen verborgen bleiben. Solche Mauern gibt es an den Burgen Katz und Maus (beide 14. Jh.). So zeigt die Katz eine mantelmauerartige Erhöhung der Ringmauer an der Zugangsseite. Als Bindeglied zwischen Mantel- und Schildmauern kann die *Hoher Mantel* genannte Schildmauer der Schönburg gelten (s. o.).

4.4 Stadt- und Ortsbefestigungen

Neben Burgen waren Orts- und Stadtbefestigungen die markantesten Wehrbauten des Hoch- und Spät-MA. Sie setzten sich weitgehend aus den gleichen Bauten (u. a. Wehrmauern, Türme) und Wehrelementen (Wehrgänge, Zinnen, Schießscharten etc.) wie Burgen zusammen. Vielfach gingen Städte aus einer Siedlung am Fuß eines Burgberges hervor, doch entwickelten sich nicht alle diese Siedlungen zu Städten. Manche dieser fachlich »Minderstädte« genannten Orte verfügten nicht über alle Stadtrechte. Sie wurden im Spät-MA und in der Frühen Neuzeit u. a. Flecken (z. B. Altwied), Tal, Freiheit oder lat. *suburbium* genannt. Städte hatten ab dem Hoch-MA politische, wirtschaftliche und militärische Funktionen, daher ersuchten viele Burgherren um die Erlaubnis, bei ihrer Burg eine Stadt zu gründen. Sie erhofften Stadt- und Marktrechte, verbunden mit der Genehmigung, den Ort mit Mauer und Graben zu befestigen. Viele Stadt-/Ortsbefestigungen waren mit denen der Burg baulich verbunden (z. B. Andernach; Bacharach und Burg Stahleck; Bingen und Burg Klopp; Braubach und Marksburg; Koblenz und *Alte Burg*). Vielfach lagen befestigte Orte in Einmündungen von Seitentälern ins Mittelrheintal (u. a. Bacharach; Braubach; Kaub; Lorch; Niederheimbach; St. Goarshausen; Wellmich), die sie so mit ihren Befestigungen teils sperrten.

Gegen E. 12. Jh. und im 13. Jh. hatten Städtegründungen auch abseits von Burgen eine wichtige Funktion im Rahmen der Territorialpolitik. Für ma. Stadtbefestigungen waren ovale bis elliptische Umrisse (z. B. Ahrweiler, M. 13. Jh.) bzw. an Flussufern halbkreisförmige mit dem Fluss als Schnittlinie typisch (z. B. Bonn). Seit der Stauferzeit waren Planstädte mit ihrem Bering vereinzelt einem Rechteck angenähert (z. B. Oberwesel; Heimersheim/Ahr). Im Engtal des Mittelrheins kam es an Taleinmündungen zu Ausprägungen unregelmäßig dreieckiger bis T-förmiger Grundrisse.

Eine Vielzahl hoher Türme unterstrich im Spät-MA den Rang der Stadt (z. B. Andernach; Bacharach; Oberwesel [Abb. 112]). Am Mittelrhein wurde in einigen Städten in markanter Ecklage jeweils ein besonders hoher, aufwendig gestalteter **Butterfassturm** – ein Turm mit einem im Durchmesser kleineren Turmaufsatz – errichtet, so in Rüdesheim, Oberwesel und Andernach. Der Ochsenturm in Oberwesel (Abb. 114) wurde über einen Deckenbalken dendrochronologisch auf die Zeit um 1356 datiert. Er hat 11,8 m Ø, eine Höhe von 40,15 m, eine Mauerstärke von 2,7 m, fünf beheizbare Geschosse und einen Abort. Er ist über eine außen vorkragende Spindeltreppe erschlossen (ähnlich: Burgen Eigenberg und Reichenstein; Stadtbefestigung Kaub). Seine Zinnen zeigen Ziegelrahmungen (vgl. u. a. Oberwesel: St. Mar-

Abb. 112 Oberwesel (RP), Stadtbefestigung. Bergseitige Türme.

Abb. 113 Oberwesel (RP), Stadtbefestigung. Ochsenturm, um 1356; ausspringende Treppenspindel.

tin; Rüdesheim: Adlerturm). Der Runde Turm (*Rondentorne*) der Stadtbefestigung in Andernach ist 55 m hoch. Er wurde vor 1440 (1412/15?) erbaut und erhielt 1448/53 den achteckigen Aufsatz, der ihn zum Butterfassturm machte. Der spätgotische, 20,5 m hohe Adlerturm der Stadtbefestigung in Rüdesheim wurde E. 15. Jh. an der stromaufwärts gerichteten SO-Ecke der Altstadt errichtet.

Besonders repräsentativ waren oft **Stadttore** gestaltet. In Andernach zeigt das romanische Koblenzer Tor (*Burgporzen* genannt) Buckelquader an der Feldseite. Es gehörte zu den fünf Haupttoren (nebst fünf Nebenpforten) der Andernacher Stadtmauer, ebenso wie das um 1200 erbaute Rheintor (auch Kornpforte), das mit seinem M. 14. Jh. erbauten trapezförmigen Torzwinger das älteste bekannteste Doppeltor am Rhein ist. Am romanischen Torturm, urspr. mit Zeltdach, verdienen die beiden feldseitig angebrachten steinernen Statuen der »Andernacher Bäckerjungen« Beachtung. Es handelt

Abb. 114 Braubach (RP), Stadtbefestigung, Obertor.

sich vermutlich um apotropäische Wächterfiguren. Die unter den Figuren sitzende Basaltkonsole entstammt der Zeit vor der Erweiterung; auf ihr ruhte ein hölzernes *Überzimmer*, d. h. Hurden, wie es sie an mehreren Stadttoren im Rheinland gab (z. B. Ahrweiler: Ahrtor; Jülich: Rurtor; Köln: Eigelsteintor).

Zu den erhaltenen repräsentativen Stadttoren gehört ferner das Obertor in Braubach mit achteckigem Turm über viereckigem Unterbau (E. 13./14. Jh. [Abb. 114]). Andere repräsentative, architektonisch aufwendige Stadttore gingen verloren (z. B. Koblenz), wieder andere blieben in Resten erhalten (z. B. Oberwesel).

Am Mittelrhein kamen die in der Eifel und am Niederrhein verbreiteten repräsentativen Doppelturmtore (u. a. Aachen; Ahrweiler; Bad Münstereifel; Nideggen; Reifferscheid EU) kaum vor. Das Sterntor in Bonn (um 1244) ist in der heutigen Form ein 1900 geschaffener Bau. 1898 wurde das Tor trotz des Widerspruchs Kaiser Wilhelms II. als Verkehrshindernis abgebrochen. Zwei Jahre später entstand der um mehrere Meter versetzte Ersatzbau gleichen Namens am Bottlerplatz aus Fragmenten des Sterntores, eines Schalenturmes und der Stadtmauer als historistische Neuschöpfung.

Viele Stadtbefestigungen wurden in großen Teilen im 19. Jh. als Verkehrshindernisse niedergelegt (z. B. Andernach, um 1820 und 1850; Bonn; Remagen; Sinzig). Anstelle der Befestigungsringe entstanden mancherorts Ringstraßen (z. B. Bonn; Rheinbach). Dort, wo größere Teilstücke von Stadtmauern erhalten blieben,

Abb. 115 Kaub (RP), Stadtbefestigung. Überbautes Teilstück der vielleicht schon vor 1275 erbauten Wehrmauer, urspr. als Hochwassernotweg (Auf der Mauer) genutzt, verband den Mainzer Torturm mit der ev. Pfarrkirche St. Trinitatis.

Abb. 116 Remagen (RP), Stadtbefestigung. Kragsteinreihe des einstigen Wehrganges.

geschah dies, weil sie durch angefügte Wohnhäuser überbaut waren, etwa in Andernach, Bacharach, Braubach, Kaub (Abb. 115) oder Remagen.

Mehrere spätma. Stadtmauern zeigen an ihren Innenseiten Bogenstellungen, über denen der Wehrgang verläuft (z. B. Ahrweiler; Oberwesel). An anderen Stadtmauern trugen mehrere Lagen nach innen auskragender Steine den Wehrgang (z. B. Remagen [Abb. 116]). Ein konstruktives Element vieler Stadtmauern im Rheinland sind Entlastungsbögen im jeweils unteren Bereich der vielerorts aus schiefrigem Bruchstein bestehenden Mauern, die so bei Unterminierung nur bedingt zum Einsturz gebracht werden konnten (u. a. Ahrweiler; Andernach; Sinzig).

Mancherorts blieben nur wenige Reste der Stadt-/Ortsbefestigung (z. B. Bonn; Koblenz; Sinzig) oder obertägig keine erkennbaren Reststücke erhalten (z. B. Bad Bodendorf; Niederbreisig). Nach den flächendeckenden Zerstörungen von Befestigungen durch französische Truppen in den 1670er/80er Jahren (Abb. 117) führten in der Frühen Neuzeit und Neuzeit Abbrüche zur Gewinnung von Baumaterial zu Substanzverlusten bei Stadtbefestigungen, doch blieben am Mittelrhein erstaunlich viele dieser Wehranlagen in umfänglichen Resten erhalten: Darunter sind Andernach, Bacharach, Boppard, Braubach, Kaub, Linz, Lorch, Oberwesel (eine der besterhaltenen ma. Stadtbefestigungen Deutschlands), St. Goarshausen etc. zu nennen. Infolge der Steilheit des Mittelrheintales stehen hier einige Stadtmauertürme mit der Feldseite gegen eine Felswand gerichtet, zu sehen in Bacharach oder Kaub (Abb. 118).

Abb. 117 Andernach (RP), Stadtbefestigung, Runder Turm mit unvollendeter Sprengöffnung des 17. Jh.

Manche Ortsbefestigungen bestanden ganz oder weitgehend aus Erde (Wall und Graben), so wohl in Bad Bodendorf (Sinzig), und aus Holz.

Bemerkenswert ist, dass im Mittelrheintal mehrere Kirchen in den Bering der Stadt- oder Ortsbefestigung einbezogen waren, doch wurde deren Wehrhaftigkeit noch nicht im Kontext erforscht. Solcherart integriert waren Kirchen in Braubach (St. Barbara), Kaub (St. Trinitatis) und Oberwesel (Abb. 119, s. 4.5.1: Wehrkirchen).

Abb. 118 Kaub (RP), Stadtbefestigung, Turmstumpf im Steilhang.

Abb. 119 Oberwesel (RP), kath. Pfarrkirche St. Martin, Westturm mit spätgotischem Zinnenkranz und Eckwarten.

4.5 Sonstige Wehrbauten

Wie im Kap. 4 erwähnt, gab es außer Burgen und den Stadt-, Tal- und Ortsbefestigungen im MA weitere Typen von Wehrbauten, darunter Warttürme, Landwehren, Kirchenburgen, Wehrkirchen, Wehrkirchhöfe und befestigte Klöster.

4.5.1 Kirchenburgen, Wehrkirchhöfe und Wehrkirchen

4.5.1.1 Kirchenburgen

Kirchenburgen werden in der Burgenforschung aus Wehrkirche und Wehrkirchhof zusammengesetzte Einheiten genannt, wie es sie z. B. zahlreich in Siebenbürgen/Rumänien, jedoch nur vereinzelt im Rheinland gab, etwa die Burgkirche in Ober-Ingelheim/Oberrhein, nicht weit vom Mittelrhein entfernt.

4.5.1.2 Wehrkirchhöfe

Nicht eindeutig am Mittelrhein belegt sind Wehrkirchhöfe, deren Ringmauer mit Wehrgängen, Zinnen, Türmen, befestigten Torhäusern etc. gesichert war (evtl. Remagen?). Dorfkirchhöfe waren im MA Begräbnisstätten, zudem Rechtsorte und somit öffentliche Plätze. Wie die Kirche selbst wurde ab dem 12. Jh. ein neu angelegter Friedhof durch einen Bischof oder sonstigen Geistlichen geweiht. Meist umgab ihn eine Ringmauer, die nicht per se eine Wehrmauer war. Die Befestigung von Kirchhöfen wurde auf kirchlichen Synoden mehrfach untersagt (1099, 1261, 1287, 1310), doch gab es offenbar immer wieder Verstöße.

Im 14./fr. 15. Jh. kam es in manchen Gebieten (u. a. Mittelhessen) zur Befestigung von Kirchen und Kirchhöfen. Impulse gaben regionale Konflikte, die Hussitenkriege (1420er/30er Jahre) und die »Türkenangst« nach dem Fall der byzantinischen Hauptstadt Konstantinopel 1453. Kirchhofmauern wurden im 15. Jh. mancherorts mit Schießscharten, Wehrgängen und mehr oder weniger wehrhaften Torhäusern versehen; selten waren Flankierungstürme. Anlagen dieser Art fehlen am Mittelrhein.

Vermutlich rührt das Klischee von vielen wehrhaften Kirchhöfen daher, dass Militärhandbücher des 20. Jh. darauf verwiesen, bei »Dorfgefechten« könnten Kirchhöfe zum »Reduit« werden (H. Frobenius: Militär-Lexikon. Berlin 1901).

4.5.1.3 Wehrkirchen

Viele ma. Kirchen in Deutschland wurden und werden, insbesondere von Heimatforschern und Kunsthistorikern, als **Wehrkirchen** benannt, doch die wenigsten der solcherart interpretierten Sakralbauten waren wirklich befestigt. Licht-/Luftschlitze in Kirchtürmen wurden als Schießscharten fehlgedeutet, doch waren diese im heutigen Deutschland bis E. 13. Jh. nicht verbreitet (Biller 1993). Am Inneren vieler Schartennischen ist erkennbar, dass die Maße der Licht-/Luftschlitz-Innenöffnungen meist so gering sind, dass sie für den Einsatz von Armbrust und Bogen nicht nutzbar waren. Um eine Maueröffnung effizient als Schießscharte nutzen zu können, musste sie entsprechend auf das Vorfeld ausgerichtet sein und die Nische genügend Aktionsraum für Verteidiger bieten. Je nach Waffe (Bogen, Armbrust, ab 15. Jh. auch Hakenbüchse) benötigte der Schütze einen bestimmten Bewegungsraum zum Einsatz der Waffe (bei einer Armbrust mindestens 0,8 m Breite) sowie gute Sicht auf das Vorfeld des zu verteidigenden Gebäudes.

Dicke Mauern wurden als »Beweis« für die Wehrhaftigkeit von Kirchtürmen benannt, doch mussten diese aus statischen Gründen dicke Mauern haben, um Last und Schwingung von Glocken zu aufzufangen (Zeune 1996, 51). Bei genauer Analyse ist es undenkbar, dass alle Bewohner eines Dorfes sich gemeinsam in den Kirchturm geflüchtet hätten, mit Lebensmitteln, Wasser und zur Verteidigung benötigten Waffen – dazu gehörten im MA Wurfsteine in größerer Menge: Das führt die These von der allgemeinen Nutzung der Kirchtürme als Wehrbauten ad absurdum. Zwar gab es im MA tatsächlich als Wehrtürme ausgebaute Kirchtürme mit Schießkammern/-scharten, Wehrgeschossen und Zinnen, doch sind diese aus dem Mittelrheingebiet nur vereinzelt bekannt.

Die Türme einiger städtischer Kirchen am Mittelrhein und in der Eifel wurden im SpätMA aufgestockt und erhielten OG mit Zinnen, etwa St. Martin in Oberwesel (1390/91 im Zusammenhang mit der Befestigung der Vorstadt Niederburg), die Stiftskirche in St. Goar (Zinnen, Scharten), St. Peter in Bacharach (Zinnen, Eckwarten) und die weithin das Maifeld »beherrschende« Stiftskirche in Münstermaifeld, wo das romanische Westwerk im 14. Jh. solcherart verändert wurde. In die Stadtbefestigung integriert war die Barbara-Kirche in Braubach mit ihrem mächtigen W-Turm (*Pankgrafenturm*).

4.5.2 Landwehren und Warttürme

Zu den ma. Wehrbauten in Deutschland gehörten Wacht-/Warttürme (Warten), die einzeln stehen oder – zunehmend ab 15. Jh. – in Landwehren eingebunden sein konnten. Landwehren mit Warttürmen gab es bereits in der Antike, etwa den römischen Limes. Manche Landwehren werden als **Gebück** bezeichnet: Dies war ein Hindernis aus ineinander verflochtenen Hecken, das als Annäherungshindernis vor der Wehrmauer einer Burg oder zusammen mit einem (Wall-)Graben als einzige Befestigung, z. B. einer Landwehr, angelegt war.

Landwehren waren Grenzbefestigungen, die meist aus Wall, Graben und Gebück bestanden und mancherorts mit einzelnen Türmen besetzt waren. Die bekannteste war das ***Rheingauer Gebück*** (Abb. 120), benannt nach den gebogenen (»gebückten«) Buchen der Grenzbefestigung, die offenbar auf den Ausbau der erzmainzischen Landesherrschaft über den Rheingau zurückgeht und unter Erzbischof Adalbert I. v. Saarbrücken (reg. 1111–37) weitgehend abgeschlossen war. Das von Niederwalluf in den Raum Lorchhausen führende, ca. 40 km lange Gebück bestand »aus einem 50–60 m breiten Waldstreifen von Buchen, Eichen und v. a. Hainbuchen. Die Bäume wurden in wechselnder Höhe über dem Boden abgeschlagen und die neu ausgeschlagenen Zweige kreuz und quer zur Erde ›gebückt‹ und untereinander verflochten. Brombeer- und Schwarzdornsträucher pflanzten sich von selbst dazwischen« (R. Enderich: Hessische Heimat, Nassau. Heft 2. Frankfurt/M. 1966, 35f). Nur einzelne, wehrhaft gestaltete Torbauten erlaubten im Spät-MA den Durchgang durch die bis zu 100 m breite, un-

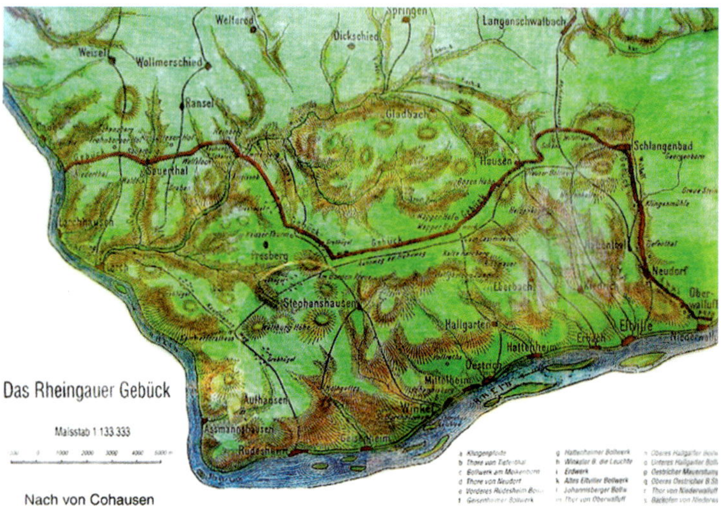

Abb. 120 Das Rheingauer Gebück (HE), Plan nach Karl August v. Cohausen, 1895.

durchlässige Pflanzung. Bau, Instandhaltung und Verteidigung erfolgten durch Männer der Anliegerorte.

1771 wurde das Gebück auf Anordnung des Mainzer Erzbischofs Emmerich Joseph v. Breidbach zu Bürresheim aufgelassen und großenteils gerodet. Einzelne alte Buchen und die steinerne Befestigung der Mapper Schanze zeugen noch heute von der Landwehr. Letztere entstand um 1494 anstelle einer älteren Anlage als Befestigung mit Feuerwaffen im Wald über Hallgarten (Oestrich-Winkel [Abb. 121]). Andere steinerne Bauwerke fielen Steinraub zum Opfer.

Der 2000 vom Zweckverband Naturpark Rhein-Taunus initiierte Rheingauer Gebück-Wanderweg folgt in etwa dem Verlauf der Landwehr. Schon 1984 wurde nahe der Mapper Schanze ein Teil des Gebücks rekonstruiert.

Abb. 121 Rheingauer Gebück (HE), Torbefestigung Mapper Schanze.

Das *Rheingauer Gebück* verlief vom W-Ufer der Walluf von Niederwalluf aus nach N über Oberwalluf, Neudorf (später Martinsthal genannt), Tiefenthal und Schlangenbad; hier bog die Befestigung nach W ab und führte knapp nördlich des Taunushauptkamms oberhalb von Hausen vor der Höhe und von Hof Mappen zu der *Sieben Wegweiser* genannten Kreuzung. Hier bog sie nach NW ab, zum Weißen Turm bei Presberg und zur Kammerburg an der Wisper. Auf Höhe der Burg Rheinberg richtete sich die Linie nach W, südlich an Hof Oders und Sauerthal vorbei. Sie erreichte im Niedertal die Grenze zum kurpfälzischen Kaub und traf nach ca. 40 km vermutlich den Mittelrhein nördlich von Lorchhausen.

Ein weitere, wohl ma. Landwehr, ***Landgraben*** genannt, verlief nahe dem Mittelrhein bei Ahrweiler, eine andere, kurtrierische von Weißenthurm am Mittelrhein zur Burg Wernerseck in der Eifel und weiter zur trierischen Stadt und Burg Mayen.

Ähnlich wie Landwehren waren manche äußeren, weit vor die eigentliche Stadtmauer gelegten Verteidigungslinien spätma. Städte strukturiert: Städtische Grenzbefestigungen hatten, ebenso wie Landwehren, nur begrenzten militärischen Wert: Sie boten Schutz gegen kleinere Scharen und markierten Rechts- und Anspruchsgrenzen. **Wachttürme** bzw. **Warten** als einzeln stehende, von Wall und Graben umgebene Türme waren oft Teile vorgeschobener Befestigungsringe bzw. Rechtsbezirke einer Stadt. Warten entstanden häufiger im 14./15. Jh.; sie umgaben das Weichbild der Städte in Sichtweite und boten Warn- und beschränkte Verteidigungsmöglichkeiten.

Ungeklärt ist die Funktion des »Burg Nollig« genannten Turmes über Lorch. Da Schriftquellen nicht bekannt sind, ist unbekannt, ob Nollig eine Adelsburg war oder ein Vorwerk der Ortsbefestigung. Der für den Turm überlieferte Name »Wachte« spricht für die Funktion als Wartturm. Eine Besonderheit der »Burg« Nollig ist die am Bestand ablesbare Bauentwicklung: Im Mauerwerk ist sichtbar, dass ein hölzerner ma. Turm nachträglich (im 14. Jh.?) ummauert wurde. Die Balkenkonstruktion war noch 1939 an erhaltenen, ca. 30 cm breiten Balkenkanälen in der Mauer erkennbar. Heute präsentiert sich der in den 1930er Jahren von der Denkmalpflege untersuchte Bau als quadratischer, noch etwa 7 m hoher, einst wohl dreistöckiger Wohnturm (9,6 x 9,6 m; Mauerstärke 1,3 m). Nach N ist seine Mauer als 3,2 m starke Schildmauer mit beidseitig 3,8 m starken Tourellen ausgebildet. Die W-Tourelle enthält im 2. OG eine Treppenspindel zum Wehrgang auf der Mauer, die östliche ist massiv. Vor der Schildmauer verläuft ein gebogener Halsgraben. Maueransätze an der O-Tourelle verweisen auf (nicht ausgeführte?) Anschlussmauern zur Ortsbefestigung oder eine Ringmauer. Im EG mit Kamin und Ausgussstein befand sich vermutlich die Küche. In der NO-Wand liegt der heutige Zugang. Das 1. OG weist Türöffnungen an der S- und W-Seite auf; es enthält einen Kamin sowie Reste von Wandschränken und Spuren einer Holzvertäfelung. Eine hölzerne Treppe führte zum 2. OG.

Ein bemerkenswerter Wachtturm blieb in Weißenthurm erhalten, er gab dem erst nach seinem Bau im 17. Jh. angelegten Ort den Namen (Abb. 122). Für 1550 ist der kurtrierische Wart-, Zoll- und Wohnturm urkundlich belegt, doch wurde er möglicherweise schon im 15. Jh. erbaut, angeblich unter Erzbischof Werner v. Falkenstein (reg. 1388–1418), wenn auch die Feuerwaffenscharten eine spätere Entstehung nahelegen. Sicher ist, dass der Turm zur Siche-

Abb. 122 Weißenthurm (RP), Wartturm.

rung der Grenze zwischen Kurtrier und Kurköln diente, die 1335–1803 nw des Turmes verlief. Hier kreuzte die Mainz, Koblenz, Bonn und Köln verbindende Fern- und Handelsstraße die Grenze. Ein Graben sperrte das Gelände vom Turm bis zum Rheinufer. Die Straße führte über eine Brücke, die ein Schlagbaum sicherte: Der Turm war Teil der von Erzbischof Werner initiierten Landwehr, die vom Turm über Burg Wernerseck bis Mayen führte. Der 28,5 m hohe, quadratische, viergeschossige Turm hat im EG 2,2 m dicke Mauern. Heute dient er als Heimatmuseum.

Wie geschildert, konnten Wart- auch gleichzeitig **Zolltürme** sein. Zwei mittelrheinische Wart- und Zolltürme stehen auf Inseln im Fluss. Der bekannteste ist der *Mäuseturm* auf einer Felsinsel zwischen Bingerbrück und Burg Ehrenfels. Es gibt mehrere Versuche der Ableitung des Namens: entweder von Mautturm (Maut = Zoll), von *Muserie* (Geschütz) oder dem mittelhochdeutschen Wort *mûsen* (spähen, lauern, beobachten) (Luthmer 1907, 55). Der in der 1. H. 14. Jh. errichtete Turm diente vermutlich der Verstärkung der Zollsperre über den Rhein von der Burg Ehrenfels über den Ehrenfelser Zoll am Fuß der Burgberges zur Burg Klopp bei Bingen. Der Turm wurde im 30-jährigen Krieg und 1689 erneut zerstört. 1855/56 erfolgte ein neugotischer Neuaufbau auf Initiative des preußischen Königs Friedrich Wilhelm IV. Der spätma. Turm war ein viereckiger, vierstöckiger Bau mit 1,9–2,8 m dickem Mauerwerk. Den Abschluss bildete ein Walmdach, das Eckwarten flankierten. Den Turm erschloss ein sechseckiger Treppenturm an der NO-Ecke. Stromaufwärts war dem Bau ein gemauerter dreieckiger Eisbrecher vorgelegt (Abb. 123, S. 132).

Die als *die Pfalz (im Rhein)* bekannte Burg Pfalzgrafenstein ging aus einem Zollturm hervor: 1277 hatte der Pfalzgraf von den Herren v. Münzenberg-Falkenstein Kaub und den an die über dem Ort stehende Burg Kaub (ab 1504 Gutenfels gen.) gebundenen Zoll erworben. 1326/27 ließ König Ludwig der Bayer (reg. 1314–47, Kaiser ab 1328) zur besseren Kontrolle des Rheins dort einen Turm erbauen, was scharfe Proteste der drei rheinischen Erzbischöfe und einen päpstlichen Bannspruch zur Folge hatte. Ab 1338 wurde der Turm mit einer Ringmauer umgeben. Für 1339 ist der Name Pfalzgrafenstein erstmals bezeugt. 1607 kam es zu baulichen Veränderungen. Zur Sicherung gegen Treibeis

Abb. 123 (oben) Bingen (RP), Mäuseturm. Der neugotische Bau von 1855/56 nach Entwürfen des Kölner Dombaumeisters Ernst Friedrich Zwirner und des Architekten Friedrich Albert Cremer.

Abb. 124 (unten) Kaub (RP), Burg Pfalzgrafenstein (Pfalz). In der Luftaufnahme ist der fünfeckige, in den 1320er Jahren erbaute Zollturm als Kern der Burg gut zu erkennen.

wurde die S-Spitze der Burg verstärkt. Sie wurde zudem zur Verteidigung mit größeren Feuerwaffen als Batterie bastionsartig ausgebaut. Weiter wurden Feuerwaffenscharten in die Ringmauer eingebrochen, die durch Arkadengänge im Inneren erschlossen sind. Aus der Burg wurde eine kleine Festung. Im 17./18. Jh. befand sich in ihr ein Pulvermagazin. Ihre Besatzung bestand aus 20–24 Mann, die u. a. »durch Läutung einer auf dem Turme hängenden Glocke die vorbei fahrenden Schiffe zur Verzollung anmahnen« sollten (Widder 1787). Als Zollstation diente die Burg bis ins 18. Jh. (Abb. 124).

4.5.3 Markt- und Hafenbefestigungen

Die Befestigung Trutzbingen am in Richtung Bingen gelegenen Ortsrand von Münster-Sarmsheim gehörte zu einer 1493 angelegten Zollbefestigung. Nachdem 1490 ein Brand die Stadt Bingen schwer beschädigt hatte, plante der Magistrat, Geld zum Neuaufbau durch Erhebung eines Marktgeldes einzunehmen, das auch von Münster-Sarmsheim und anderen kurpfälzischen Orten erhoben werden sollte. Der Widerspruch Münster-Sarmsheims blieb unberücksichtigt, worauf die Gemeinde sich an den Kurfürsten Philipp den Aufrichtigen von der Pfalz wandte, der einen neuen Wochenmarkt in Münster-Sarmsheim etablierte. Dieser Markt wurde 1493 durch die Zollsperranlage Trutzbingen – der Name war Programm – gesichert. Die Befestigung umfasste neben Wehrmauer und gesicherter Schiffslände den als Ruine erhaltenen gerundeten Feuerwaffenturm mit Maulscharten auf einer Anhöhe. 1504, im Pfälzisch-Bayerischen Erbfolgekrieg, ließ Landgraf Wilhelm v. Hessen Münster-Sarmsheim beschießen und niederbrennen. Bei der Zerstörung der Befestigung wurde die in Richtung Bingen weisende Seite des Turmes gesprengt, der somit als Ruine eine neue symbolische Bedeutung erhielt: Ruinen im Landschaftsbild waren Zeichen der Sieger für die Unterlegenheit eines besiegten Gegners.

Teil einer Hafenbefestigung war der *Strunk* bei Lorch. Über die Baugeschichte der ma. Befestigung von Lorch ist wenig bekannt. Die spätma. Ummauerung des Ortes, einer Winkelhakensiedlung, soll sieben Tore und Pforten besessen haben. Die oberhalb Lorch gelegene »Burg« Nollig (s. 4.5.2) stand vielleicht im Verband mit der Stadtmauer. Die Wispermündung mit dem kleinen Handelshafen wurde durch eine eigene Wehranlage besonders geschützt: 1521 hatte die Gemeinde beim Erzbischof darüber geklagt, dass sie infolge ihrer Verschuldung Mauern und Türme nicht unterhalten könne.

1567 wurden die neuen Anlagen der Wisperbefestigung errichtet. Mit dem 17. Jh. setzte der Verfall der Befestigungen ein, die 1816 bis auf wenige Reste abgebrochen wurden. Die Wisperbefestigung gehört zu den wenigen, in der Substanz weitgehend erhaltenen Teilen der Ortsbefestigung, wenn sie auch durch Anschwemmungen der Wisper sowie Eisenbahntrasse und -brücke in ihrer Wirkung stark beeinträchtigt ist. Von der 1556 erbauten Wisperbrücke laufen zwei Ufermauern bachabwärts. Ein anschließender Mauerzug führt weiter zum *Strunk,* einem starken Rundturm (1576) mit Schlüsselscharten. Der angeblich auch als Gefängnisturm errichtete *Strunk* besitzt eine Wehrplattform mit (restauriertem) Zinnenkranz. Die steil abgeschrägten Zinnen mit rechteckigen Rahmungen sind für kurmainzische Wehrbauten des 15./16. Jh. typisch (vgl. Rüdesheim: Adlerturm). Der Turm ist aus Schieferbruchstein mit regelmäßig eingefügten Sandsteinschichten erbaut. Ihn erschließt ein Treppenturm.

Ein singulärer Wehrbau am Mittelrhein ist der befestigte **Rheinkran** flussabwärts vor der Stadtmauer von Andernach, im Volksmund *Alter Krahnen* (Abb. 124) genannt. Nach Entwurf des Kölner Werkmeisters Clas Meußgin wurde er 1554/58 erbaut und war ab 1561 in Betrieb. Der ca. 8 m hohe runde Baukörper (Ø außen 10,7 m) wurde *Werft, Bastion* und *Rondell* genannt. In 5 m Höhe umläuft ihn ein Dreipassbogenfries. Auch die beiden Türrahmungen des Krahnen zeigen mit ihren Eselsrückenbögen spätgotische Motive. Zum Wehrbau wird der Kran durch eingefügte Brillenscharten, mit allerdings nur begrenzter Nutzbarkeit für kleine Feuerwaffen; sie waren ebenso Bedeutungsträger.

Abb. 125 Andernach (RP), Alter Krahnen, 1554/58, mit Brillenscharten.

4.5.4 Befestigte Brücken

Zu den interessanten Sonderformen ma. Wehrbauten gehören befestigte Flussbrücken. Die eindrucksvollen Brücken bspw. bei den Städten Regensburg, Esslingen (Neckar), Prag und Koblenz sind Baudenkmäler, die zur selben Zeit entstanden wie romanische und gotische Dome, Burgen und Stadttore; ihre Auftraggeber und Bauherren waren oft dieselben. Indem Brücken mit Türmen und Toren versehen wurden, die weit mehr als bloß fortifikatorische Elemente waren und in Struktur und Größe Stadtbefestigungs- und Burgtürmen glichen, sollte die gleich hohe Wertigkeit der Brücken demonstriert werden. Aus dem Hauptzweck einer Brücke, der Schaffung einer Verbindung über ein trennendes Element (Fluss, Tal, Graben) erwuchs ihre wirtschaftliche und militärisch-strategische Bedeutung. Darüber hinaus konnten Brücken Bedeutung als Rechtsorte und Orte feierlicher Einzüge (*via triumphalis* für weltliche und religiöse Aufzüge) haben. Die Anlage von Wehr- und Zollbauten, Hoheitszeichen und Heiligtümern (Kreuze, Heiligenstatuen, Kapellen) an und auf Brücken war so naheliegend.

Die häufigste technische Einrichtung zur Überwindung des Rheins war im MA die Fähre. Fähren standen im MA und in der Frühen Neuzeit im Besitz und unter Aufsicht von Adeligen – anfangs meist der Könige, seit der Stauferzeit zunehmend der Landesherren –, die das Fährregal (Regal = königliches Recht) ausübten. Die Beherrschung und die Erlaubnis zur Gewährung eines Flussübergangs war ein Hoheitsrecht.
In römischer Zeit entstanden im Mittelrheingebiet bereits feste Brücken, u. a. die Moselbrücke bei Koblenz. Im MA und in der Frühen Neuzeit entstanden feste Brücken überwiegend am Oberrhein, weil dort eine geringere Strombreite zu überbrücken war. Im Mittelrheingebiet wurden über Nebenflüsse feste Brücken errichtet: Die Drususbrücke über die Nahe bei Bingen ist vermutlich die älteste erhaltene ma. Brücke in Deutschland. Sie soll ab 989 durch Erzbischof Willigis von Mainz anstelle oder nahe der Stelle des römischen Naheübergangs erbaut worden sein.

1332/38 ließ der Trierer Erzbischof Balduin den Bau der Balduinsbrücke über die Mosel bei Koblenz nahe seiner Burg beginnen. 1359 wurde sie dem Verkehr übergeben, doch zogen sich die Bauarbeiten bis 1425 hin. Nachdem vermutlich anfangs eine Holzbrücke über Steinpfeilern geplant war, entstand eine 13-bogige Steinbogenbrücke auf Viereckpfeilern mit schräg anlaufenden Eisbrechern. Vom MA bis zum

Abb. 126 Koblenz (RP), Balduinsbrücke, Koblenzer Tor (aus: Clarkson Stanfield, Sketches on the Moselle, 1838).

19. Jh. wurde sie wiederholt mit Wehr- und Repräsentationsbauten, Türmen und Toren versehen: 1429 ließ Erzbischof Otto auf der Koblenzer Seite einen Brückenturm bauen. 1834 entstanden der Traversenturm auf der Lützeler Seite und im Rahmen der Stadtbefestigung ein neues, dreibogiges Tor auf der Koblenzer Seite. 1897 wurde die Brückenbefestigung abgebrochen. Trotz aller Umbauten ist die Balduinsbrücke das bedeutendste Bsp. einer steinernen Flussbrücke des MA im Mittelrheingebiet (Abb. 126).

4.6 Burgentypologie

Die Burgenkunde unterscheidet ma. Burgen in drei Typengruppen:

- topografische Typen (nach ihrer Lage),
- architektonische Typen (nach prägenden architektonischen Merkmalen) und
- funktionale Typen (nach ihrer Hauptfunktion).

4.6.1 Topografische Typen

Burgen werden nach ihrer Lage in Höhen- und Niederungsburgen unterschieden. Beide topografischen Typen werden weiter differenzierend unterteilt. Die wichtigsten am Mittelrhein existenten Untergruppen – nicht alle lassen sich in jedem Fall klar voneinander abgrenzen – werden hier vorgestellt. Wurden sie schon in einem vorherigen Kapitel in einem anderen Kontext besprochen, wird darauf verwiesen.

4.6.1.1 Höhenburgen

Die Höhenburg steht im Gegensatz zur Niederungsburg auf einem Berggipfel, -sporn, -grat, -hang oder am Rande eines Plateaus. Sie konnte auch in einen Fels oder eine Höhle eingefügt sein. Letzteres gab es am Mittelrhein nach bisheriger Kenntnis nicht.

Gipfelburg: Eine Höhenburg, die einen Berggipfel mehr oder weniger vollständig einnimmt (z. B. Godesburg; Hammerstein; Marksburg). Der Beginn des klassischen Gipfelburgenbaues lag im 10./11. Jh. Auftraggeber waren meist Angehörige des dynastischen Hochadels. Die Burg auf einem isolierten, das Umland optisch weithin »beherrschenden« Berggipfel entspricht dem heute noch verbreiteten Klischeebild der ma. Burg. Viele in der Salier- und Stauferzeit gegründete Burgen stehen auf Gipfeln (z. B. Drachenfels; Godesburg; Burg Neuenahr; Tomburg).

Abb. 127 Bad Hönningen (RP), Burg/Schloss Arenfels.

Im Spät-MA wurden in vielen Regionen bevorzugt Bergsporne als Burgstandorte gewählt (→ Spornburg). Fließend sind Übergänge zwischen Gipfel- und Gratburg, wobei Letztere den gesamten Berggrat oder einen Teil des Grates einnehmen kann.

Hangburg: Eine Höhenburg, die in Ausprägung und Baumerkmalen meist der Spornburg entsprach (z. B. Ehrenfels), doch wurde ihr Bauplatz mancherorts durch künstliche Terrassierung aus dem Hang herausgearbeitet (z. B. Arenfels [Abb. 127]). Manchen Hangburgen ist bergseitig eine Schildmauer oder ein Turm (→ Frontturmburg) vorgelegt, um ihre Gebäude gegen die Geländeüberhöhung zu schützen.

Abb. 128 Rheinbach (RP), Burg. Torbau und Bergfried.

Spornburg: Eine Höhenburg, deren Standort ein Bergsporn ist, der auf drei Seiten durch Abhänge natürlichen Schutz bietet (z. B. Gutenfels; Katz; Maus; Sterrenberg; Stolzenfels). Die an den Höhenzug anschließende Zugangsseite (Angriffsseite) war meist stärker befestigt, u. a. durch Graben, Wall, Frontturm oder Schildmauer (zu Frontturm- und Schildmauerburgen → Architektonische Typen).

Zungenburg: Eine Höhenburg, deren Standort eine Bergzunge ist und die in der baulichen Ausformung weitgehend der Spornburg entspricht.

4.6.1.2 Niederungsburgen

Niederungsburgen heißen in ebenem Gelände erbaute Burgen in Unterscheidung zu Höhenburgen. Im Tiefland weit verbreitet (z. B. Burg Rheinbach/Voreifel [Abb. 128]), finden sich Niederungsburgen auch auf Hochebenen von Gebirgen, in breiteren Tälern bzw. Talabschnitten (z. B. Rüdesheimer Burgen; Andernach; Linz; Osterspai) und an See- und Flussufern, so auch am Mittelrhein (z. B. Boppard; Martinsburg/Lahnstein; Namedy), oft als Wasserburgen (z. B. Lede/Bonn), in ganz Mitteleuropa.

Im Niederrheingebiet und in der Nordeifel entstanden viele Wasserburgen im 12., häufiger im 13. Jh. als Ministerialengründungen. Die **Wasserburg** steht auf einer natürlichen oder künstlichen Insel bzw. auf einem durch die Anlage von Gräben zur Insel gemachten Standort in einem Feuchtgebiet. Bei der Uferrandburg

Abb. 129 Ahrental (Sinzig, RP), Schloss, ehem. Wasserburg. Blick auf die historistisch neu erbaute Hauptburg, im Hintergrund die barock veränderte Hauptburg.

war mindestens eine Seite der Burg durch den Fluss oder See, die anderen durch künstliche Gräben geschützt.

Manche Wasserburgen setzen sich aus Hauptburg- und Vorburginsel zusammen (z. B. Ahrental [Abb. 129]). Die der Hauptburg zugewandte Seite der Vorburg war oft bebauungsfrei. Einteilige Wasserburgen, bei denen Herrenhaus und Wirtschaftsgebäude auf einer Insel standen, galten als nicht standesgemäß; man wollte ihnen keine Landtagsfähigkeit zugestehen (Herzog 1989, 84). Eine aus der einteiligen Burg entwickelte Variante zeigt das Herrenhaus auf einem durch einen rechtwinkligen Graben aus der Gesamtinsel herausgetrennten Areal.

4.6.2 Architektonische Typen

4.6.2.1 Abschnittsburg

Abschnittsbefestigungen gab es in Gebirgs-/Hügelland bereits in großer Zahl in ur-/frühgeschichtlicher Zeit. Meist waren es Spornbefestigungen (→ Spornburg). Ideal bei der Spornlage war, je nach Gelände, die Ausnutzung des natürlichen Steilabfalls auf zwei (bei Dreieckform) bis drei (bei Viereckform) Spornseiten; nur die dritte bzw. vierte, im Falle eines Angriffs stärker gefährdete Seite wurde meist aufwendiger befestigt, oft mit einem Abschnittswall, dem ein (Abschnitts-)Graben vorgelegt war. Unter den frühma. Befestigungen (7.–10. Jh.) in Deutschland gab es zahlreiche Abschnittsburgen. Das Prinzip der Abschnittsburg blieb teils für → Frontturm- und → Schildmauerburgen verbindlich. Eine Abschnittsburg konnte auch abseits eines Spornes inmitten eines Höhenzuges liegen. Sie musste dann auf zwei Seiten besonders gesichert werden (Abschnittswälle/-gräben).

4.6.2.2 Burg-Tal-Siedlung

Die oft befestigten, Tal (auch Flecken) genannten, seit dem 14. Jh. erwähnten, doch wohl meist zu hochma. Ausbauphasen gehörigen Siedlungen waren typologisch und z. T. funktional Vorburgen verwandt; sie besaßen kein Stadtrecht, waren aber mehr als Dörfer. In enger baulicher Kombination mit der Burg gab es sie vielerorts im Rheinland (z. B. Altwied). Außer defensiven ergaben sich auch wirtschaftliche Vorteile. Die meisten Burgen der Burg-Tal-Komplexe standen am Rand, oft überhöht (z. B. Burg Katz über St. Goarshausen; Burg Maus über Wellmich; Heimburg über Niederheimbach).

4.6.2.3 Frontturmburg

Hiermit wird ein architektonischer Typus hoch-, häufiger aber spätma. Burgen bezeichnet, der meist in Spornlage (→ Spornburg) oder auf einem Grat, seltener in Hanglage steht und bei welchem ein größerer Turm, meist der Bergfried oder Wohnturm, zum Schutz dahinterstehender Bauten sowie aus Gründen der Machtinszenierung an die Angriffsseite gerückt ist (z. B. Gutenfels; Sooneck; Stahlberg nahe Bacharach-Steeg [Abb. 130]). Bei der Frontturmburg konnte der Turm unmittelbar hinter der Ring- oder Wehrmauer stehen (z. B. Stahleck; Stolzenfels), in diese einbinden (z. B. Burg Katz) oder feldseitig teilweise (z. B. Lahneck [Abb. 131]; Burg Maus) oder ganz aus der

Mauer vorspringen. Die Platzierung des Turmes an der Angriffsseite fand möglicherweise unter Einfluss der Verbreitung weittragender Wurfmaschinen als Angriffswaffen seit dem fr. 13. Jh. statt.

Abb. 130 Steeg (Bacharach, RP), Burg Stahlberg, eine Frontturmburg.

4.6.2.4 Hausrandburg

Ein Burgentyp, bei dem Gebäude zur Materialersparnis und aus Platzmangel an die Innenseite der Ringmauer angefügt sind. Diesen Typus gab es zwar schon im 12./13. Jh. in Form der sog. Ringhallenburgen (als Kreuzfahrerburgen und als Kastellburgen Kaiser Friedrichs II. in Süditalien), doch entstanden die meisten Hausrandburgen durch Erweiterungen teils erst im Spät-MA (z. B. Godesburg; Marksburg) oder in der Frühen Neuzeit.

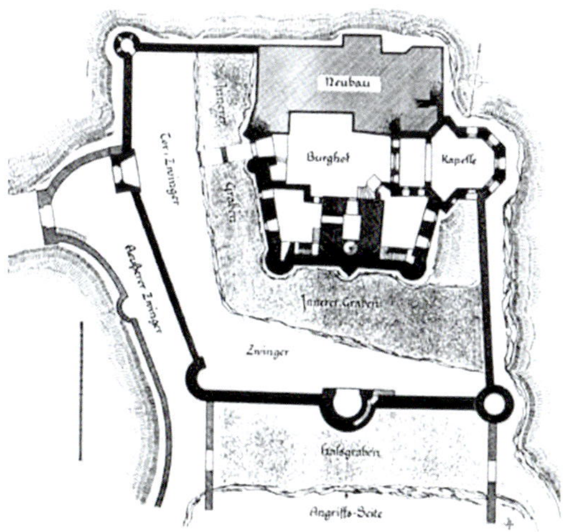

Abb. 131 Lahnstein, Burg Lahneck, eine Frontturmburg. Grundriss aus KD Rheinland-Pfalz.

4.6.2.5 Kastellburg

→ Kap. 4.3.

4.6.2.6 Schildmauerburg

→ Kap. 4.3.

4.6.2.7 Turmburg

→ Kap. 4.2.

4.6.3 Funktionale Typen

Nachfolgend werden Burgen nach ihren jeweils wichtigsten Funktionen in Gruppen vorgestellt. Mehr noch als bei der Kategorisierung in architektonische Typen ergeben sich dabei oft Ungenauigkeiten, da bei vielen abgegangenen Burgen und Ruinen die Primärfunktion heute nicht mehr eindeutig zu bestimmen ist und sich zudem bei vielen Burgen deren Primärfunktion(en) im Laufe ihrer Geschichte geändert haben.

4.6.3.1 *Amtsburg*

Eine → Landesburg, die von einem Amtmann im Auftrag des Landes- bzw. Territorialherrn verwaltet und bewohnt wurde. Im Spät-MA und besonders in der Frühen Neuzeit wandten die Landesherren bisweilen nur noch wenig Geld zum Unterhalt solcher Burgen auf, die vielerorts zunehmend verfielen. Manche Amtmänner verlegten daraufhin ihre Amtssitze in nahe gelegene Städte.

4.6.3.2 *Belagerungsburg*

→ Gegenburg

4.6.3.3 *Bischofsburg*

Die Bezeichnung besagt, dass die Burg von einem (Erz-)Bischof erbaut oder besessen wurde.

Abb. 132 Andernach (RP), kurfürstlich-kölnische Bischofsburg. Pulverturm (ab 1519), Feldseite.

Ihre Funktionen waren, wie bei → Landesburgen, sehr verschieden. Sie konnten (Neben-)Residenz (z. B. Ehrenfels), Landesburg (Koblenz: *Alte Burg*) oder Amtsburg sein. Im Früh- und Hoch-MA standen Bischofsburgen öfter in/an Städten (z. B. Andernach; Boppard), im Spät-MA öfter außerhalb der Bischofsstadt, um im Falle bürgerlicher Aufstände mehr Sicherheit zu bieten. Mehrere bischöfliche Stadtburgen waren gegen die Stadt stark befestigt, z. B. die kurkölnische Burg Andernach (1519 Bau des gegen die Stadt gerichteten Geschützturmes [Abb. 132]).

4.6.3.4 Dynastenburg

Dynasten waren Angehörige des in Königsdiensten stehenden Reichsadels, die es verstanden hatten, ehemals königliche Hoheitsrechte an sich zu ziehen sowie an ihre Familien zu binden und die so die einflussreiche Spitze innerhalb der Adelshierarchie bildeten. Im Hoch- und Spät-MA waren Burgen mit die wichtigsten Mittel der Ausdehnung und Sicherung expandierender Territorien, wobei zahlreiche Dynastenburgen sich durch besonders aufwendige und künstlerisch bedeutende Gestaltungen auszeichnen (z. B. Rheinfels).

Abb. 133 Oberwesel (RP), Schönburg, eine Ganerbenburg; jeder Burgteil besaß einen eigenen Bergfried oder Wohnturm.

4.6.3.5 Ganerbenburg

Der Begriff leitet sich vom althochdeutschen Wort *gan* (gemein[sam]) ab. Ganerbenburgen waren v. a. ein spätma.-frühneuzeitliches Phänomen, wenn auch schon im Hoch-MA Burgen geteilt wurden (z. B. Schönburg [Abb. 133]). Oft führte Erbfolge zur Besitzteilung innerhalb einer Burg oder zum Teilverkauf, doch werden auch Burgen im gemeinsamen Besitz adeliger Interessensgruppen als Ganerbenburgen bezeichnet. In (Burgfriedens-)Verträgen wurde festgelegt, welche Bauteile innerhalb der Burg gemeinsamer oder privater Besitz waren.

4.6.3.6 *Gegenburg – Trutzburg – Belagerungsburg*

Verschiedenenorts entstanden im Hoch- und Spät-MA gegen eine Burg oder eine Stadt einer konkurrierenden Herrschaft gerichtete **Gegen-** bzw. **Trutzburgen**. Die zuvor in einer Hand vereinten Burgen Sterrenberg und Liebenstein (Kamp-Bornhofen) wurden durch ihre Besitzgeschichte zu Trutzburgen gegeneinander, ohne als solche gebaut worden zu sein. Eine Gegenburg war die Fautsburg (später Rheinstein gen.) bei Trechtingshausen, die wohl ab 1316/17 vom Mainzer Erzbischof Peter v. Aspelt (reg. 1306–20) errichtet wurde, um das Wiederaufbauverbot der nahe gelegenen, 1286 zerstörten Burg Reichenstein zu kontrollieren (s. Kap. 4.3.1).

Nur selten hatten Trutzburgen als **Belagerungsburgen** eine aktive Funktion im Kontext einer Belagerung, wie die Belagerungsburg auf dem Bleidenberg bei Oberfell/Mosel unweit des Mittelrheins. Eine Belagerungsburg oder -schanze wurde zur Unterstützung der Belagerung einer Burg angelegt. Sie konnte dem Angreifer als gesicherte Rückzugsposition, als befestigte Angriffsstellung (z. B. für Wurfmaschinen/Geschütze) oder zur Sperrung der Nachschubwege der gegnerischen Burg dienen. Der Name der Burg Blideneck im Wispertal erinnert an den Einsatz von Wurfmaschinen, sog. Bliden. Je nach Topografie, Zeitaufwand und mitgeführten Belagerungswaffen konnten Belagerungsburgen/-schanzen sehr unterschiedlich aussehen.

4.6.3.7 *Kommende*

Eine Kommende (von lat. *commendare*: anvertrauen) war eine Niederlassung eines Ritterordens, v. a. des Deutschen Ordens und des Johanniter-/Malteserordens, unter Leitung eines Komturs (daher auch Komturei gen.). Mehrere Komtureien bilden eine Ordensprovinz. Kommenden unterschieden sich baulich oft nicht von Burgen bzw. Schlössern, doch gehörte meist eine Kirche zum Baukomplex (z. B. Deutschordenskommenden Koblenz [Abb. 134] und Bonn-Ramersdorf). Einige Kommenden gingen aus dem jeweiligen Orden geschenkten Adelssitzen hervor.

4.6.3.8 *Landesburg*

Als Landes- oder Territorialburg werden Burgen großer Landesherren (Erzbischöfe, Bischöfe, Herzöge, Fürsten, teils auch Landgrafen) bezeichnet, die dem Landesausbau bzw. der Territorialbildung/-sicherung dienten. Funktional konnten sie verschieden genutzt werden (Nebenresidenz, → Amtsburg, Zollburg etc.).

4.6.3.9 *Ordensburg*

Von einem der drei großen Ritterorden (Deutscher Orden, Johanniter-/Malteserorden, Templer) erbaute oder übernommene und genutzte Burg (s. Kommende, z. B. Deutschordenskommende Koblenz).

4.6.3.10 *Pfalz*

Eine Pfalz (lat. *palatium*; althochdeutsch *phalanza*) war als Palast oder Hof temporärer Wohnsitz eines Königs oder einer hochrangigen Person (u. a. Herzog, Landgraf, Bischof, Abt) mit Räumen zur Ausübung von Regierungsgeschäften, repräsentativen Räumen für den Herrscher, Unterkunftsmöglichkeiten für ein größeres Gefolge, Stallungen sowie einer Kapelle/Kirche (z. B. Ingelheim; Sinzig).

Da im früh-/hochma. Personenverbandsstaat Herrschaft unmittelbar an die Person gebunden war, übten Könige sowie geistliche und weltliche Große diese durch Umherziehen aus (Reiseherrschaft). Hatten die Herrscher in der Merowingerzeit meist wichtige Höfe für ihre Aufenthalte gewählt, schuf Kaiser Karl d. Gr.

Abb. 134 Koblenz, Deutschordenskommende. Rheinbau und Ruinen weiterer Gebäude.

um 800 ein System von Pfalzen (u. a. Aachen; Frankfurt/M.; Ingelheim; Worms). Ab 1152, dem Amtsantritt Friedrichs I. Barbarossa als König, wurden mehrere ältere Pfalzen erneuert, andere neu gebaut: Pfalzen wie Kaiserswerth (Düsseldorf) glichen im Bauprogramm aufwendigen Burgen. Eine Abgrenzung zwischen Pfalz und Reichsburg ist nicht immer gegeben (sog. Reichsburgen mit Pfalzfunktion).

4.6.3.11 *Reichsburg (vgl. Pfalz)*

Reichsburgen waren im Auftrag des Reiches erbaute oder vom Reich erworbene Burgen, die von Burgmannen bzw. Reichsministerialen verwaltet und bewohnt wurden. Eine genaue Abgrenzung zu Pfalzen ist nicht in allen Fällen möglich, so dass sich bei nachweisbaren Königsaufenthalten in der Fachliteratur auch die Bezeichnung »Reichsburg mit Pfalzfunktion« findet.

4.6.3.12 Trutzburg

→ Gegenburg

4.7 Wichtige Bauelemente hoch- und spätmittelalterlicher Burgen

(s. a. Kap. 4.3.1: Das Erscheinungsbild von Burgen vom 13. bis zum 15. Jh.)

4.7.1 Wohnturm und Bergfried

Da es immer noch zahlreiche klischeehafte und falsche Darstellungen über Bergfriede in der neueren Burgenliteratur gibt, ist hier etwas ausführlicher auf dieses Thema einzugehen.

Wohntürme gehörten seit der Salierzeit (1024–1125) zu den markantesten Einzelbauten innerhalb hoch- und spätma. Burgen, und noch im Spät-MA wurden im Mittelrheingebiet viele Wohntürme erbaut, so in verschiedenen Ausprägungen in Hochadelsburgen (z. B. Andernach; Wernerseck), aber auch als Hauptbauten niederadeliger Burgen (z. B. Ahrweiler: Weißer Turm, 3. V. 13. Jh.). Wohntürme konnten herrschaftliche Wohnbauten (z. B. Boppard), aber auch Burgmannensitze innerhalb größerer Burgen sein. In Form spätestgotischer Turmhäuser kamen Wohntürme noch im 16. Jh. vor, in Dörfern und Städten (z. B. Koblenz: Haus Deutscher Kaiser, um 1500). Manche Stadtmauertürme waren funktional Wohntürme, z. B. in St. Goarshausen.

An mehreren spätma. Burgen gehörte ein Wohnturm oder Turmhaus neben einem Bergfried und einem Wohnbau/Palas zum Baubestand (z. B. Marksburg: polygonaler Kapellenturm, 1372; Burg Maus; Stolzenfels).

Ab M. 13. Jh. und im fr. 14. Jh. entstanden in der Region Mittelrhein-Mosel-Eifel mehrere runde Wohntürme und bewohnbare Rundbergfriede, deren Vorbilder französische Donjons waren (z. B. Godesburg; in Eifel und Voreifel u. a. Mayen, Nürburg, Pyrmont, Rheinbach, Tomburg).

Das augenfälligste Herrschaftssymbol hoch- und spätma. Burgen war meist der **Bergfried**; so wird im deutschen Sprachraum der Hauptturm einer Burg bezeichnet. In der Burgenkunde der 2. H. 19. Jh. etablierte sich die Bezeichnung; im Mittelhochdeutschen meinte *berchfrit* oft Angriffs- oder Verteidigungstürme. Im MA wurden Bergfriede meist einfach *turm* (*turn*, *torn*; lat. *turris*) genannt. Anders als Wohntürme waren sie nicht zum ständigen Bewohnen eingerichtet.

Erste Bergfriede entstanden am Mittelrhein um/kurz nach M. 12. Jh. (z. B. Drachenfels). Einige salierzeitliche Türme, von denen nur Fundamente blieben, mögen aufgrund ihrer Maße schon Bergfriede gewesen sein (evtl. Pfalzgrafenburg/Laacher See). An mehreren mittelrheinischen Burgen sind romanische Bergfriede erhalten (u. a. Marksburg, um 1239; Rheineck, M. 12. Jh.; Sterrenberg). Der quadratische romanische Bergfried der Brömserburg in Rüdesheim (um 1200) hat Seitenlängen von 10,5 m und Mauerstärken von bis zu 4,5 m.

Im Gegensatz zu Frankreich und den britischen Inseln, wo Wohntürme vorherrschten, dominierte der Bergfried ab dem späten 12. bis zum 14./15. Jh. zahllose Burgen Mitteleuropas. Stand er urspr. meist frei im Burghof (z. B. Godesburg; Marksburg; Sterrenberg), rückte er im Spät-MA, insbesondere nach M. 13. Jh., oft in Richtung Angriffsseite, um mit seiner Baumasse dahinterstehende Gebäude zu schützen, aber auch im Sinne einer architektonischen Machtinszenierung am Zugang zur Burg. Es entstand der Typus der → Frontturmburg (z. B. Gutenfels).

Die Grundrisse der meisten Bergfriede waren annähernd quadratisch bei Seitenlängen von ca. 6–12 m; es folgen runde Bergfriede mit etwa 7–15 m Ø. Seltener waren rechteckige (z. B. Drachenfels), fünfeckige (z. B. Stolzenfels; Lahneck) oder mehreckige Bergfriede (siebeneckig: Schönburg); Ausnahmen sind dreieckige (Grenzau/Westerwald), tropfen- oder hufeisenförmige; Letztere sind am Mittelrhein nicht bekannt.

Bergfriedhöhen konnten, je nach Rang und Finanzkraft des Bauherrn, 10– über 40 m, und die Mauerstärken gut 1–4 m betragen. Einzelne Bergfriede verjüngen sich nach oben und sind so optisch gestreckt (z. B. Fürstenberg; Rheinfels). Ein ähnlicher Effekt konnte durch Rücksprünge im Mauerwerk erzielt werden (z. B. Rüdesheim: Boosenburg [Abb. 135, S. 148]). Wurde eine Burg unter zwei oder mehreren Besitzern aufgeteilt, so konnte sie mehrere Bergfriede haben (z. B. Schönburg → Ganerbenburg).

Die Nutzfläche der Türme war gering. Über einem unteren, nur durch eine Öffnung im Gewölbe (*Angstloch*) zugänglichen UG (Verlies, nicht identisch mit Kerker!) lag ein von außen über eine Leiter/Treppe oder ein benachbartes

Abb. 135 Rüdesheim (HE), Boosenburg. Der Bergfried verjüngt sich nach oben durch mehrere Rücksprünge der Mauer.

Gebäude zugängliches Eingangsgeschoss (z. B. Marksburg). Der Hocheingang war ein rechtlich festgeschriebenes Privileg und durfte nicht von jedermann angelegt werden. Über dem Eingangsgeschoss gab es ein oder mehrere Geschosse. Eine Wehrplattform mit Zinnen und meist mit Dach schloss den Turm ab. Innenräume waren über hölzerne Blocktreppen, Leitern oder Treppen innerhalb der Mauer erschlossen. Die Räume besaßen Gewölbe oder Holzdecken, deren Balken auf rückspringenden Mauerabsätzen oder Kragsteinen auflagen. Kamine, Aborte und Wandnischen gehörten zur Ausstattung mancher Türme; ein Raum konnte für Türmer wohnlich eingerichtet sein, etwa mit einem Kamin.

Bergfriede waren selten Wehrbauten und eher ausnahmsweise mit Schießscharten ausgestattet (z. B. Godesburg). Vielfach wurden Licht-/Luftschlitze solcher Türme als Schießscharten missverstanden und so die Wehrhaftigkeit überbetont! Das Klischee vom Bergfried als angeblich »letzter Zuflucht der Burgbesatzung« im Falle einer Burgeroberung ist – bis auf sehr wenige Ausnahmen – fragwürdig, ebenso wie die Behauptung, die Verliese der Bergfriede seien »Kerker« gewesen. Ein Bergfried bot kaum Verteidigungsmöglichkeiten, und Burgbewohner, die sich dorthin zurückgezogen hätten, wären durch Ausräuchern im Turm stark gefährdet gewesen. Wände fast ohne Öffnungen erschwerten die Verteidigung. Waren Schießscharten vorhanden, ermöglichten sie meist nur den Beschuss entfernt vom Turm stehender Feinde. Wenige Bergfriede hatten ein OG mit Wurferkern oder -öffnungen zur Bekämpfung von Gegnern am Turmfuß (z. B. Boppard mit Maschikuli): Zu deren Abwehr musste man sich u. U. zwischen den Zinnen hinauslehnen und bot so ein Ziel für gegnerische Schützen. Bergfriede waren also nur sehr eingeschränkt Wehrbauten. Erst in den letzten Jahren wurde gewürdigt, dass sie primär zeichenhafte Bedeutung hatten, Machtsymbole sowie Schutzbauten und Wachttürme waren.

Der Symbolgehalt von Bauten war im MA oft genauso wichtig wie der eigentliche Nutzen. Insofern wurde auf ihre äußere Wirkung viel Wert gelegt, indem sie z. B. ab dem 12. Jh. in SW-Deutschland häufig mit Buckelquadern verkleidet waren (z. B. Burg Rheineck). Im 14./15. Jh. entstand mancherorts durch Aufsetzen eines im Durchmesser kleineren Türmchens auf einem Bergfried – oder wichtigen Stadtmauerturm – ein **Butterfassturm**, der Höhen- und Fernwirkung des Bauwerkes noch einmal steigerte (am Mittelrhein in Burgen: Marksburg; Rheinfels [Abb. 136]; an Stadtbefestigungen u. a.: Andernach; Oberwesel; Rüdesheim). Um 1372 könnte der um 1239 erbaute quadratische, ca. 22 m hohe Bergfried der Marksburg um ein Geschoss und das runde Aufsatztürmchen auf nun 39 m erhöht worden sein.

Zusammenfassend lässt sich feststellen, dass Bergfriede als neue Form der Haupttürme deutscher Burgen die Wohntürme der Salierzeit

Abb. 136 St. Goar (RP), Burg/Schloss/Festung Rheinfels im Ausbauzustand um 1600 (nach Dilich 1607). Der sich nach oben verjüngende Bergfried ist als Butterfassturm ausgebildet.

(1024–1125) als bis dahin markanteste Bauwerke ablösten, doch waren Übergänge zwischen Wohnturm und Bergfried im Hoch- und Spät-MA teils fließend.

4.7.2 Wohnbau, Palas, Saalbau

Neben dem Bergfried war ein mehr oder weniger repräsentativer Wohnbau oder Palas ein wichtiger Bestandteil der im 12. Jh. ausgeprägten »klassischen Adelsburg«. Bis heute wird das jeweilige Hauptgebäude einer ma. Burg in der populärwissenschaftlichen Literatur oft undifferenziert **Palas** (von lat. *palatium*) genannt, doch war der Palas nach heutiger burgenkundlicher Definition ein meist repräsentatives Gebäude, das Saal- und Wohnbau miteinander kombinierte, d. h., es enthielt im Gegensatz zum reinen Wohnbau einen Saal oder mehrere Säle und wird daher auch Saalgeschossbau genannt.

Reine **Saalbauten** gab es nach derzeitigem Kenntnisstand am Mittelrhein nur vereinzelt. Ein frühes Beispiel fand sich nahebei im Komplex der Pfalz Karls d. Gr. in Ingelheim am unteren Oberrhein. Saalbauten kamen dann häufiger im Hoch-MA vor, doch ist der Kenntnisstand zum Mittelrheingebiet infolge der weitgehenden französischen Zerstörungen gegen E. 17. Jh. äußerst lückenhaft. Der in der jüngeren Burgenforschung ausgeprägte Begriff »Saalbau« bezeichnet – im Gegensatz zum Begriff »Palas« – ein Gebäude innerhalb einer Burg, das im Wesentlichen einen Saal oder mehrere Säle enthält (z. B. Marksburg, 1435). Im Spät-MA wurden Saalräume in manchen Burgen durch eingefügte hölzerne Blockwerkkammern wohnlicher und besser heizbar gemacht (dto.).

Auf der Marksburg, die zu jener Zeit den Herren v. Eppstein gehörte, entstand um 1239 ein spätromanischer Palas, das ergab die dendrochronologische Untersuchung eines Dielenfußbodens. Um 1435 wurde er offenbar teils abgebrochen und ein gotischer Saalbau an der O-Seite erstellt. Das Gebäude mit seiner stumpfwinklig ausspringenden, schildmauerartig verstärkten Außenwand enthielt in beiden Geschossen je einen 6 x 24 m großen Saal. Es wurde später verändert.

Eine äußerst repräsentative Burg war die Stadtburg der Kölner Erzbischöfe in Andernach, die – integriert in den Bering der Stadtbefestigung – militärisch auch gegen die aufständische Bürgerschaft (1349; 1357; 1365) gerichtet war, welche die Burg mehrfach beschädigt hatte. Wohl ab 1367 kam es nach einer solchen Aktion zum Ausbau unter Erzbischof Engelbert von der Mark; auf diesen geht die erhaltene stadtseitige Fassade des zweigeschossigen Palas zurück, doch geht man heute von zwei Bauphasen aus (N: 1. Dr. 14. Jh., S: E. 14. Jh.). Auf eine spätgotische Umgestaltung des 15. Jh. verweisen allerdings die großformatigen Stockfenster mit darunter eingesetzten Schlüssel(loch)scharten für kleinere Feuerwaffen im EG. Diese könnten m. E. mit den aus Schriftquellen bekannten Baumaßnahmen 1466 und 1496 in Verbindung gebracht werden. Der stadtseitigen Front der Burg, die der genannte, von einem Wohnturm (13./15. Jh.) und einem Feuerwaffenturm (1518/23) gerahmte Wohnbau bildet, ist ein 7 m breiter und 5 m tiefer Graben vorgelegt.

4.7.3 Schildmauer

→ Kap. 4.3.1

4.7.4 Kapelle

Es wird oft als selbstverständlich erachtet, dass es in jeder Burg eine Kapelle gab, doch ist dies nicht richtig. In manchen Burgen gab es nur **Tragaltäre**, die in einem ansonsten anderweitig genutzten Raum aufgestellt wurden. In anderen finden sich an Wohnräume angefügte **Kapellenerker**. Nicht immer war eine Kapelle als eigenständiger Bau ausgebildet, wie auf der Schönburg, der Burg Lahneck, der Marksburg etc. Es gab vereinzelt **Torkapellen**, die im Torbau/-turm über der Durchfahrt eingerichtet waren. Einer Kapelle in einem Torbau oder nahebei kam eine apotropäische Funktion zu (z. B. Burg Rheineck). Auch gab es Kapellen innerhalb von Wohnbauten, Wohn- und sonstigen Türmen (z. B. Koblenz: *Alte Burg*, um 1343).

Tatsächlich gab es im MA keinen festen Typus einer Burgkapelle: Größere Kapellen standen frei innerhalb der Burg oder der Vorburg (z. B. Marksburg), sie konnten aber auch an die Ringmauer gesetzt sein (z. B. Godesburg; Burg Osterspai, s. u.).

Die aufwendigste Form ma. Burg- und Pfalzkapellen stellt die **Doppelkapelle** dar, von der sich im Mittelrheingebiet einige Bspe. finden. Doppelkapellen waren Gebäude, die zwei übereinanderliegende Sakralräume mit eigenen Altären enthielten, die eine Öffnung miteinander verband. Kunstgeschichte und Burgenforschung gehen davon aus, dass der Typus sich von der zweigeschossigen Aachener Pfalzkapelle Kaiser Karls d. Gr. ableitete, deren achteckigen Zentralraum eine 16-eckige Emporenanlage umgibt. Insofern finden sich Doppelkapellen in Hochadelsburgen, Königs- und Bischofspfalzen (am Oberrhein in Speyer und Mainz, am Niederrhein in Köln). Häufiger waren Doppelkapellen mit vier Stützen, in denen eine quadratische, in beiden Geschossen von vier Stützen umstandene Öffnung die Geschosse verband (in der Eifel vermutlich Burg Are). Besonders aufwendig ist die Kapelle der Burg in Bonn-Schwarzrheindorf, die unter dem Kölner Erzbischof Arnold II. v. Wied (reg. 1151–56) und seiner Schwester Hadwig v. Wied erbaut und am 25.4.1151 in Anwesenheit König Konrads III. geweiht wurde. Nach dem Tod ihres Bruders 1156 gründete Hadwig in der Burg ein Benediktinerinnenkloster, zu dessen Kirche die Burgkapelle wurde. Vor der damit verbundenen Erweiterung war sie ein länglich-kreuzförmiger Zentralbau mit Vierungsturm. Eine achteckige Öffnung stellte die Verbindung zwischen Unter- und Ober-/Herrschaftskirche her (Abb. 137–140).

Der ergrabene Grundriss der Burg Sayn legt nahe, dass ihre Kapelle typologisch der Schwarzrheindorfer Doppelkapelle entsprach.

Abb. 137 (oben) Schwarzrheindorf (Bonn, NRW), ehem. Burgkapelle (M. 12. Jh.), Schnitt.

Abb. 138 (rechts) Schwarzrheindorf (Bonn, NRW), ehem. Burgkapelle (M. 12. Jh.), Inneres, Wandbild.

Abb. 139 (oben) Schwarzrheindorf (Bonn, NRW), ehem. Burgkapelle, Zwerggalerie.

Abb. 140 (links) Schwarzrheindorf (Bonn, NRW), ehem. Burgkapelle (M. 12. Jh.), im 12. Jh. in eine Benediktinerinnen-Klosterkirche umgewandelt. Wiederhergestellte Farbigkeit der Zwerggalerie.

Nachfolgend werden einige wichtige **romanische und gotische Kapellen** auf Burgen am Mittelrhein vorgestellt.

2013 fanden Archäologen unter Leitung von Dr. Joachim Zeune Reste einer Kapelle auf der **Marksburg**. Entdeckt wurde ein 5 x 6 m großes Geviert mit eingezogener Halbrundapsis. Es handelt sich dabei offenbar um eine laut einer Schriftquelle 1588 zugunsten der von Wilhelm Dilich »standt und hauß zum groben geschütz« genannten Batterie abgebrochene (romanische?) Burgkapelle (Wagner 2013). »Wenn man die neuen Erkenntnisse in Rechnung stellt, ahnt man, dass die Frage nach der Kapelle bzw. den Kapellen der Marksburg neu gestellt werden muss. Wieso hat es neben der nun gefundenen Kapelle einen weiteren Sakralraum im Kapellenturm aus dem Jahr 1372 gegeben? Stand die wahre Kapelle der Marksburg auf dem späteren Batteriehof? Ist das von [Prof.] Bodo Ebhardt [Burgenforscher und Gründer der Deutschen Burgenvereinigung; d. Verf.] als Kapelle interpretierte Turmzimmer womöglich gar kein Sakralraum gewesen?«

Eine bemerkenswerte spätromanische Kapelle gibt es in der Niederungsburg **Osterspai**. Für 1263 zuerst bezeugt, präsentiert sie sich als zweigeschossiger, zweijochiger, im OG kreuzgratgewölbter Bau mit einer halbrunden Apsidiole. Urspr. gehörte sie offenbar zum Klosterhof der Zisterzienserabtei Eberbach in Hessen. Hervorzuheben sind die Reste der teils spätromanischen Ausmalung und des ma. Putzes.

Ins Auge fällt auch die achteckige Burgkapelle der **Burg Rheineck** (Bad Breisig), sowohl in der urspr. romanischen als auch in ihrer heutigen neoromanischen Form. 1832 hatte der Bonner Universitätsprofessor und spätere preußische Kultusminister Prof. M. A. v. Bethmann-Hollweg die Burg erworben; er ließ sie nach Entwurf des Architekten Johann Claudius v. Lassaulx neu aufbauen. Dieser merkte dazu an: »Für die Kapelle war es schade [dass sie abgebrochen werden musste], obschon sie im Inneren nach dem Brande [...] abscheulich modernisiert worden war; die neue wurde indessen im Aeußeren der alten getreu nachgebildet, bis auf die Krönung des Unterbaues, jenen an der Chornische, und die Bogenstellung mit allem, was über derselben steht.«

Die Baumaßnahmen gingen laut v. Lassaulx soweit, dass z. T. »der letzte Stein aus dem Fundament gerissen werden musste«. Die Ausmalung der Kapelle erfolgte 1839/40 durch E. v. Steinle, der mit Vorarbeiten zu den Gemälden seit 1837 beschäftigt war. Das OG des Kapellenbaues erhielt einen reich mit Stuck ausgestatteten Aussichtsraum. Als achteckige Kapelle stellte das Gotteshaus eine Besonderheit dar. Zwar gibt es noch keine Forschungen hierzu, doch könnte ein rezeptionsgeschichtlicher Bezug auf die achteckige Pfalzkapelle Kaiser Karls d. Gr. in Aachen gegeben sein, wie sie sich, nicht nur im Rheinland, mancherorts findet (hierzu: Losse, Sinzig 2012).

Zumindest erwähnt sei die in der Vorburg stehende romanische, barock veränderte Kapelle St. Michael der **Godesburg** (A. 13. Jh.), deren romanische Apsis noch erkennbar ist. Die spätromanische St.-Georgs-Kapelle (um 1230) der Deutschordenskommende Bonn-**Ramersdorf** wurde 1846/47 auf den Alten Friedhof in Bonn transloziert.

Die sicherlich bemerkenswerteste gotische Burgkapelle am Mittelrhein ist die im 13. Jh. erbaute, 1332 erstmalig belegte Kapelle der **Burg Lahneck**. Das 15 m lange und bis zu 8,15 m breite Gotteshaus springt mit seinem Fünfachtel-Chor nach O über die Ringmauer der Hauptburg aus und hat dreieckige Querarme.

Mehrere gotische Burgkapellen wurden in Türmen eingerichtet: In der Burg **Boppard** gibt es eine Kapelle im 4. OG des Wohnturmes; der Sakralraum in der No-Ecke dieses Geschosses weist qualitätvolle Fresken des späten 14. Jh. auf. Einem der moselseitigen runden Flankentürme des Wohnbaues der *Alten Burg* in Koblenz wurde um 1343 eine polygonale Kapelle aufgesetzt. Auf die mögliche Turmkapelle der Marksburg wurde bereits hingewiesen.

4.7.5 Ausgewählte Wehrelemente

Zahlreiche einzelne Wehrelemente trugen zur Verteidigungsfähigkeit von ma. Burgen, Stadtbefestigungen etc. bei. Nachfolgend werden einige markante Elemente vorgestellt.

4.7.5.1 Schießscharten

Schießscharten sind nicht erst eine Erfindung des MA. Es gab sie bereits in der Antike, etwa an hellenistischen Wehrbauten (4. Jh. v. Chr.). Im heutigen Deutschland sind sie, wohl von Kreuzrittern und über Frankreich (dort ab ca. 1170/80) vermittelt, ab 1. H. 13. Jh. nachweisbar; häufiger wurden sie ab Beginn 14. Jh. (z. B. Burg Reichenberg [Abb. 141, S. 156]; Schönburg: Schildmauer mit bis zu vier Reihen Schlitzscharten übereinander). Zu den frühen Schießscharten am Mittelrhein gehören jene der Stadtbefestigung von Oberwesel, deren Flankierungstürme teils in den 1240er Jahren erbaut wurden.

Viele angebliche Schießscharten, v. a. in Bergfrieden und Kirchtürmen, waren aber tatsächlich nur Licht- und Luftschlitze: Ihre Ni-

Abb. 141 Burg Reichenberg. In der Wehrmauer zwei Reihen von Schlitzscharten übereinander (nach Dilich 1607).

schen im Inneren des dicken Mauerwerks waren zu klein, um in ihnen mit Bogen oder Armbrust hantieren zu können, wie weiter oben schon erwähnt wurde. Hohe schmale Schlitzscharten (z. B. Godesburg [Abb. 142]) dienten zur Verteidigung mit Bogen und Armbrust; oft hatten sie stark abgesenkte Ausschussöffnungen. Der besseren Sicht dienten die Querschlitze der Kreuzschlitzscharten.

Das Aufkommen der Feuerwaffen im 14. und ihre Verbreitung im 15. Jh. erforderte neue Schartenformen. So brach man für Büchsen ab jener Zeit in Schlitzscharten unten oft runde Löcher ein. Bei Neubauten erscheinen dann etwa ab 2. V. 15. Jh. nach ihrer äußeren Form Schlüssel(loch)scharten genannte Schussöffnungen. Varianten hiervon sind Spaten- und Steigbügelscharten. Ein quer in der Schartennische eingemauertes Prellholz fing den Rückstoß der Hakenbüchse, einer Handfeuerwaffe, ab (z. B. Kaub, Kurpfälzisches Amtshaus, Scharten um 1485 [Abb. 143]). Gegen E. 15. Jh. verbreiteten sich querrechteckige Maulscharten, so genannt nach vereinzelt figürlich bzw. in Maskenform gestalteten Schartenrahmungen (z. B. Burg

Abb. 142 (links außen) Bad Godesberg (Bonn), Godesburg. Bergfried, Schlitzscharte.

Abb. 143 (links) Kaub (RP), kurpfälzisches Amtshaus. Feuerwaffenscharten mit Prellhölzern, 1485.

Andernach, Pulverturm, einfache Maulscharten). Daneben gab es zahlreiche weitere Varianten, u. a. Brillenscharten in Form einer liegenden 8 (z. B. Andernach, Alter Krahnen, 1554/58). Während die Maulscharte dann in großen Formaten als Geschützscharte in der Festungsarchitektur Verwendung fand, waren Miniatur-Schlüssel(loch)scharten an vielen Schlössern und Adelssitzen des 16.–18. Jh. primär Herrschaftssymbole mit geringem realen Verteidigungswert (z. B. Schweppenburg bei Tönisstein [Abb. 144]) oder bloße Bedeutungsträger, wie die Pseudo-Maulscharten in den Flankierungstürmen der barocken Vorburg des Schlosses Ahrental.

4.7.5.2 Wehr-/Wurferker (Pechnasen) und Maschikuli

Erker sind auf Steinkonsolen oder Kraghölzern aufsitzende, geschlossene, meist rechteckige Vorbauten eines Gebäudes, die wohl anfangs primär als Ausguck und Streichwehr, z. B. an den Stadtbefestigungen Bacharach, Boppard und Oberwesel, aber anscheinend schon im 12./13. Jh. aus repräsentativen Gründen an Burgen Verwendung fanden. Im Spät-MA gab es auch Kapellenerker. Sonderformen sind Aborterker (Abb. 145), Wehrerker und Scharwachttürmchen (Pfefferbü*chsen*) auf Bastionsspitzen. An der Burg Pfalgrafenstein gibt es hölzerne Streichwehren (Abb. 146, S. 158).

Abb. 144 (links) Tönisstein (RP), Schweppenburg. Renaissance-Wohnbau mit Miniatur-Schlüsselscharten in den Ecktürmen.

Abb. 145 (rechts) Andernach (RP), Stadtbefestigung. Aborterker.

Phantasievoll als *Pechnase* oder *Gusserker* werden immer noch über Toren und an Türmen angebrachte **Wehrerker** bezeichnet. Sie dienten durch Öffnungen im Boden der Bekämpfung von Feinden durch Steinwürfe (z. B. Andernach: Kurfürstliche Burg, Stadtseite; Marksburg: Fuchstor). Heiße Flüssigkeiten, Pech und siedendes Wasser wurden hier wohl kaum herabgeschüttet: Wasser brauchte man im Belagerungsfall als Trink- und Löschwasser, und um Pech ständig flüssig zu halten, hätten Unmengen an Holz verbrannt werden müssen! In nachma. Zeit gab es Wehrerker als Symbole der Wehrhaftigkeit in Miniaturform über Schlosstoren.

Der aus dem Französischen entlehnte Begriff »**Maschikuli**« (*machikouli*) für Wurfschachtreihen, die besonders an Kreuzritterburgen häufig vorkamen, wurde teils synonym zu Wehrerker verwendet. Maschikuli gab es in Deutschland nur selten (z. B. Andernach: Burg; Boppard: Burg, Wohnturm-OG). In frühneuzeitlichen Festungen fanden sie nur noch vereinzelt Anwendung, denn nach Verbreitung der Feuerwaffen wurde senkrechtes Mauerwerk wegen seiner Gefährdung gegen Beschuss möglichst vermieden.

Hölzerne, auf Konsolen über die Mauer auskragende **Hurden** als überkragende und flankierende Wehrelemente gab es an verschiedenen Befestigungen im Rheinland, so an den Stadtbefestigungen von Andernach und Oberwesel am Mittelrhein und jener von Ahrweiler/Eifel. Sie waren ebenso an Burgen vorhanden, etwa an der Schildmauer der Schönburg. Aus Holz bestehen auch die nachma. Streichwehren der Burg Pfalzgrafenstein. Hurden in Form umlaufender hölzerner Wehrgänge existierten an den Bergfrieden der Godesburg (die Konsolen sind noch sichtbar) und der Burg Reichenberg.

Abb. 146 Kaub (RP), Burg Pfalzgrafenstein mit hölzernen Streichwehren an den Knickstellen der Ringmauer.

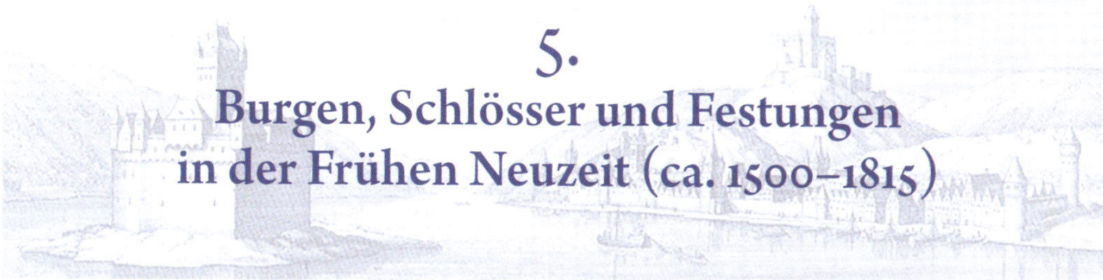

5. Burgen, Schlösser und Festungen in der Frühen Neuzeit (ca. 1500–1815)

5.1 Verfall und Zerstörungen von Burgen in der Frühen Neuzeit

Wie bereits geschildert, hatte im Spät-MA der Niedergang und Verfall vieler Burgen – das »Burgensterben« – begonnen, das aber am Mittelrhein weniger Gebäude betraf als in angrenzenden Gebieten, etwa in der Eifel. Für viele Burgen lässt sich kein konkretes Zerstörungsdatum benennen; sie wurden aufgegeben. Bereits 1456 wurde die Burg Sterrenberg als baufällig bezeichnet, 1568 war sie unbewohnt. 1585 wurde die Burg Rennenberg bei Linz als verfallen erwähnt. Auch die Heimburg war bereits im 16. Jh. dem Verfall preisgegeben, ebenso die Burg Rheinstein und wahrscheinlich auch die Sooneck, die nach 1553 an die v. Breidbach zu Bürresheim verlehnt war. Nach bisheriger Kenntnis kann das 16. Jh. als die größte Phase des Burgensterbens durch Verfall am Mittelrhein bezeichnet werden.

Im 30-jährigen Krieg wurde die Burg Lahneck verwüstet. Der Mainzer Erzbischof als Eigentümer bestimmte, sie »von selbst verfallen zu lassen« (Medding/Frein 1987). Zwar war sie 1662 noch einmal militärisch besetzt, doch spätestens danach wurde die ruinierte Burg zur Baumaterialgewinnung ausgebeutet.

5.1.1 Zerstörungen im Rahmen militärischer Auseinandersetzungen oder als Folge derselben

Belagerungen mehrerer mittelrheinischer Burgen sind bereits aus dem MA überliefert (z. B. Burg Kaub durch Wilhelm v. Holland 1252; 1255/56 hielt Burg Rheinfels einer über einjährigen Belagerung des Rheinischen Städtebundes stand), und schon im Spät-MA war es zu Zerstörungen mehrerer Burgen am Mittelrhein gekommen, etwa als der seit 1273 regierende

Abb. 147 Kaub (RP), kurpfälzisches Amtshaus. Steinerne Kanonenkugeln von der Belagerung 1504 vor dem Haus.

König Rudolf v. Habsburg (1218–91) die Burgen einiger unbotmäßiger Herren zerstören ließ, u. a. weil sie eigenmächtig Rheinzölle erhoben hatten. Die meisten dieser Burgen wurden später neu aufgebaut.

Immer wieder gab es Kämpfe um Burgen. Erwähnt sei die 39-tägige Belagerung der kurpfälzischen Burg Kaub 1504, deren erfolgreiche Verteidigung gegen Truppen des Landgrafen v. Hessen ihr den Namen Gutenfels eingebracht haben soll. Dieser Name wird auf Kurfürst Ludwig den Friedfertigen von der Pfalz zurückgeführt, der sie 1508 wiederherstellen und ausbauen ließ. In einer Inschrifttafel an der Fassade des kurtrierischen Amtshauses wird hierüber berichtet: »Im Jahre 1504 von Christi Geburt an gezählt von Sonntag nach Maria-Himmelfahrt wurde Kaub sechsundeinhalbe Woche belagert mit ganzer Macht und Heereskraft durch die Landgrafschaft Hessen. Neunhundert Geschützkugeln aus Stein gehauen, deren Größe Ihr hier unten schauen könnt, und achthundertdreissig echt gegossene [eiserne] Kugeln sind von den Hessen verschossen, gefunden worden, ohne die zerbrochen und verloren sind, auch sind etliche in dem Rhein versunken. Und obwohl das Schloss Burg Gutenfels nicht so erbaut war, wie es seit dieser Zeit her von Pfalzgraf Ludwig neu ausgebaut worden ist, mussten dennoch die fremden Gäste [scherzhaft für die Belagerer] Kaub bei der Kurpfalz bleiben lassen. Das schreiben wir Gottes Gnade zu und auch der wehrhaften Hand. Diese erhalten unser Vaterland« (Übertragung des Textes auf einer Infotafel an der Fassade des Amtshauses). Kanonenkugeln vor dem Amtshaus zeugen von der Belagerung (Abb. 147).

Im **Kölnischen Krieg**, auch **Truchsessischer Krieg (1583–88)** genannt, kam es dann in der Frühen Neuzeit zu Zerstörungen von Burgen im unteren Mittelrheingebiet, die 1583 u. a. die Godesburg und Burg Poppelsdorf betrafen (s. Kap. 2.2.3).

Der 30-jährige Krieg (1618–48) brachte Kampfhandlungen und Zerstörungen für eine Vielzahl von Burgen, insbesondere in den 1630er Jahren, wofür die folgende Objektauswahl exemplarisch stehen mag. Die Schönburg wurde 1632 von spanischen Truppen besetzt und 1639 von Schweden erobert, die Burg Ehrenstein 1632/34 durch Schweden unter Baudissin zerstört. Viele Burgen wechselten, Teile davon schon beschädigt oder zerstört, während des Krieges mehrfach die Besatzung: Burg Stolzenfels wurde 1632 von Schweden erobert und 1634–36 sowie 1646–48 von Franzosen besetzt. Vor Burg Ehrenfels standen 1635 Schweden, später Kaiserliche und Spanier. Burg Sayn erfuhr 1635 Zerstörungen durch Schweden. Die 1634 bereits beschädigte Burg Drachenfels wurde 1638 von schwedischen Truppen erobert, die die Außenwerke der Burg schleiften.

Burg Stahleck und die Stadt Bacharach wurden 1632 durch Schweden belagert, die Burg nach der Einnahme angeblich gesprengt; bei Ausgrabungen in den 1920er Jahren konnten mindestens acht Sprenglöcher festgestellt werden. An der Brömserburg in Rüdesheim wurde 1640 die SO-Ecke durch französische Truppen gesprengt; dabei wurden der Wohnturm und der obere Teil des Bergfrieds zerstört. In den Bergfried wurde ein Sprengkanal gelegt, die Sprengung unterblieb aber.

Von Kämpfen und Zerstörungen des 30-jährigen Krieges waren auch die Burgen Fürstenberg und Stahlberg Steeg betroffen.

Erwähnenswert für die Wehrbaugeschichte des Mittelrheins in der Frühen Neuzeit ist die Situation der Burg/Festung Rheinfels während des 30-jährigen Krieges. Die Landgrafen v. Hessen gehörten verschiedenen Parteien an: Landgraf Ludwig V. v. Hessen-Darmstadt (1596–1626) gehörte der kaiserlichen Seite an, und Moritz v. Hessen-Kassel stand noch nach 1620 zu dem geschlagenen Kurfürsten Friedrich von der Pfalz. So kam es zum Angriff spanischer Truppen auf die Moritz gehörende Festung Rheinfels über St. Goar, die 1621 anfangs erste Attacken abschlagen konnte. Letztlich konnte sich Moritz aber am Mittelrhein nicht halten. Graf Tilly konnte ihn 1623 soweit bekämpfen, dass ihm nur ein kleineres Gebiet um Kassel in Nordhessen blieb. 1626 gelang es Landgraf Georg II. v. Hessen-Darmstadt (1626–61),

Rheinfels mit Truppen aus Hessen-Kassel zu erobern. So kam die frühere Niedergrafschaft Katzenelnbogen nebst Braubach an Hessen-Darmstadt. Moritz' Nachfolger Landgraf Wilhelm v. Hessen-Kassel ging 1636 ein Bündnis mit Frankreich ein. Vom Kaiser zum »Reichsfeind« ausgerufen, floh er. Im Hessenkrieg wurde Rheinfels 1647 von Hessen-Kassel zurückerobert und danach Residenz der Linie Hessen-Rotenburg-Rheinfels.

Schäden erlitten während des 30-jährigen Krieges viele rheinische Stadtbefestigungen, darunter Bacharach (1620 von Spaniern erobert), Boppard (1632 zweimal und später erneut schwedisch besetzt), Kaub und Koblenz (1632; 1635; 1636). Oberwesel war 1620 von Kaiserlichen und Spaniern besetzt, wurde 1629 von dem mit Schweden verbündeten Rheingrafen Otto Ludwig erobert und Franzosen übergeben; 1644 hatte es eine bayerische, 1646 eine französische Besatzung.

V. a. kurtrierische Städte und Orte hatten unter Truppendurchzügen, wechselnden Besatzungen, Kontributionszahlungen (auch zur Verhinderung von Brandschatzungen), Einquartierungen und Zerstörungen von Bausubstanz zu leiden. Aber auch andere traf es: Das Dorf Peternach bei Boppard brannten bayerische Truppen nieder, da der hier ansässige Junker Friedrich v. Liebenstein in der schwedischen Armee diente. Der zerstörte Ort wurde aufgegeben.

Dies sind lediglich »Streiflichter«; alle Schäden und Zerstörungen an Burgen und Städten hier aufzuzählen, ist kaum möglich.

Nur wenige Jahre nach Ende des 30-jährigen Krieges (1648) war der Mittelrhein erneut von Kampfhandlungen betroffen: Die **Kriege König Ludwigs XIV. von Frankreich** betrafen die rheinischen Staaten und Herrschaften stark. Es waren dies die **drei Reunionskriege (1667/97)** – Devolutionskrieg, auch 1. Reunionskrieg genannt (1667–68), Holländischer Krieg oder 2. Reunionskrieg (1672–79), 3. Reunionskrieg oder Pfälzischer Erbfolgekrieg (1688–97) – und der Spanische Erbfolgekrieg (1701–14; s. Kap. 2.2.3). Diese Kriege brachten eine fürchterliche Zerstörungswelle – insbesondere im linksrheinischen Gebiet. Die wiederholt von König Ludwig XIV. von Frankreich (reg. 1643–1715) ins Rheinland entsandten Truppen zerstörten zahllose Burgen, Schlösser, Städte und Dörfer und verursachten durch ihre Politik der verbrannten Erde sehr viel menschliches Leid. Nachdem 1624 Kardinal Richelieu leitender Minister Frankreichs geworden war, wurde die militärische Annexion des Rheinlandes ein erklärtes Ziel französischer Politik. Schon infolge des Westfälischen Friedens

1648, der das Ende des 30-jährigen Krieges besiegelte, waren Frankreich erste Gebietserwerbungen im Elsass gelungen; später ließ Frankreichs König im Zuge der »Reunionspolitik« linksrheinisches Gebiet besetzen.

Von den von Ludwig XIV. veranlassten Kriegszügen betraf der 3. Reunionskrieg (1688–97) das Mittelrheingebiet besonders schwer. In diesem (Pfälzischer Erbfolgekrieg gen.) erhob der König als Schwager Elisabeth Charlottes v. Orléans (gen. Liselotte von der Pfalz) ungerechtfertigt Erbansprüche auf die Pfalz. Diesen trat ein unter dem Namen **Augsburger Allianz** auftretendes Bündnis, dem neben dem Heiligen Römischen Reich Deutscher Nation mit seinem Kaiser auch die Niederlande, England, Savoyen, Spanien und Schweden angehörten, entgegen. Im Laufe des Krieges kam es seitens der Franzosen zu Verwüstungen in der Pfalz und zu zahlreichen Zerstörungen von Städten, Dörfern, Burgen und Schlössern im Rheinland (s. Textor 1937). Der Krieg endete mit dem Friedensvertrag von Rijswijk 1697, in dem Ludwig auf seine Ansprüche auf die Pfalz und die geforderten »Reunionen« verzichtete, jedoch das Elsass nebst Straßburg erhielt.

Viele lokale Chroniken berichten von französischen Zerstörungen, von denen einige hier beispielhaft benannt bzw. geschildert werden.

1688 besetzten französische Soldaten Stadt und Schloss Sinzig. Sie zogen 1689 ab, doch hatten sie das »Schloß zu forderst mit Strohe von oben bis unten auß ahngefüllet, mit Pech und Teer beschmieret, auch verschiedene Mienen angelegt gehabt, es dann in Brand gesteckt, die Minen springen lassen, so dass nichts übrig blieben als einig Mauerwerk, sondern alles mitsambt den darin befindlichen Mobilien, so die Bürgerschaft und vorigen Amtseingesessenen gutenteils darin schaffen müssen, in Rauch aufgegangen«. Das Schloss wurde »dergestalt«, so der Zeitzeuge, »zum Steinhaufen«.

In der Sauerburg (Sauerthal), 1672 an die Reichsgrafen v. Sickingen gekommen, sprengten französische Soldaten 1689 den Bergfried; sie steckten zudem einige Gebäude in Brand.

Zu den Burgen, Schlössern und Befestigungen, die auch 1688/89 durch Franzosen mehr oder weniger stark zerstört oder zumindest verwüstet wurden, gehörten 1688 die Stadtbefestigung von Koblenz und 1689 – dem Jahr der meisten Zerstörungen – u. a. die Burgen Andernach, Ehrenfels, Klopp, Burgbrohl, Fürstenberg, Heimburg, der Mäuseturm, Burg Rheineck (Bad Breisig), die Schönburg, Burg Sooneck sowie Burg Stahleck, die gesprengt wurde.

In einzelnen Fällen blieben die französischen Zerstörungsabsichten erfolglos: 1692 konnte die Besatzung der Festung Rheinfels (St. Goar) eine Belagerung durch ca. 28 000 französische Soldaten abschlagen. Doch die Zerstörungen gingen weiter. 1694 brannte z. B. Schloss Neuwied.

Es kann festgestellt werden, dass viele Burgen und Orte im Rheinland systematisch von französischem Militär zerstört wurden. Das verdeutlicht, dass Burgen E. 17. Jh. noch immer Machtsymbole waren. Generell ist bei Zerstörungen von Burgen zwischen der Ausschaltung realer Wehrbauten und der sinnfälligen Vernichtung von Machtsymbolen zu differenzieren: Die Burgzerstörungen Frankreichs zielten gleichermaßen auf das militärische Potential und die Identität der Besiegten, indem militärisch nur noch eingeschränkt nutzbare ma. Befestigungen als Herrschaftsbauten gezielt zerstört wurden. Dies verband das französische Militär teils mit einer Politik der verbrannten Erde.

Auch im **7-jährigen Krieg (1756–63)** war das Mittelrheintal von Kampfhandlungen betroffen: 1758 kapitulierte die Besatzung der hessischen Festung Rheinfels, nachdem französische Truppen angerückt waren. Die veraltete, baulich vernachlässigte Festung wäre wohl nicht zu halten gewesen.

Weitere Zerstörungen am Mittelrhein brachten die **Einfälle französischer Revolutionstruppen in den 1790er Jahren**. 1792 wurde linksrheinisches Gebiet infolge der Französischen Revolution erneut von Frankreich besetzt, 1798 wurde es Teil des französischen Rhein-Mosel-Départements, und mit dem Frieden von Lunéville (9.2.1801) erfolgte die erzwungene Abtretung an Frankreich. Die Besatzer beschlagnahmten Kirchen- und Adelsbesitz. Der *Reichsdeputationshauptschluß* (25.2.1803) beseitigte die geistlichen Fürstentümer und brachte Adeligen als Entschädigung für verlorenen Besitz links des Rheins Grundbesitz im Rechtsrheinischen. Burgen, Schlösser und Klöster wurden beschlagnahmt, zu Nationaleigentum erklärt und auf Abbruch versteigert – zur Gewinnung von Baumaterial. Unternehmer erzielten durch Abbrüche hohe Gewinne. Einige Unternehmer wurden wahre »Güterschlächter« – so ein zeitgenössischer Ausdruck. Sie kauften Burgen und Schlösser mit zugehörigen Besitzungen und verkauften Ländereien und das Abbruchmaterial der Gebäude an verschiedene Aufkäufer. Im Mittelrheingebiet war z. B. der Kaufmann und spätere Rittergutsbesitzer Franz Georg Severus Weckbecker, gen. »Moselkönig«, aus Münstermaifeld ein solcher Unternehmer, der durch An- und Verkäufe reich wurde. So erwarb er 1810 die auf Abbruch versteigerte Burg Pyrmont nebst 7 ha Land für 4 550 Franken. Er ließ alles Verwertbare veräußern und die Burg verfallen. So verfuhr er auch mit weiteren Eifelburgen.

Systematisch geschleift wurde auf Veranlassung Frankreichs die Festung Rheinfels über St. Goar 1796/97: Sie war 1794 französischem Militär nach kurzer Belagerung kampflos übergeben worden. 1796 wurden Außenwerke, 1797 der Bergfried und der Darmstädter Bau gesprengt. Neben der militärischen Notwendigkeit bestand die Absicht, ein Herrschaftssymbol und das Wahrzeichen der Region zu vernichten. Die Festung war 1692/93 erfolgreich gegen französische Belagerer gehalten worden, doch bei der neuerlichen Rheinlandbesetzung durch Frankreich wurde sie 1794 französischen Revolutionstruppen übergeben, obwohl sie in Verteidigungszustand war: Festungskommandant war 1794 Generalmajor Philipp Valentin v. Resius, ein 77-jähriger Offizier. Die Festung war bestens verproviantiert und hatte eine Besatzung von 3 000 Mann (ohne jene der Batterien auf den Anhöhen rundum). Als am 1.11. ein französischer Trommler meldete, 30 000 Mann stünden zum Sturm bereit, verließ v. Resius mit seiner Mannschaft überstürzt die Festung über eine fliegende Brücke auf das rechtsrheinische Ufer. Die Franzosen fanden in Rheinfels gedeckte Tische vor. Der Landgraf verurteilte den Kommandanten zum Tode, begnadigte ihn jedoch später unter Aberkennung aller Titel und Würden zu lebenslanger Haft. 1798 starb v. Resius in Gefangenschaft.

1806 wurde die Burg Katz über St. Goarshausen auf Befehl Napoleons teilweise gesprengt; die Aktion war eine späte Rache Frankreichs, nachdem die Belagerung der Burg durch Truppen Ludwigs XIV. 1692/93 erfolglos geblieben war. Auch Teile der Burg Gutenfels sollen 1806 von Franzosen gesprengt worden sein.

5.1.2 Abbrüche von Burgen und Schlössern

Mehrere Burgen im Mittelrheingebiet fielen in der Frühen Neuzeit oder noch in der Neuzeit ganz oder in Teilen Abbrüchen zum Opfer. Nicht selten wurden Burgruinen zu Steinbrüchen. Unbewohnte, aufgegebene und durch Vernachlässigung baufällig gewordene Burgen wurden von der Bevölkerung der Umgebung – teils mit herrschaftlicher Erlaubnis, teils illegal – zur Gewinnung von Baumaterial abgebrochen.

Zu unterscheiden sind mehrere Abbruchvarianten:

- Durch den Landesherrn bzw. Eigner einer Burg angeordneter Abbruch einer Befestigung, um zu verhindern, dass sich Feinde in dieser festsetzen. Ein Bsp. bietet Burg Hammerstein, seit dem 15. Jh. ein kurtrierischer Amtssitz, die während des 30-jährigen Krieges mehrfach von fremden Truppen besetzt war (1632 spanische, 1646 lothringische Besatzung, welche Untertanen des Grafen zu Wied zu Befestigungsarbeiten heranzog) und 1654 auf Anordnung Kurtriers geschleift wurde, um weitere Festsetzungen feindlicher Truppen zu verhindern. In den folgenden Jh. kam es zu Steinraub in der Ruine. Bewohner umliegender Ortschaften gewannen hier Material für den Bau von Häusern, Scheunen etc.
- Durch die Obrigkeit bzw. den Landesherrn angeordneter Abbruch zur Gewinnung von Baumaterial für ein großes Bauvorhaben, am Mittelrhein z. B. den Ausbau der Festung Ehrenbreitstein (um 1792) oder den Weiterbau des Kölner Doms (1842–80).
- Die »Ausschlachtung« einer Burgruine, die Spekulanten und Baumaterialhändlern lukrative Verdienstmöglichkeiten bot. Abbrüche dieser Art waren in den von Frankreich besetzten Gebieten beiderseits des Rheins, v. a. im Mittelrheingebiet und in der Eifel, im späten 18./fr. 19. Jh. üblich. Die französische Besatzungsregierung versteigerte Burgen, Schlösser und Klöster auf Abbruch.
- Beiläufige Abtragungen durch Bewohner einer Region, so wie z. B. für die 1614 letztmalig in einer Urkunde genannte Kleeburg (Burg *Wilre*) bei Weiler (Boppard) anzunehmen ist, die offenbar Steinraub zum Opfer fiel.

Die kurkölnische Burg Rolandseck soll schon vor dem 30-jährigen Krieg als Steinbruch genutzt worden sein, und 1619/22 ließ Äbtissin Sybille Bielefeld von Kloster Nonnenwerth 300 Kähne voller Steine auf der Burg brechen, um die durch Hochwasser und Eisgang weggerissene Spitze der Klosterinsel zu befestigen. Zudem wurden abgetragene Steine für den Bau und Ausbau von Kirchen in Köln verwendet. 1631 sollen schwedische Truppen Rolandseck geplündert haben. Danach bot die Burg nur noch Räuberbanden Unterschlupf. Dokumentiert ist der ruinöse Zustand durch eine Zeichnung von Wenzel Hollar (1636), die einen noch relativ geschlossenen Baukörper mit zwei viereckigen Türmen zeigt. Der Abbruch der Burg wurde nach dem 30-jährigen Krieg bis auf die Fundamente fortgeführt. Eine verbliebene Mauer stürzte am 16.2.1673 infolge eines Erdbebens ein.

Die im 17. Jh. mehrfach von Feinden besetzte Burg Landskron nahe der Einmündung der Ahr in den Mittelrhein war stark beschädigt, doch wurde sie 1646 in Verteidigungszustand versetzt. In der 2. H. 17. Jh. lag hier eine Garnison. 1677 brannte es; ein Visitationsprotokoll von 1682 verzeichnet große Schäden im gesamten Burgbereich. Der Herzog v. Jülich gab in der Folge den Befehl zum Abbruch.
Die 1812 von der französischen Besatzungsverwaltung versteigerte Burg/Festung Rheinfels diente seit 1818 als Steinbruch für den Neuaufbau der Festung Ehrenbreitstein bei Koblenz.

Nach den Zerstörungen zahlreicher Burgen durch Franzosen E. 17. Jh. wurden vielen dieser Bauten undokumentiert Steine als Baumaterial für andere Zwecke entnommen. Für viele ist Steinraub überliefert (u. a. Heimburg), und die um 1700 verlassene Burg Altwied verfiel in der Folge. Möglicherweise diente sie um 1760 als Steinbruch für Schloss Monrepos bei Neuwied, die Sommerresidenz der zu Wied, deren Bau 1757 begann. 1792 wurden aus der Burgruine Altwied gewonnene Steine zum Ausbau der Festung Ehrenbreitstein verwendet.

Aber nicht nur Burgen waren noch im 19. Jh. durch Abbrüche bedroht. So berichtete der Archäologe Karl August v. Cohausen (1812–94) 1869 von der Entnahme von Steinen aus der Ringmauer des Kastells Niederbieber als Baumaterial für den Straßenbau: Die Steine dienten als »Packlage« für die Straße von Niederbieber nach Oberbieber.

Während des 18./19. Jh. beseitigte man Befestigungen von Burgen häufig aus Gründen der Bequemlichkeit und der besseren Erschließung; so wurden Gräben verschüttet oder Türme und Ringmauern abgebrochen. 1840/46 wurde der Graben der Burg Boppard verfüllt und die dreibogige Brücke abgerissen. Schon 1830 war begonnen worden, Teile der Vorburg von Burg Ehrenfels abzutragen und den Halsgraben zu verfüllen; bis 1840 war sie bewohnt (Abb. 148, S. 168).

Zerstörungen hatte schließlich auch der **Eisenbahnbau** durch das Mittelrheintal zur Folge: 1861 wurde die rheinseitige Wehrmauer nebst Türmen des Schlosses Philippsburg in Braubach zum Bau des Bahndammes abgebrochen. 1868 ereilte Schloss Friedrichstein (Neuwied-Fahr) am Fuß der Hohen Ley beim Bau der Eisenbahn dasselbe Schicksal. Auch Teile mittelrheinischer Stadtbefestigungen wurden dem Eisenbahnbau geopfert.

Abb. 148 Burg Ehrenfels (HE), freie Rekonstruktion von Prof. Bodo Ebhardt (aus: Ebhardt 1939).

5.2 Schlösser, Feste Schlösser und Festungen (16. bis 19. Jahrhundert)

Die meisten Schlösser und Festungen am Mittelrhein entstanden durch den Ausbau ma. Burgen oder an deren statt; nur wenige waren vollständige Neubauten.

5.2.1 Festungen

Als Festungen werden in der heutigen wissenschaftlichen Burgen- und Festungsforschung Anlagen zur Verteidigung mit und gegen Feuerwaffen bezeichnet. Die bisweilen vorgenommene Gleichsetzung von Burg und Festung ist somit falsch.

Im 14. Jh. kamen nachweislich erstmals Feuerwaffen bei Belagerungen in Deutschland zum Einsatz; im Mittelrheingebiet wurden sie nach bisheriger Kenntnis zuerst im 2. V. 14. Jh. genutzt. So setzten Truppen des Trierer Erzbischofs Balduin v. Luxemburg zu Beginn der 1330er Jahre Pfeilbüchsen bei der Belagerung der Burg Eltz ein. Auf Burg Landskron/Ahr wurde eine Bombarde aus der Zeit um 1400 entdeckt, und bei Ausschachtungen zu Neubauten in der Burgruine Klopp in den 1870er Jahren fand man spätma. und frühneuzeitliche Feuerwaffen sowie eine größere Zahl steinerner Kugeln. Auf der Burg befand sich im 16. Jh. die Werkstatt eines Büchsenmeisters.

Eine Festung konnte gegen einen mit allen jeweils gängigen Angriffsmitteln ausgestatteten und in der Truppenstärke überlegenen Gegner nachhaltig verteidigt werden. Waffentechnisch und baulich angepasste Burgen und Städte konnten so frühneuzeitliche Festungen werden.

Am Mittelrhein wurden nur einige Burgen systematisch ausgebaut; meist blieb es bei partiellen Verstärkungen bzw. dem Neubau einzelner Werke. Der zunehmende Einsatz von Feuerwaffen erforderte seit der Zeit um etwa 1450 effektivere Gegenmaßnahmen. Die Phase des Experimentierens mit verschiedenen Turm- oder Schießschartenformen etc. währte ungefähr von 1450–1540 – in manchen Regionen länger. Erst danach begann die eigentliche Phase systematischer Befestigungen, die jedoch wegen hoher Kosten fast nur von wohlhabenden Bauherren errichtet wurden. Die Entwicklung führte, mit Ausnahmen, weg von hohen Türmen des MA hin zu Feuerwaffentürmen sowie starken Geschütztürmen, dann zu niedrigeren, gedrungenen Rondellen mit zunehmenden Mauerstärken und schließlich zu Bastionen.

Zu frühneuzeitlichen Festungen ausgebaut wurden u. a. Burg Gutenfels, Burg Rheinfels, die Marksburg und Ehrenbreitstein. Ab 1569 ließ der Herzog v. Jülich-Kleve-Berg die Burg Sinzig durch Maximilian Pasqualini aufwendig erweitern, wobei Einzelheiten unbekannt sind. 1572 übernahm Johann Pasqualini nach dem Tode seines Bruders die Bauleitung. Die Burg war ab 1554 Hauptort des jülichschen Amtes Sinzig. Noch 1646 wurde das Schloss auf Befehl des kaiserlichen Kriegskommissars Damian Nideggen in besseren Verteidigungszustand versetzt; 1689 dann wurde es von französischen Truppen niedergebrannt und gesprengt.

Viele Burgen am Mittelrhein und in angrenzenden Gebieten weisen lediglich einzelne Festungselemente auf. Am häufigsten dürften in ma. Mauern und Gebäude nachträglich eingebrochene **Feuerwaffenscharten** gewesen sein. Die Stadtmauer von Andernach wurde in einigen Bereichen mit Maulscharten ausgestattet; mehrere solcher Scharten (wohl 16. Jh.) sind im Teilstück nahe dem Krankenhaus vorhanden. An der Stadtbefestigung von Bacharach wurden ältere, für Bogen und Armbrust nutzbare Schlitzscharten zu Feuerwaffenscharten umgestaltet.

Ebenso improvisiert waren offenbar unregelmäßige (zungenförmige oder längspolygonale) **Geschützplattformen**, die mutmaßlich im 15./16. und noch im 17. Jh. ma. Burgmauern vorgelegt wurden, wie u. a. an den Burgen Rheinstein, Sooneck, Stahleck und Sterrenberg.

Feuerwaffen- und Geschütztürme: Ab 2. H. 15. Jh. entwickelten sich aus spätma. Flankierungstürmen Geschütztürme für Kanonen sowie kleinere Feuerwaffentürme zur Verteidigung mit Handfeuerwaffen. Einzelne ältere Flankierungstürme wurden durch Umgestaltung ihrer Bogen- und Armbrustschießscharten zu Feuerwaffenscharten zu Geschütz- bzw. Feuerwaffentürmen (z. B. Bacharach: Stadtbefestigung).

Für den Einsatz von Feuerwaffen taugliche Flankierungstürme wurden an viele Burgen und Stadtbefestigungen nachträglich angefügt. Noch in neuerer burgenkundlicher Literatur findet sich die synonyme Verwendung der Begriffe Geschützturm, Rondell, Batterieturm und sogar (Rund-)Bastion, doch sind diese in der burgen-/festungskundlichen Fachsprache verschieden zu definieren. **Geschütztürme** sind zur Verteidigung mit größeren Feuerwaffen ausgestattete Bauwerke, deren Höhe meist größer ist als ihr Durchmesser und die, wenn sie an einer Wehrmauer stehen, die Kurtinen um mindestens ein Geschoss überragen. Ist das Bauwerk gleich hoch wie die Kurtine oder nur unwesentlich höher als diese, so handelt es sich um ein Rondell. Sind Türme nur zur Verteidigung mit leichteren Handfeuerwaffen eingerichtet, so nennt man sie **Feuerwaffentürme** (z. B. Marksburg, Zwingertürme; Andernach: Burg, Pulverturm, 1519). Die Bezeichnung »Geschützturm« bezieht sich auf die primäre, nicht die einzige Verteidigungsmöglichkeit eines Turmes. Die meisten Geschütztürme kamen als flankierende, normalerweise gerundete Türme an Burgen und Stadtbefestigungen im Spät-MA und in der Frühen Neuzeit vor. Geschütztürme wiesen gegenüber Flankierungs- und Feuerwaffentürmen meist größere Durchmesser und Mauerstärken auf.

Geschütztürme

- Burg Ehrenstein (RP): Im 16. Jh. Bau des Geschützturmes jenseits des doppelten Halsgrabens, dreigeschossig mit Kuppelgewölben (Abb. 149–150).
- Burg Grenzau (Höhr-Grenzhausen): Um 1540 wurde Graf Heinrich, Gouverneur der Festung Ehrenbreitstein, beauftragt, Grenzau zur Verteidigung mit weittragenden Geschützen auszubauen. Es entstanden vermutlich das unregelmäßige N-Werk auf dem *Döves* und die *Westbastei,* sicher jedoch das S-Werk mit Geschützturm. Der Turm (Ø 4,9 m, Mauerstärke 1,4 m) hat fünf Geschützstände (Aktionsradius jeweils ca. 270 Grad) mit Rauchabzügen. Die je ca. 26 m langen Schenkelmauern besitzen je fünf Schießkammern. Es bleibt unklar, ob es sich um ein eigenständiges Außenwerk oder einen Teil des äußeren Berings handelt.

Feuerwaffentürme

- Kurfürstliche Burg Andernach: Ab 1519 Bau des Pulverturmes unter dem Kölner Erzbischof Kurfürst Hermann v. Wied unmittelbar an der Kernburg; Höhe 18 m, Mauerstärke bis 5 m.

- Burg Sayn (Bendorf-Sayn): In der 2. H. 15. Jh. Bau des Turmes (gen. *Rondell*) am Zugang zur Barbakane.

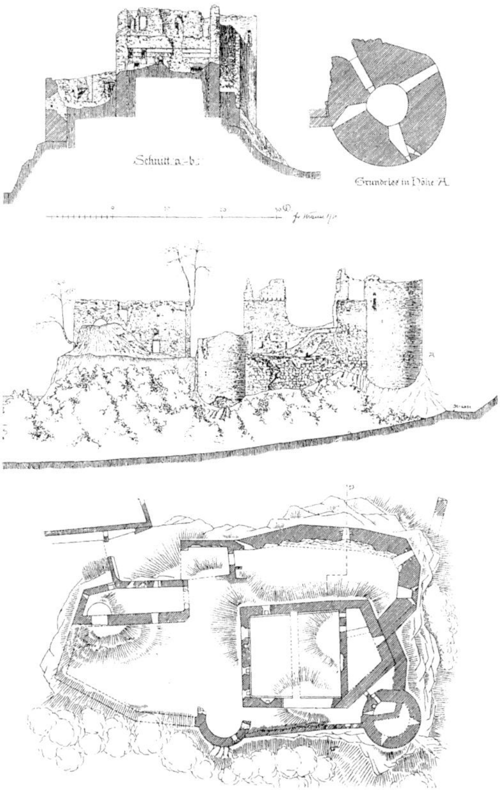

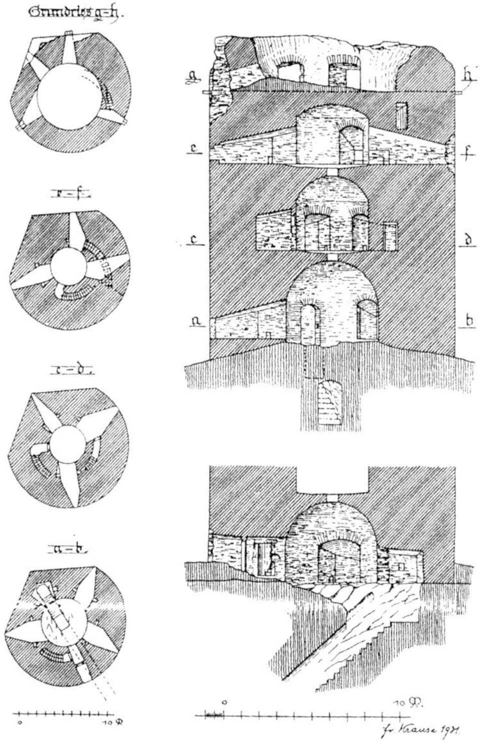

Abb. 149 (links) Ehrenstein (RP), Burg. Grundrisse, Aufriss und Schnitt der Burg mit dem Geschützturm.

Abb. 150 (oben) Ehrenstein (RP), Burg. Grundrisse und Schnitte des Geschützturmes.

Seit der Zeit um etwa 1500 wurden statt der Geschütztürme zunehmend niedrigere, meist gerundete oder zungenförmige **Rondelle** – seltener polygonale Werke – zur Aufstellung von Geschützen erbaut. Im Vergleich mit Geschütztürmen hatten sie größere Mauerstärken und ein gedrungeneres Erscheinungsbild. Um wenig Angriffsfläche zu bieten, ragten sie nicht oder wenig über die Mauerkrone hinaus. Sie konnten bis zu 30 m Ø und zu 9 m Mauerstärke aufweisen und waren vereinzelt mit bis zu 20 Geschützen bestückt. Größere Durchmesser folgten höheren Bestückungen und besserer Handhabung der Geschütze, die, meist Vorderlader, zum Laden aus der Schießkammer gezogen werden mussten. Geschützstände lagen bei erhöhter Mauerstärke als Geschützkammern innerhalb der Mauern. Problematisch war die ungenügende Entlüftung, die oft über Rauchabzugsschächte erfolgte, deren Öffnungen teils an den Außenwänden über den Scharten zu erkennen sind.

Neben gemauerten Rondellen gab es auch solche aus aufgeschütteter Erde, die jedoch am Mittelrhein selten vorkamen. Ein anonymer Kupferstich von 1587 zeigt die Befestigung von Niederbreisig mit Mauer, Graben, drei Tortürmen und einem (Erd[?]-)Rondell an der SO-Ecke.

Der vorrangig von Laien in der Burgen-/Festungsforschung undifferenziert genutzte Begriff **»Bastei«** meinte in der militärischen Fachsprache des 19. Jh. Albrecht Dürers (1471–1528) »aus dem Thurm der alten Stadtbefestigung für die Geschützaufstellung umgestaltetes geräumiges Hauptwerk der Front« (Frobenius 1901, 56), d. h. die von der modernen Festungsforschung »Rondell« genannten Werke.

Der Begriff **»Bollwerk«**, in der älteren Burgen-/Festungsforschung undifferenziert für Geschützturm, Rondell, Bastion etc. genutzt, wird in der neueren Forschung weitgehend gemieden.

Typologisch schwer fassbar sind einzelne, unregelmäßige, aus dem jeweiligen Baugelände entwickelte Werke. Solche finden sich an Burg Stahleck: Vermutlich noch vor 1632 wurde das Außenwerk auf dem überhöhenden Felssporn feldseitig gegenüber der Schildmauer angelegt, da es auf Merians Kupferstich, der die Belagerung von 1632 zeigt, zu sehen ist. Auf dem von Leopold v. Eltester 1862 gezeichneten Plan ist es als »2 stöckige Caponière ohne Gewölbe, unten mit Geschützaufstellung« bezeichnet, doch versteht man in der burgen-/festungskundlichen Fachsprache unter einer Kaponniere eine Grabenwehr – als solche diente das Außenwerk von Stahleck nicht. Neben diesem zeigt Merians

Darstellung für 1632 eine etwa hufeisenförmige Geschützplattform östlich vor der Burg, an der Rheinseite (s. Darstellungen der Belagerung von Burg und Stadt durch schwedische Truppen 1632 von W. Hollar und M. Merian).

Zu den meist improvisierten Anlagen zur Verteidigung mit und gegen Feuerwaffen gehörten **Schütten**, meist Erdaufschüttungen hinter Wehrmauern, die der Aufstellung von Geschützen dienten. Solche gab es um 1640 z. B. an der Stadtbefestigung von Bonn (Kupferstich in: M. Merian: Topographia Archiepiscopatuum Moguntinensis. Frankfurt/M. 1646). Insgesamt wirken die frühneuzeitlichen Verstärkungen der Befestigung der kurkölnischen Stadt Bonn recht improvisiert und unsystematisch. So finden sich neben den Schütten Rondelle und Bastionen.

Eine **Batterie** zeigen frühneuzeitliche Darstellungen der Schönburg über Oberwesel (s. Marburger Index).

Die **Bastion** ist ein im Grundriss fünfeckiges Werk der frühneuzeitlichen Befestigung, das flankierend vor die Wehrmauer/den Wall ausspringt. Sie war die bedeutendste Innovation im Wehrbau gegen E. des MA (15./16. Jh.). Anstelle flankierender Türme oder Rondelle traten anfangs unregelmäßig polygonale, dann fünfeckige Vorwerke, mit der Wehrmauer oder dem Wall im Verband stehende Werke, die – bei systematischer Anlage tote Winkel bei der Verteidigung weitgehend vermeidend – der Aufstellung von Geschützen dienten. Die mit drei Winkeln ausspringende Bastion setzt sich zusammen aus je zwei Flanken und Facen. »Face« (Gesichtsseite) heißt eine dem Vorfeld direkt zugewandte Außenseite; »Flanke« die Seite der Bastion zwischen Kurtine und Face. Bastionen konnten massiv oder kasemattiert, gemauert oder aus Erde aufgeworfen sein. Erste Bastionen entstanden kurz vor 1500 an Wehrbauten im heutigen Italien und um/nach 1500 in der Ägäis. Erst im 16. Jh. sind sie in Deutschland nachzuweisen (z. B. Planung für die Stadtbefestigung von Germersheim/Oberrhein).

Seit der Frühen Neuzeit wurden viele Festungen systematisch geplant. Immer perfektere Festungssysteme entstanden auf mathematisch-wissenschaftlicher Basis; in Traktaten und theoretischen Schriften behandelten und diskutierten sie Ingenieure, Mathematiker, Wissenschaftler und Künstler: Die Festungswissenschaft war entstanden.

Mehrere Burgen, Festungen und Feste Schlösser am Mittelrhein wurden im 17./18. Jh. bastionär befestigt; manche wurden so zu Festungen (z. B. Marksburg). Andere Wehrbauten wurden nur um einzelne Bastionen verstärkt, so offenbar die Stadtbefestigung von Engers.

Abb. 151 Andernach (MYK), Stadtbefestigung, Zollbastion mit Portal.

Bastionsartige Werke: Mehrere Einzelwerke an Burgen und Stadtbefestigungen sind ohne die Entwicklung der Bastionärbefestigung nicht vorstellbar, ohne dass sie jedoch Bastionen im Sinne der Definition waren: In Andernach erfolgte 1659/61 der Bau der Rhein- bzw. Zollbastion an der Rheinseite der Stadtbefestigung durch den städtischen Werkmeister Caspar Boltern aus Graubünden; sie diente als Zollstation und weist eine tonnengewölbte Durchfahrt auf. 1928/30 wurde sie nach Plänen von Franz Brantzky zur Kriegergedächtnisstätte umgebaut, wobei man die Wehrplattform veränderte (Abb. 151).

An der Stadtbefestigung von Bonn wurden vor 1644 mehrere einzelne Bastionen und bastionsartige Werke errichtet, d. h., die kurkölnische Stadtfestung blieb ohne eine regelmäßige Bastionärbefestigung. Wenig blieb erhalten: Erwähnenswert ist die unter dem Namen *Der Alte Zoll* bekannte Dreikönigenbastion am Rheinufer unterhalb des Hofgartens des Kurfürstlichen Schlosses, eine etwa 15 m hohe Halbbastion mit Cordongesims. Ihr Mauerwerk besteht an der Außenschale aus Ziegeln, Trachyt und Basaltsäulen; ihre Face zeigt eine Böschung von 80 Grad.

Die Sauerburg wurde im Spät-MA und erneut zwischen 1617/68 festungsartig ausgebaut. Bei letzterem Ausbau entstand die sog. Bastion, ein im Grundriss unregelmäßiges Werk (Abb. 152).

5.2.1.1 Beispiele zu Festungen ausgebauter Burgen am Mittelrhein

Burg Gutenfels (Kaub)

Zur Festung wurde die Burg Gutenfels ausgebaut, deren 1504 erfolgreich abgewehrte Belagerung durch landgräflich-hessische Truppen bereits erwähnt wurde. Kurfürst Ludwig von der Pfalz ließ sie nach 1504 neu gestalten; damals entstand der S-Zwinger. Den der romanischen Hauptburg westlich vorgelegten oberen Burghof schützte eine Wehrmauer (1338/41), die im N die Verlängerung der sog. Schildmauer bildet und im S Feuerwaffenscharten aufweist. Die Zwingermauer der Vorburg ist ebenfalls von Feuerwaffenscharten durchbrochen. Zur Ausbauphase 1508/09 gehört der Tunnelgang. Die W-Spitze der Burg sicherte ein Rondell, das im 30-jährigen Krieg (1647?) erbaut worden sein soll. Der Bergfried, ein Frontturm, wurde zum

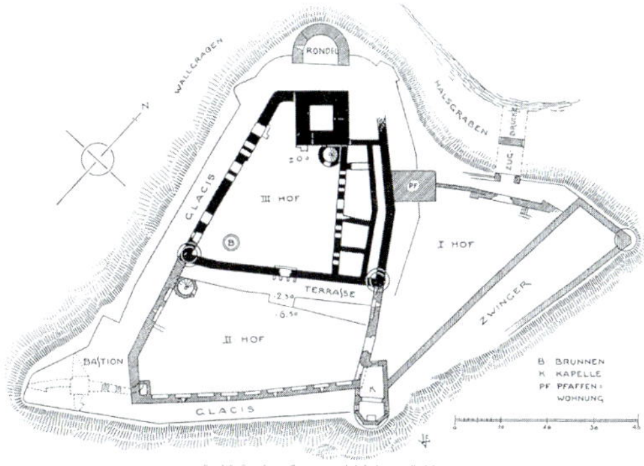

Abb. 152 Sauerburg, Grundriss.

Geschützturm. Noch 1787 war Gutenfels eine Festung, besetzt mit einer Invalidenkompanie und baulich vernachlässigt. 1793 wurde sie französischen Truppen übergeben und 1807 auf Abbruch versteigert, doch blieben von den Festungsanlagen wesentliche Teile erhalten.

Marksburg (Braubach)

Unter den Grafen v. Katzenelnbogen war die Marksburg um 1300 durch den inneren Zwinger und in der 2. H. 14. Jh. durch den Geißenzwinger an der O-Seite sowie schließlich um den äußeren Zwinger mit ½- und dreiviertelrunden Schalentürmen sowie Zugbrückentor im fr. 15. Jh. ausgebaut worden. Sie kam 1479 mit dem *Katzenelnbogen'schen Erbe* an die Landgrafen v.

Hessen. Im 16. Jh. erfolgte der Bau des Geschützhauses. 1607/08 bestand, das belegen Bauaufnahmen von Wilhelm Scheffer gen. Dilich, eine Erdbefestigung (*Schutt*) an der W-Seite der Burg. Im 30-jährigen Krieg entstanden 1643/45 der Tunnelgang, die Bastionen Scharfes Eck und Pulvereck, ein Ravelin im W-Zwinger sowie Batterien (s. Abb. 74 und 89).

Burg/Festung Rheinfels (St. Goar)

Die von den Grafen v. Katzenelnbogen gegründete, seit 1479 verschiedenen Linien der Landgrafen v. Hessen gehörige Spornburg wurde seit dem späten 15. Jh. mehrfach aufwendig zur Verteidigung gegen/mit Feuerwaffen ausgebaut und schließlich – neben Ehrenbreitstein – zur wichtigsten Festung am Mittelrhein. Wohl 1497 entstanden neue Befestigungen auf dem Wackenberg. 1541/83 erfolgte der 2. Ausbau unter Landgraf Philipp II. v. Hessen. Mit der hessischen Erbteilung 1567 wurde Rheinfels eine Residenz; deren Baubestand um 1607/08 überliefern zeitgenössische Zeichnungen von Wilhelm Scheffer gen. Dilich.

Nach einem Erbstreit war die Grafschaft Hessen-Rheinfels 1623 Hessen-Darmstadt zugesprochen worden. Der Widersacher, Landgraf Moritz v. Hessen-Kassel, akzeptierte das Urteil nicht, und Hessen-Darmstadt musste erneut das Reichsgericht anrufen. Der Kölner Erzbischof und Kurfürst Ferdinand v. Bayern wurde zum Vollstrecker des Urteils bestimmt; er ließ Rheinfels 1626 belagern, und nach heftigen Kämpfen wurde die Festung am 2.9.1626 Hessen-Darmstadt überlassen.

1647 wurde Rheinfels von Hessen-Kassel erobert, und 1648 schlossen die Landgrafen v. Hessen-Darmstadt und v. Hessen-Kassel einen Vergleich, der die Teilung von Rheinfels und der Stadt St. Goar zwischen beiden beinhaltete. 1649 erkor Landgraf Ernst v. Hessen-Rheinfels-Rotenburg, ein Sohn des Landgrafen Moritz v. Hessen-Kassel, Rheinfels zu seiner Residenz; Rheinfels blieb dies bis 1692. Beim 3. Festungsausbau, nun unter Landgraf Ernst, folgten Vorwerke; die Hohe Ernst-Schanze trägt den Namen des Bauherrn: 1657/74 entstand so die Festung mit ihren Außenwerken. Aufgrund finanzieller Notlage schloss Landgraf Ernst mit Frankreichs König Ludwig XIV. insgeheim einen Vertrag, der jenem gegen eine hohe Summe die Festung Rheinfels zusprach. Landgraf Karl v. Hessen-Kassel erfuhr davon und eroberte die Festung im Handstreich. 1692/93 konnten französische Angriffe nebst Belagerung erfolgreich abgewehrt werden. 1794 wurde die Festung französischen Revolutionstruppen übergeben; 1797 wurde sie geschleift, doch blieben Teile der Festung erhalten, ebenso Reste einiger Vorwerke (Biebernheimer Werke; Fort Noli me tangere; Fort Scharfeneck; Hohe Ernst-Schanze; Neues Ravelin) (Abb. 153).

Burg Katz (St. Goarshausen)

Im Kontext mit der Festung Rheinfels muss der Ausbau der Burg Katz gesehen werden. Auch sie war 1479 an die Landgrafen v. Hessen gelangt. Aus dem 15./16. Jh. sind keine größeren Ausbauten bekannt (s. Dilich 1607/08). 1626 wurde sie während des hessischen Erbfolgestreits belagert. Es kam zum Beschuss durch zwei Batterien; eine davon wurde durch die zehn Geschütze der Katz demoliert. Die 80 Mann Besatzung der Burg kapitulierten nach 33 Tagen und erhielten ehrenvollen Abzug. Wohl im Zeitraum 1626/47 (?) erfolgte der Bau kasemattierter Wehrbauten an der NW-Seite zum Forstbachtal: ein zweifach gestufter, lang gestreckter Baukörper mit geböschtem Fuß, der untere mit flankierendem Bau an der W-Ecke. Die Burg wurde zum Fort der Festung Rheinfels. 1692/93 war die Katz zusammen mit Rheinfels von französischen Truppen belagert, aber nicht erobert worden, weshalb sie 1806 auf Befehl Napoleons teilweise gesprengt wurde.

Abb. 153 St. Goar (RP), Festung Rheinfels. Luftaufnahme.

Festung Koblenz

Die bedeutendste frühneuzeitliche und neuzeitliche Festung am Mittelrhein und eine Festung europäischen Ranges war die Festung Koblenz an der Einmündung der Mosel in den Rhein, die aus der Stadtbefestigung sowie der Burg Helfenstein und der Burg bzw. späteren Festung Ehrenbreitstein der Erzbischöfe/Kurfürsten von Trier gegenüber Koblenz hervorging. Ihren

größten Umfang erreichte sie als neuzeitliche Gürtelfestung im Ausbauzustand von 1815–34, als die Stadt mit Forts, Schanzen, Fleschen und sonstigen Vorwerken umgeben wurde, von denen noch viele Einzelwerke erhalten sind (www.festung-koblenz.de).

Die ma. Stadtbefestigung und Ehrenbreitstein wurden um 1609/11 um eine 1. Bastionärbefestigung verstärkt. Die Befestigung erfuhr im 30-jährigen Krieg 1632/36 Zerstörungen; sie war 1632, 1635, 1636 und 1637 umkämpft. Nach Ausbauten in den 1650er, -70er und -80er Jahren kam es 1688 zu Zerstörungen durch französische Truppen. Nachdem dann ab 1695 ein Ausbau der Bastionärbefestigung durch Hofbaumeister Ravensteyn erfolgt war, kam es 1777 im Kontext des Baues des neuen Residenzschlosses zur Entfestigung der Stadt.

Nach dem Übergang des Rheinlandes an Preußen erfolgte der Bau der Gürtelfestung durch Preußen. Am 11.3.1815 erging »Order zur Neubefestigung der Stadt Coblenz und der Festung Ehrenbreitstein« durch König Friedrich Wilhelm III. von Preußen. Ab 1815 entstand die Großfestung als Festungssystem mit Fortgürtel um die strategisch bedeutende Stadt Koblenz. Um 1833/34 waren die Bauarbeiten weitgehend abgeschlossen. Koblenz und Ehrenbreitstein beherbergten 1815–1918 eine starke Garnison mit Infanterie-, Artillerie-, Pionier- und Train-Einheiten.

Die Gürtelfestung Koblenz ist eine Befestigung der Neudeutschen bzw. Neupreußischen Schule, deren Maßgaben auch für die Bundesfestungen Landau, Luxemburg, Mainz, Rastatt und Ulm grundlegend waren. (Der Deutsche Bund, 1815–66, ein auf dem Wiener Kongress 1815 gebildeter Zusammenschluss 31 souveräner deutscher Staaten unter Führung Preußens und Österreichs, entwickelte nach der Zeit Napoleons neue politische und strategische Prinzipien.) In Koblenz wurde das Bastionärsystem zugunsten des Polygonalsystems mit vorgelagerten, zu selbstständiger Kampfführung angelegten Befestigungen aufgegeben.

Die Festung Koblenz mit 14 km Umfang gliederte sich in drei Sektoren: rechtsrheinisch Ehrenbreitstein und Pfaffendorfer Höhe, linksrheinisch und rechts der Mosel die innere Stadtbefestigung und das System Alexander und schließlich das System Franz linksrheinisch und links der Mosel. Der letztgenannte Sektor umfasste die Einzelwerke Feste Kaiser Franz auf dem Petersberg, Bubenheimer Flesche, Moselflesche, Rübenacher und Metternicher Schanze, Neuendorfer Flesche und Rheinschanze. Mehrere der Einzelwerke zeigen Gliederungselemente spätma. Burgen, z. B. Rundbogenfriese.

Überblick über die Ausbauphasen (nach Neumann 1988, 123):

- 1815–32: Westhang Ehrenbreitstein und Niederehrenbreitstein
- 1816–22: Feste Kaiser Franz
- 1817–28: Oberehrenbreitstein
- 1818–22: Feste Kaiser Alexander
- 1819–22: Stadtfestung Koblenz
- 1819–25: Bubenheimer Flesche
- 1820–25: Neuendorfer Flesche und Moselflesche
- 1822–32: Fort (Großfürst) Konstantin
- 1827–30: Nöllenkopf und Petersberg
- 1827–30: Mauerabschluss Ehrenbreitstein und Klausenberg

Festungsteile sollten die Namen der drei Monarchen tragen, deren Länder die Befreiungskriege gegen Frankreichs Besatzung hauptsächlich geführt hatten, also Preußen, Österreich und Russland: Feste Kaiser Alexander (nach dem russischen Zar Alexander I.), Feste Kaiser Franz (nach Kaiser Franz I. von Österreich) und Feste Friedrich Wilhelm (nach König Friedrich Wilhelm III. von Preußen), doch hielt sich für Letztere der Name Ehrenbreitstein.

Nach dem Deutsch-Französischen Krieg 1870/71 verlor Koblenz als Festung an Bedeutung, da sich die Reichsgrenze durch die Rückgewinnung des Elsass verschoben hatte und die Festungen Metz und Straßburg damit wichtiger geworden waren. 1886 erfolgte eine Wertung als minder wichtig, sodass ab 1890 die Schleifung linksrheinischer Festungswerke und der eigentlichen Stadtbefestigung begann. Die rechtsrheinischen Werke blieben hingegen bis zum 1. Weltkrieg einsatzbereit. Infolge des Versailler Vertrags wurde die Festung Koblenz dann 1920–29 entfestigt und in weiteren Teilen geschleift. Lediglich die Festung Ehrenbreitstein wurde aus quasi denkmalpflegerischen Gründen erhalten.

Besonders hervorzuheben als Bestandteil der Gürtelfestung Koblenz ist die **Festung Ehrenbreitstein** gegenüber Koblenz, der zwei nebeneinanderstehende ma. Burgen vorausgingen, Ehrenbreitstein und Helfenstein. Schon 1511/31 hatte der Trierer Erzbischof Richard v. Greiffenclau die Befestigungen des Ehrenbreitstein erweitert und verstärkt, und 1581/1623 erfolgte ein bastionärer Ausbau auf Basis eines Entwurfs von Johann Pasqualini unter den Kurfürsten Johann von der Leyen, Johann v. Schönburg und Johann v. Metternich. Um 1686 ließen Kurfürst C. C. von der Leyen und Johann Hugo v. Orsbeck eine zusätzliche Erweiterung der Befestigungen von Ehrenbreitstein vornehmen und den Ort Ehrenbreitstein neu befestigen. Ein erneuter Ausbau erfolgte 1733/40 unter Kurfürst Franz Georg v. Schönborn, so an der N-Front nach Entwurf des in Würzburg tätigen Militär-Ing. und Barockbaumeisters Oberstleutnant Balthasar Neumann unter Bauleitung des Ing. Oberstleutnant Lettig. Mit dem Bau des neuen kurfürstlichen Residenzschlosses 1772/86 war Koblenz zu großen Teilen entfestigt und zur offenen Stadt geworden, als 1794 französische Revolutionstruppen die Region bedrohten. 1795/96 konnte die Besatzung der Festung Ehrenbreitstein unter dem österreichischen Obristen v. Gechtern erfolgreich Widerstand leisten. 1801 wurde sie jedoch von Franzosen gesprengt. 1815/30 erfolgte der Neuaufbau im Rahmen des Baues der Festung Koblenz. Die Kabinettsorder vom 11.3.1815 lautete: »Coblenz soll befestigt und der Ehrenbreitstein wiederhergestellt werden.« (Abb. 154–155).

Nahe der Festung Koblenz standen mehrere **befestigte Brücken** (s. Kap. 5.3). Auch die ma., ab etwa 1343 errichtete **Balduinsbrücke** (s. Kap. 4.5.5) über die Mosel neben der Koblenzer Burg wurde mehrfach bei Ausbauten der Festung neu befestigt. 1429 kam es zum Bau eines starken Brückenturmes trotz Protestes der Bürgerschaft. Mehrere Maßnahmen erfolgten im 17. Jh.; so wurde 1682 der Fahrdamm durch hohe Seitenmauern mit Schießscharten geschützt und 1689 der 5. Brückenbogen ausgebrochen, um dort eine 3. Fallbrücke anzubringen. Unter Kurfürst H. v. Orsbeck (reg. 1676–1711) wurde auf den vorletzten Pfeiler ein starker Geschützturm mit Zinnenkranz aufgesetzt. Abbrüche erfolgten 1775 (ma. Torturm) und nach 1794 (links des Flusses stehender Torbau). 1831–32 entstand der Traversenturm auf dem linken Moselufer, ein zweigeschossiger Bau aus Bruchstein mit Eckquaderung und Zinnenkranz (1883/84 abgebrochen), und 1834 konnte der stadtseitige Brückenturm (Entwurf: Ing.-Hauptmann Buschbeck) erstellt werden, ein zweistöckiger Bau mit drei Bogenöffnungen, die mittlere mit klassizistischer Kassettierung; zwei Geschützscharten im OG, Zinnenkranz und Pfefferbüchsen (1890 abgebrochen). Heute sind geringe Reste des stadtseitigen Turmes neben dem Wolfstor erhalten.

Abb. 154 (links) Koblenz-Ehrenbreitstein, Festung Ehrenbreitstein. Foto der Südseite auf einer historischen Ansichtskarte (Foto: Victor Ullmann, Koblenz, 1907).

Abb. 155 (unten) Koblenz-Ehrenbreitstein, Festung Ehrenbreitstein.

5.2.1.2 (Früh-)Neuzeitliche Schanzen und Befestigungen auf Zeit

Die zahlreichen Kriege und Kämpfe, die das Rheinland in der Frühen Neuzeit – v. a. im 17. Jh. – betrafen und verheerten, führten zum Bau von Schanzen und Feldbefestigungen, die nicht zu dauerhafter Nutzung angelegt waren. Von einigen dieser Anlagen blieben mehr oder weniger gut erhaltene Reste, doch besteht bisher kein Überblick über ihre Anzahl im Mittelrheinge-

Kuriose Festungen und Kuriosa um Festungen:
Neben den charakterisierten und beschriebenen Festungen gibt und gab es Bauten, die Festungselemente aufweisen, ohne eigentlich Festungen zu sein. Gemeint sind hier nicht Elemente wie Schießscharten und Bastionen, die als Bedeutungsträger an Schlössern Verwendung fanden. So gab es in den Parks einiger Residenzschlösser **Parkfestungen**, Miniaturfestungen, die der spielerischen Ausbildung junger Adeliger dienten, aber auch ihren Platz im Zeremoniell und bei höfischen Festen haben konnten. Zu letztgenanntem Zweck nutzte man die Parkfestung im Park des von der Adelsfamilie zu Wied 1757/67 erbauten Schlosses Monrepos (Neuwied, Stadtteil Niederbieber-Segendorf). Die zu ihrer Entstehungszeit als die »Kleine Fortifikation zum Katz- und Maus-Spiel« benannte Parkarchitektur ist auf einer 1777 entstandenen Ansicht des Schlosses und seiner Parkbauten (von J. F. v. Düntzfeldt) abgebildet. Sie war demnach eine quadratische rondellierte Anlage mit einer Bastion an einer Längsseite (Abb.: KD Neuwied 1940, 266).

Ein Kuriosum am Rande der mittelrheinischen Festungsbaugeschichte stellt die »Befestigung« bzw. **Sicherung des Atomkraftwerks** bei Mülheim-Kärlich dar: Die politische umstrittene Anlage wurde seinerzeit durch Wall und Graben geschützt!

»Göttlicher Schutz« für Festungen: Neben dem realem Schutz durch Wehrbauten boten manche Festungen für ihre Bewohner und Verteidiger auch eine Art ideellen oder gar »göttlichen« Schutz, indem einzelne Türme oder Bastionen religiöse Namen oder die von Heiligen erhielten, wie die Dreifaltigkeitsbastion der Bonner Stadtbefestigung (1. H. 17. Jh.). Ein im 17. Jh. erbautes Fort der Festung Rheinfels erhielt den Namen Fort Noli me tangere. Die lateinische Redewendung stammt aus dem Johannesevangelium und bedeutet »Fass' mich nicht an«. Jesus soll demnach diese Worte zu Maria Magdalena gesagt haben, nachdem jene ihn als Erste nach seiner Auferstehung in der Nähe des leeren Grabes antraf und ihn umarmen wollte.

biet, da diese Anlagen nicht systematisch erforscht wurden. Es bleibt eine Aufgabe für die Zukunft, anhand bekannter Truppendurchmärsche und Belagerungen im Mittelrheingebiet gezielt nach Schanzen zu suchen, da unbekannte Wehranlagen besonders gefährdet sind, durch Forstwirtschaft, Straßenbau oder sonstige Baumaßnahmen beseitigt zu werden.

Weitere Schanzen entstanden im 1. Koalitionskrieg (1792–97) infolge erneuter französischer Angriffe auf das Rheinland.

Schanzen waren ganz oder überwiegend aus aufgeworfener Erde bestehende, aus einem Wall (mit Brustwehr) und meist einem vorgelegten Graben zusammengesetzte frühneuzeitliche Verteidigungsanlagen. Der Grabenaushub diente zum Aufschütten des Walles. Schanzen wurden als eigenständige Anlagen zur Verteidigung eines begrenzten Geländeabschnittes, im Kontext einer Feldbefestigung oder als Teil einer Festung angelegt. Es wird zwischen offenen (hufeisenförmigen) und geschlossenen Schanzen unterschieden. Die Grundrissformen von Schanzen variierten; es gab Viereckschanzen, polygonale Schanzen, Sternschanzen mit abwechselnd aus- und einspringenden Winkeln oder bastionierte Schanzen.

Oft wurden rechteckige Schanzen der Frühen Neuzeit von »Hobbyforschern« als »keltische Viereckschanzen« interpretiert, und »Esoteriker« sahen in ihnen gar »keltische Kultanlagen«. In Regionen, die in der Frühen Neuzeit oft umkämpft waren, konnte jedoch partiell archäologisch belegt werden, dass solcherart interpretierte Bauten Erdwerke des 17./18. Jh. waren.

Der Flurname »Schanz(e)« ist häufig – auch als Namensbestandteil (»*Schwedenschanze*«), doch handelt es sich bei einigen so genannten Anlagen um vor-/frühgeschichtliche Wehrbauten, mancherorts um ma. Burgen. Kaum eine Schwedenschanze wurde jedoch, am Mittelrhein wie auch anderswo, von Schweden errichtet. Unerforscht sind fast alle Schanzen aus der Zeit des 30-jährigen Krieges (1618–48): Zu diesen gehört die *Schwedenschanze* bei Burg Rheineck. Die Burg war 1632 durch schwedische Truppen unter Baudissin besetzt. Damals wurde die Schanze möglicherweise unter Nutzung erhaltener Wall- und Grabenreste einer frühma. Burg angelegt und als Vorwerk der schwedisch besetzten Burg Rheineck genutzt. Bei Dörscheid – zwischen Kaub und der Loreley gegenüber Oberwesel – liegt eine weitere »*Schwedenschanze*« gen. Befestigung 750 m westlich des Ortes auf einer Anhöhe. Möglicherweise entstand sie im Kontext der Belagerung des damals pfälzischen Kaubs durch den Landgrafen v. Hessen 1631/32 im 30-jährigen Krieg. Der in der Literatur teils als »Sternschanze« bezeichnete Wehrbau ist in seiner Grundform im Gelände wegen des schlechten Erhaltungszustandes nicht (mehr) erkennbar; im 19. Jh. gab es noch Wallreste (Karl August v. Cohausen: Landwehren und alte Schanzen des Regierungsbezirks Wiesbaden, in: Nassauische Annalen, 15, 1879).

Nahe der Burg Gutenfels bei Kaub liegt die wohl im 17. Jh. entstandene Schanze Weisel.

Im 30-jährigen Krieg kamen im Sommer 1620 holländische Truppen in die niederrheinischen Herzogtümer Jülich-Kleve-Berg; sie errichteten auf Inseln des Kemper Werths im Rhein, unmittelbar vor der Einmündung der Sieg – nahe Geislar –, die Festung Pfaffenmütz, die 3000 Mann Besatzung hatte, welche die umliegenden Orte drangsalierte. Im Juli 1622 begann spanisches Militär mit einer Belagerung. Dazu wurde westlich von Bergheim eine Belagerungsschanze angelegt, die den Namen »Kick-in-die-Mütz« trug. Nach und nach entstanden weitere Belagerungsschanzen, u. a. »Schnaufkatz« und »Mund-zu«, Letztere bei (Bonn-) Graurheindorf. Auch Boote wurden zur Blockade genutzt; am 3.1.1623 gaben die Holländer die Festung auf, die von Spaniern übernommen und in »Fort Isabella« umbenannt wurde.

Dem quadratischen Hauptwerk mit vier Bastionen waren Außenwerke vorgelegt; dazu zählte ein Ravelin am Rheinufer als Brückenkopf, dem eine quadratische Redoute (?) vorgelegt war (Kupferstich in Merian: Theatrum Europaeum I, um 1621). Die Festung ist nicht erhalten.

In Andernach erfolgte 1734 die Anlage einer Redoute vor dem Rheintor; sie wurde 1740 durch Hochwasser vernichtet.

Auch im Kontext der **Koalitionskriege** gegen das weite Teile Europas besetzt haltende Frankreich entstanden mancherorts Schanzen und Feldbefestigungen, so bei Weißenthurm und der dem Ort vorgelagerten Rheininsel. Gegen E. des 1. Koalitionskrieges (1792–97) setzte die französische Sambre- und Maas-Armee unter General Lazare Hoche am 18.4.1797 hier über den Rhein. Daran erinnert ein Denkmal. Bei Neuwied liegt ebenfalls eine französische Schanze: Sie wurde 1795 angelegt; in jenem Jahr überquerte eine österreichische Armee hier den Fluss (Pläne von 1795/96 im Fürstlich v. Wied'schen Archiv Neuwied; s. KD Koblenz 1944, 385).

5.2.2 Schlösser

Die ältere Burgenkunde behauptete, dass M. 15. Jh. der Prozess der Aufspaltung wesentlicher

Aufgaben der Burg begann, der sich in der Frühen Neuzeit vollzog. So sollten Schlösser die repräsentativen und Festungen die Wehrfunktionen der Burgen übernommen haben. In den letzten Jahren zeigte sich jedoch, dass die Herausbildung von Schloss und Festung keineswegs eine lineare Entwicklung war, sondern einer von mehreren Entwicklungssträngen. Zudem wurde von der Burgenforschung längst erkannt, dass die Unterscheidung in »Burg« und »Schloss« nicht historischen Tatsachen oder einer Definition der Bauherren im 15./16. Jh. – und darüber hinaus – entsprach. Beide Begriffe wurden bis in die Frühe Neuzeit vielfach synonym verwendet. Viele Burgen wurden seit dem 15./16. Jh. zu Festungen oder zu Festen Schlössern ausgebaut.

Abb. 155 Braubach, Schloss Philippsburg. Darstellung der Rheinseite von Wilhelm Scheffer gen. Dilich, 1607 (Abb.: Archiv DBV).

Auch die Bauaufgaben »Schloss« und »Festung« lassen sich nicht immer eindeutig voneinander – und von Burgen – unterscheiden. Aus dieser Erkenntnis ergab sich der wissenschaftliche Hilfsbegriff **»Festes Schloss«**. Er bezeichnet mehr oder weniger wehrhafte Adelswohnsitze mit sowohl repräsentativen als auch real fortifikatorischen Funktionen, die vielfach aus Burgen hervorgingen, wie die Schlösser Arenfels, Rheinfels oder Sinzig. Manche Festen Schlösser am Mittelrhein entstanden als Neubauten, so Schloss Philippsburg in Braubach (Abb. 156) und das gleichnamige Schloss in Ehrenbreitstein (Abb. 157, S. 186).

Ecktürme an Renaissanceschlössern (z. B. Schweppenburg) und Barockschlössern waren Hoheitssymbole; nur wenige hatten einen – zudem sehr eingeschränkten – Verteidigungswert. Ähnliches galt für Miniaturbastionen wie jene an der Gartenmauer des Schlosses Burgbrohl.

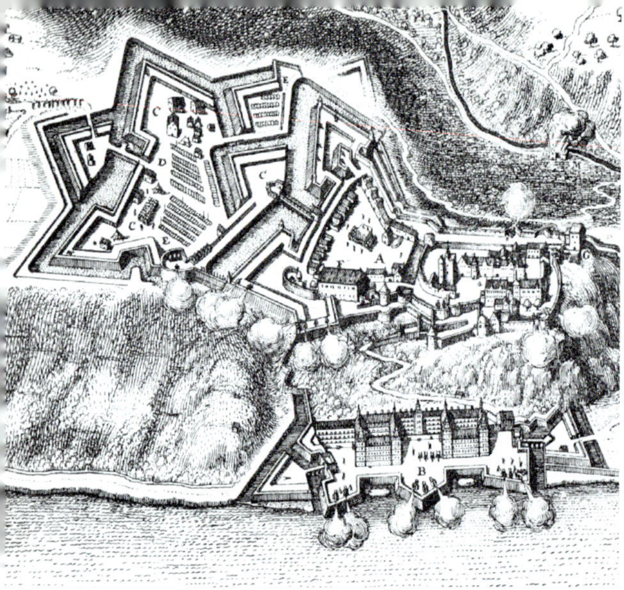

Abb. 157 Koblenz-Ehrenbreitstein, Schloss Philippsburg mit rheinseitiger Bastionärbefestigung. Ausschnitt aus dem Kupferstich in Merian.

Die repräsentative Umgestaltung und die Erhöhung des Wohnkomforts machte also in der Frühen Neuzeit aus mancher Burg das, was man heute (!) landläufig unter einem Schloss versteht. Selbst große landesherrliche Residenzen (z. B. Bonn) und Lustschlösser entstanden durch den Ausbau bzw. anstelle ma. Burgen, deren Bausubstanz teils integriert wurde. In den barocken Neubau des Schlosses Augustusburg bei Brühl sollte ein Rundturm der Burg integriert und aus Gründen der Symmetrie sogar ein zweiter, ähnlicher Turm errichtet werden, doch unterblieb der Bau nach einer Planänderung.

Zwar entstanden Renaissance- und Barockschlösser am Mittelrhein und nahebei, doch gab es nur wenige Neugründungen ohne eine Burg als Vorgängerbau (z. B. Kesselheim: Schloss Schönbornslust). Bedeutende barocke Residenzschlösser entstanden in Koblenz und Ehrenbreitstein (Philippsburg) für die Trierer Erzbischöfe sowie in und um Bonn für die aus Köln.

5.2.1.1 Bedeutende frühneuzeitliche Schlösser am Mittelrhein

Renaissance

Die Renaissance gilt zwar – im eigentlichen Wortsinne – als eine »Wiedergeburt« antiker architektonischer Bauformen, doch wäre es falsch, sie im Schlossbau des Mittelrheingebietes so zu interpretieren, denn hier zeigte diese Epoche verschiedene Ausformungen und eine Verwurzelung in Architektur und Dekor der vorausgegangenen Gotik.

Während der Renaissance kam es zu einigen bemerkenswerten Schlossbauten am Mittelrhein, unter denen das 1567/77 erbaute Kurfürstliche Schloss in Bonn, eine Residenz der

Kölner Erzbischöfe und Kurfürsten, hervorzuheben ist, das 1689 zerstört wurde. Gleiches gilt für Rheinfels über St. Goar (s. Kap. 5.2.1).

In Sinzig, 1554 Hauptort eines herzoglichen Amtes, ließ der Herzog v. Jülich-Kleve-Berg wohl ab 1569 die Wasserburg durch die italienischen Architekten Maximilian und Johann Pasqualini zum Renaissanceschloss ausbauen. Details des Ausbaues sind nicht bekannt, da das Schloss 1689 von Franzosen zerstört wurde. Die Pasqualinis hatten sich durch ihre Tätigkeit im Herzogtum Jülich und ihre Bauten in Jülich selbst (Schloss als Vierflügelanlage, Zitadelle, Befestigung) einen Namen gemacht.

Nahe Sinzig wurde die spätma. Kastellburg Ahrenthal in der Renaissance zur Dreiflügelanlage ausgebaut, welche die Ecktürme der Hauptburg übernahm, ebenso wie bei Burg Lüftelberg (nach 1574).

In Braubach entstand in den 1560er Jahren das Schloss Philippsburg unter Landgraf Philipp II. d. J. v. Hessen-Rheinfels, wahrscheinlich durch die Baumeister Anton Dauer und Jost. Die unregelmäßige Dreiflügelanlage schützte an der Rheinseite eine Wehrmauer mit Schlüsselscharten zwischen zwei starken Rundtürmen. Das stadtseitige Tor flankieren Brillenscharten für kleinere Feuerwaffen. Durch 1607/08 entstandene Bauaufnahmen von Wilhelm Scheffer gen. Dilich ist das Aussehen des später veränderten und 1861 beim Bahnbau teils abgebrochenen Schlosses bekannt. Heute ist Schloss Philippsburg Sitz des Europäischen Burgeninstitutes. Sein Renaissancegarten wurde in Teilen rekonstruiert (Abb. 158).

Abb. 158 Braubach, Schloss Philippsburg. Teilansicht des rekonstruierten Renaissance-Gartens.

Die Herren v. Liebenstein erbauten wohl um 1590 das damals »Grauborn« genannte Schloss Liebeneck bei Osterspai mit Ökonomie. Kurz danach gaben sie ihre Burg Osterspai am Rheinufer als Hauptsitz zugunsten des Schlosses auf.

Innerhalb einiger ma. Burgen wurden im 16./fr. 17. Jh. einzelne bemerkenswerte Renaissance-Wohnbauten errichtet (z. B. Schweppenburg), teils unter Einbeziehung ma. Bausubstanz (z. B. Arenfels: Umbau zu einer zum Rhein hin offenen Dreiflügelanlage).

Stilistisch und strukturell stand das nicht erhaltene Schloss Philippsburg in Ehrenbreitstein zwischen Renaissance und Barock. Es wurde 1626–32 als Residenz für den Trierer Erzbischof und Kurfürsten Philipp Christoph v. Soetern erbaut, vermutlich nach Plänen von Georg Ridinger. Es war an der Rheinfront durch eine Befestigung mit drei Bastionen geschützt. Seit 1786, nach dem Bau des neuen Schlosses in Koblenz, wurde es als Residenz nicht mehr genutzt und zu Beginn des 19. Jh. abgebrochen.

Barock – Rokoko – Klassizismus

Zu den wichtigsten Barockschlössern am Mittelrhein gehörten die Schlösser der Kölner Erzbischöfe und Kurfürsten in und um Bonn (nebst Brühl am oberen Niederrhein) sowie jene ihrer Trierer Amtskollegen in und um Koblenz. Bemerkenswert ist zudem die Gruppe der Schlösser der Adelsfamilie zu Wied in und um Neuwied.

Die kurfürstlich-kölnischen Schlösser in und um Bonn

Das Kurfürstliche Schloss in Bonn, **Residenz** der Kölner Erzbischöfe und Kurfürsten, entstand 1697/1705 nach Entwurf des aus dem Engadin stammenden Münchner Hofbaumeisters Enrico Zuccalli anstelle des 1689 zerstörten Renaissanceschlosses, dem seinerseits eine Burg vorausgegangen war. Das barocke Hauptschloss tradiert als Vierflügelanlage mit Arkadenhof und Ecktürmen bzw. turmartigen Eckpavillons in der Außenwirkung von mehreren Seiten her assoziativ den ma. Kastellburgtypus (Abb. 159). Ihm ist ein Ehrenhof (*cour d'honneur*) vorgelegt. Nach Teilabbrüchen der Bonner Stadtbefestigung kam es 1715/23 zur Öffnung des geschlossen wirkenden Baukomplexes in Richtung S und zur Anlage eines weiten Gartenparterres, des Hofgartens. 1715 wurde der französische Architekt Robert de Cotte als neuer Schlossbaumeister berufen, nachdem der in Frankreich im Exil weilende Kurfürst dort die zeitgenössische französische Schlossarchitektur kennengelernt hatte. De Cotte war als Oberbaudirektor zeitweise im Dienst König

Abb. 159 Bonn, Kurfürstliches Schloss. Die Residenz des Kölner Erzbischofs und Kurfürsten tradiert im Kern den spätma. Kastellburgtypus.

Abb. 160 Bonn, Kurfürstliches Schloss. Das Michaelstor (Koblenzer Tor), hier die Feldseite, war Sitz des Ritterordens vom Hl. Michael.

Ludwigs XIV. von Frankreich gewesen. Nun wurde die SO-Seite des Schlosses durch weitere Trakte – im SO das Neue Quartier, im SW das Buonretiro – zu einer in der räumlichen Wirkung eindrucksvollen Dreiflügelanlage gestaltet. An der N-Seite entstand der Galeriebau, der bis zur Bastion Dreikönigen (Alter Zoll gen.) des rheinseitigen Abschnitts der Stadtbe-

Abb. 161 Bonn, Poppelsdorfer Schloss (Schloss Clemensruhe).

festigung führte, welche in die Gartenanlagen einbezogen wurde.

Besonders bedeutend ist das 1751/55 in den Galerieflügel eingefügte zweigeschossige Koblenzer Tor (auch Michaelstor) (Abb. 160, S. 189), das Kurfürst Clemens August nach Entwurf von François de Cuvilliés d. Ä. durch Baumeister Michael Leveilly (Bonn) erbauen ließ. Der Bau sollte als Versammlungsort des Ritterordens vom hl. Michael dienen, weshalb ihn eine Statue des Erzengels Michael krönt. Statuen am Tor symbolisieren die Tugenden des Ordens: Frömmigkeit, Ausdauer, Stärke und Treue.

Das Bonner Residenzschloss gehörte zu einem größeren Komplex kurfürstlich kölnischer Schlösser, unter denen das unter Kurfürst Clemens August vollendete **Poppelsdorfer Schloss** (Schloss Clemensruhe) – anstelle ei-

Abb. 162 Bonn, Poppelsdorfer Schloss (Schloss Clemensruhe), Innenhof

ner 1583 zerstörten Wasserburg in Bonn-Poppelsdorf – besonders zu erwähnen ist, zu dem Robert de Cotte die Entwürfe lieferte (Abb. 161). 1715 fand die Grundsteinlegung unter Erzbischof Joseph Clemens statt, 1740 wurde das Schloss unter seinem Neffen und Nachfolger Clemens August vollendet, der 1744/56 eine Erweiterung nach Plänen Balthasar Neumanns vornehmen ließ. Durch eine Luftmine wurde das Schloss im 2. Weltkrieg stark beschädigt und ab 1955 in starker Vereinfachung neu aufgebaut. Die etwa quadratische Vierflügelanlage umschreibt einen kreisrunden Innenhof (Abb. 162). Dieser steht in der Nachfolge runder antiker (z. B. Hadriansvilla in Tivoli) und Renaissance-Höfe (u. a. Entwürfe von Mantegna, um 1475, Raffael, 1518/20, Vignola, 1559) sowie des Palastes Kaiser Karls V. in der Alhambra in Granada/Spanien (um 1527).

Die Poppelsdorfer Allee verbindet als Verkehrs-/Sichtachse Schloss Clemensruhe und das Kurfürstliche Schloss. Es gab Planungen, wonach ein Kanal nach dem Vorbild der Münchner Kanäle, welche Schlösser miteinander verbanden, angelegt werden sollte, um Lustfahrten der Hofgesellschaft zwischen beiden Schlössern zu ermöglichen. In Fortsetzung der Sichtachse zwischen den Schlössern steht die barocke Wallfahrtskirche auf dem Kreuzberg.

Zum Bonner Schlösserkomplex gehörten auch das für Kurfürst Clemens August erbaute **Jagdschloss Herzogsfreude** (1753–55) beim heutigen Stadtteil Röttgen (nicht erhalten), das **Jagdschloss Entenfang** in Wesseling sowie die Sommerresidenz **Schloss Augustusburg** mit dem nahebei stehenden **Jagdschlösschen Falkenlust** (1723/46) bei Brühl, Letztere bereits am Niederrhein. Noch weiter entfernt standen seine Schlösser Clemenswerth bei Sögel im Emsland (1737–47) und Liebenburg bei Goslar (1754/60). Um das Residenzschloss Bonn und die Schlösser Clemensruhe, Herzogsfreude und Augustusburg bei Brühl wurde ein Netz meist schnurgerade angelegter Alleen geschaffen und die gesamte Landschaft solcherart im Sinne des Barocks bzw. des Absolutismus gestaltet. Im Hochwald »Kottenforst« auf dem Vorgebirge wurden Schneisen als Sichtachsen angelegt, die strahlenförmig vom Mittelpavillon des Jagdschlosses Herzogsfreude bei Röttgen (um 1754, Planung: G. B. Roth; nach 1810 abgebrochen) ausgingen.

Die kurfürstlich-trierischen Schlösser in und um Koblenz

Über die kriegerischen Ereignisse und die weitgehenden Zerstörungen von Burgen im Mittelrheingebiet durch Frankreich im letzten Dr. 17. Jh. wurde berichtet. Nach den französischen Verwüstungen und dem anschließenden Frieden von Rijswijk (1697) war die landesherrliche Eigenständigkeit der Trierer Erzbischöfe stark beschränkt. Erst zur Regierungszeit des Kurfürsten Franz-Ludwig v. Pfalz-Neuburg (reg. 1716–29) kam es zu neuerlicher Bautätigkeit, die unter Franz-Ludwigs Nachfolger Franz Georg v. Schönborn fortgesetzt wurde. Es entstanden u. a. die zur Residenz Koblenz gehörigen herrschaftlichen Bauten unterhalb der trierischen Festung Ehrenbreitstein (wie das barocke Diskasterialgebäude). Auf das **Residenzschloss Philippsburg** in Ehrenbreitstein (1626/32), das stilistisch und strukturell zwischen Renaissance und Barock stand, wurde bereits zu Anfang dieses Kapitels verwiesen.

Zu den spätbarocken Schlössern bzw. denen des Rokoko der Trierer Kurfürsten bei Koblenz gehört das **Schloss Engers** am Rhein (Abb. 163–164) im gleichnamigen Stadtteil von Neuwied. Kurfürst Johann Philipp v. Walderdorff ließ es 1759/64 als Jagd-, Lust- und Sommerschloss errichten. Die Planung lieferte der Neumann-Schüler Johannes Seiz. Dem Schloss ging die nach 1371 bei Engers erbaute kurtrierische Burg Kunostein voraus, die Kurfürst Johann Philipp 1757 als Schloss ausbauen wollte – mutmaßlich eine Reaktion auf die Gründung der Stadt Neuwied nahebei. Letztlich ordnete er den Abbruch der Burg an, der 1758 erfolgte. An der Ausstattung des Schlosses waren der Maler Januarius Zick (Koblenz), der Bildhauer Ferdinand Dietz und Hofstuckateur Michael Eytel beteiligt. Der Kurfürst nutzte das Schloss nur zur Jagdsaison im September. Die übrige Zeit des Jahres waren Bedienstete anwesend, die bestimmten Personen die Besichtigung des Schlosses ermöglichen durften. Nach dem Untergang des Kurfürstentums Trier wurde Schloss Engers 1803 Sommerresidenz der Fürsten zu Nassau-Weilburg.

Abb. 163 Engers (Neuwied), Schloss, Gesamtansicht der Rheinfront des corps de logis *(hist. Ansichtskarte, Foto: Scharfscheer).*

Abb. 164 Engers (Neuwied), Schloss. Inneres, Detail aus dem Rosenkabinett.

Eine barocke Neugründung ohne eine Burg als Vorgängerbau war **Schloss Schönbornslust** bei (Koblenz-)Kesselheim – es stand auf dem Gelände des heutigen Industriegebietes zwischen den Stadtteilen Kesselheim und Wallersheim –, das der Trierer Erzbischof und Kurfürst Franz Georg v. Schönborn 1748–52 als Jagd- und Sommersitz nach Entwurf Balthasar Neumanns von Johannes Seiz als 21-achsigen Bau errichten ließ. Neumanns Schüler Seiz entwarf die Innendekoration; Skulpturen schufen die Bildhauer Ferdinand Tietz und Johann Jörg Güntermann. Dem Schloss war eine Fasanerie angegliedert, ebenso ein Rokokopark mit Wasserkünsten und eine Orangerie. Im NW erstreckte sich ein Wäldchen, das zum Jagdrevier des Schlossherrn gehörte. 1794 wurde das Schloss bei Kämpfen mit französischen Revolutionstruppen stark beschädigt; es wurde geplündert und 1806 nach Beschlagnahmung durch Frankreich abgebrochen.

Kurz zuvor, 1777–93, hatte der Erzbischof und letzte Kurfürst von Trier, Clemens Wenzeslaus v. Sachsen (reg. 1768–1801), am Rande der Koblenzer Neustadt ein neues **Residenzschloss** erbauen lassen (Abb. 165–166), nachdem Schloss Philippsburg/Ehrenbreitstein baulich vernachlässigt und im späten 18. Jh. als nicht mehr repräsentativ empfunden wurde. Erste Pläne lieferte der Architekt Pierre Michel d'Ixnard aus Paris, der zuvor in S-Deutschland tätig gewesen war. Der Kurfürst war unzufrieden mit den Entwürfen und berief einen anderen Architekten: Antoine-François Peyre d. J., ebenfalls einen Franzosen, auf den der frühklassizistische Bau zurückgeht, den der Bauherr 1786 bezog. Im selben Jahr wurde das Schloss an eine Wasserleitung aus (Koblenz-)Metternich angeschlossen. Entwürfe für die Innengestaltung und Möbel lieferte François Ignace Mangin. Die Berufung französischer Architekten und Künstler beendete im Kurfürstentum Trier die Vorbildhaftigkeit des süddeutschen Barock. 1787 wurde nahe dem Schloss ein klassizistischer Theaterbau eröffnet.

Am 7.10.1794 floh der Kurfürst von Trier vor den französischen Revolutionstruppen. Das Territorium des Kurstaates wurde 1801 teilweise Frankreich angegliedert. Das Innere des Schlosses blieb unvollendet, große Teile der Ausstattung (u. a. Möbel) ließ Clemens Wenzeslaus in Sicherheit bringen. Ausstattungsgegenstände gelangten in bayerische Schlösser (Aschaffenburg; Bamberg; Landshut: Stadtresidenz; München: Residenz; Nymphenburg). Das Koblenzer Schloss wurde 1815 eine preußische Kaserne und war später im 19. Jh. Verwaltungsbau sowie Residenz der preußischen Könige in

Abb. 165 Koblenz, Residenzschloss des Kurfürsten und Erzbischofs von Trier. Teilansicht der Rheinfront.

Abb. 166 Koblenz, Residenzschloss des Kurfürsten und Erzbischofs von Trier. Luftaufnahme.

der Rheinprovinz. Heute ist das 1944 stark zerstörte Schloss Sitz mehrerer Bundesbehörden.

Das Schloss setzt sich als Dreiflügelanlage aus dem rechteckigen, parallel zum Rhein stehenden, 39-achsigen Hauptflügel mit dem *corps de logis* und zwei halbrunden stadtseitigen Flügeln zusammen, die den Schlossplatz rahmen und an Architekturen wie die Kolonnaden des Petersplatzes im Vatikan und die Zirkularbauten des Schlosses Schwetzingen oder des Neuen Schlosses Bayreuth denken lassen. Die Seitenrisalite sind fünfachsig gestaltet. Rheinseitig betont ein Mittelrisalit mit sechs Säulen die Gebäudemitte (daran Relief von Sebastian Pfaff: Allegorie von Rhein und Mosel; Wappen des Kurfürsten; Herrschaftssymbole). Stadtseitig dominiert ein mächtiger Portikus mit acht Säulen.

Das kurfürstliche Schloss Koblenz war eines der bedeutendsten Schlösser des französisch geprägten Frühklassizismus in Deutschland. Zudem gehört es zu den letzten kurz vor dem Ausbruch der Französischen Revolution in Deutschland gebauten Residenzschlössern. Als solches ist es nicht erhalten: 1950/51 wurde es im Äußeren in weitgehender Anlehnung an den Originalbau wiedererrichtet. Das Innere hingegen entspricht der Architektur der Fünfzigerjahre. Rekonstruiert wurden im Inneren das Treppenhaus und Vestibül, der Garde- (heute Spiegel-/Kurfürstensaal) und Gartensaal im *corps de logis*. Die halbrunden Flügelbauten wurden vereinfacht neu aufgebaut.

Die Schlösser der Familie zu Wied in und um Neuwied

Eine bedeutende Gruppe barocker Schlösser entstand in und um Neuwied, das als Stadt barocke Planungsstrukturen erkennen lässt. Es wurde an jetziger Stelle 1646 durch Graf Friedrich III. zu Wied anstelle des zerstörten Weilers Langendorf gegründet. 1653 erlangte er Stadtrechte für den Ort, den der Graf zu seiner Residenz erkor. 1694 wurde die Residenz im Pfälzischen Erbfolgekrieg von Franzosen zerstört. Durch die religiöse Toleranz und sonstige Freiheiten konnten die Grafen im 18. Jh. viele neue Einwohner anlocken. Schließlich wurde Johann Friedrich Alexander zu Wied 1784 in den Reichsfürstenstand erhoben. Bald darauf, 1797, kam das Ende Neuwieds als Residenzstadt: In der Schlacht von Neuwied schlugen französische Revolutionstruppen ihre österreichischen Gegner. 1815 wurde Neuwied preußisch, doch wohnt die fürstliche Familie bis heute im Schloss.

Vorherige Residenz der Grafen zu Wied war die Burg Wied (später Altwied gen.). Schon

Abb. 167 (oben) Neuwied-Fahr, Schloss Friedrichstein als Ruine. Altkolorierter Aquatintastich von R. Bodmer nach Vorlage von J. A. Lasinsky, um 1830 (aus dem Rheinalbum Vues du bords du Rhin, Koblenz, um 1832).

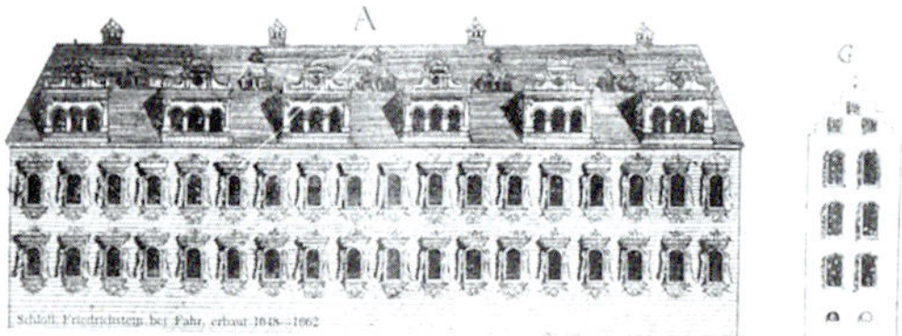

Abb. 168 (unten) Neuwied-Fahr, Schloss Friedrichstein. Ansicht der Hauptfassade (aus: 300 Jahre Neuwied, 1953).

vor der Gründung Neuwieds verlor sie ihre Bedeutung; im 17. Jh. wurde sie aufgegeben. Das neue **Residenzschloss** entstand im N der heutigen Innenstadt Neuwieds. Graf Friedrich III. hatte 1648 den Bau des Schlosses **Friedrichstein** im jetzigen Stadtteil Fahr begonnen (Abb. 167–168) und bei Langendorf die Festung Neuenwied errichtet. Schloss Friedrichstein stand am Fuß der Hohen Ley über Fahr; seine Reste wurden beim Bau der Eisenbahn 1868 abgebrochen. In der Sage lebt es als *Teufelsschloss* weiter, nachdem es, so die lokale Überlieferung, von zu harten Fronen verpflichteten Bauern verflucht worden war. Ein neben der B 42 angebrachter Gedenkstein, ein Gesimsstein des Schlosses, erinnert an Friedrichstein.

Nach den französischen Zerstörungen 1694 ließ Graf Friedrich Wilhelm um 1706 den Bau einer neuen **Residenz**, einer zur Stadt offenen Dreiflügelanlage, nach Entwürfen des nassau-weilburgischen Baumeisters Julius Ludwig Rothweil beginnen, die erst 1748/56 vollendet wurde – ohne die zunächst geplanten Verbindungsbauten zwischen den Hauptgebäuden zu errichten (Abb. 169). Schon 1711 war das *corps de logis*, das Hauptgebäude, fertiggestellt und 1713 auch im Inneren vollendet. Es ist ein zwei-

Abb. 169 Neuwied, Schloss. Hauptgebäude (corps de logis).

geschossiger Bau mit Mansarddach und urspr. einem Dachreiter. Die 13-achsige Hoffront betont der übergiebelte, dreiachsige Mittelrisalit mit gequaderten Ecklisenen und verkröpftem Kaffgesims. Im Treppenhaus, dem oberen Vestibül und dem Festsaal schufen 1714/15 Giovanni Battista Genome und Eugenio Castelli die Stuckaturen. 1719/20 entstanden die flankierenden Wachthäuser an der Tordurchfahrt (Abb. 170).

1715 wurde in Verlängerung der Schlossachse parallel zum Rhein ein barocker Garten (Französischer Garten) nach Entwurf von Karl Beha-

Abb. 170 Neuwied, Schloss. Torbau, dahinter das Hauptgebäude.

Abb. 171 Neuwied, Schloss Monrepos. Hauptgebäude (hist. Ansichtskarte, Foto: Gebr. Metz, Tübingen).

gel v. Adlerskron (Frankfurt) angelegt, der später, 1757, auch die Planung zur wiedischen Sommerresidenz Monrepos lieferte. Der Schlosspark wurde um 1800 zum Landschaftspark umgestaltet.

Zu den Barockschlössern der Adelsfamilie zu Wied gehörte auch **Schloss Monrepos** (eigentlich Montrepos, d. h. »Bergruhe«, später in Monrepos, also »Meine Ruhe«, umbenannt). Es wurde 1757/62 für Alexander Graf zu Wied-Neuwied nahe der Hanhöfe oberhalb der Stammburg Wied nach Entwurf von Karl Behagel v. Adlerskron als Sommersitz erbaut. Zum Schloss gehörte ein bedeutender Garten mit verschiedenen Parkarchitekturen, u. a. einer Gartenfestung. Das 31-achsige Hauptgebäude des Schlosses war mit Flachdach, zweigeschossigen Seitenrisaliten und ebensolchem Mittelrisalit ausgestattet. Alle Risalite besaßen leicht ausbauchende Fassaden (Abb. 171). Um 1844/45 erfolgte eine Aufstockung. 1969 ließ Friedrich Wilhelm Fürst zu Wied mit offizieller Genehmigung das Schloss, für dessen Unterhalt er offenbar nicht länger aufkommen wollte, durch die Freiwillige Feuerwehr Niederbieber niederbrennen.

Zumindest erwähnt sei noch das um 1742 erbaute **Jagdschloss Nodhausen** der Fürstenfamilie zu Wied in Segendorf (anstelle des heutigen Parkrestaurants Nodhausen), das 1797 im 1. Koalitionskrieg zerstört wurde.

Weitere Schlösser

Nicht nur große Landesherren bauten im 17./18. Jh. stattliche Residenz- und Lustschlösser. Es entstanden kleinere Barockschlösser, Wohnsitze adeliger Familien, meist durch Umbau oder anstelle ma. Burgen.

Schloss Ahrenthal (Sinzig) entstand am Ort einer 1331 zuerst als erzbischöflich kölnisches Lehen erwähnten Wasserburg. Im 17. Jh. wurde die Hauptburg der quadratischen Kastellburg zum dreiflügeligen Schloss, das die runden Ecktürme des spätma. Baues übernahm. Um 1720 erfolgten Planungen zu einem Neubau für Franz Caspar Wilhelm Graf v. Hillesheim, der 1712 in den Reichsgrafenstand erhoben worden war, durch den kurpfälzischen Hofbaumeister Johann Adam Breunig. Ausgeführt wurde die symmetrische barocke Vorburg mit quadratischen, zweistöckigen Ecktürmen. Feldseitige maulschartenartige Öffnungen sind Symbole für Wehrhaftigkeit, kaum reale Schießscharten. Der Neubau der Hauptburg unterblieb. An ihrer Stelle entstand im 19. Jh. ein Neorenaissance-Neubau. Ausgeführt wurden neben der Vorburg Teile des Parks und drei der geplanten vier Gartenpavillons.

Zum Barockschloss wurde die Burg in **Burgbrohl**. 1721 begann der Bau des schlichten Schlosses mit Mansarddach unter Anton Carl v. Bourscheid. Zum Schloss gehörte ein kleiner Park; an der Ringmauer der Burg wurde eine zu Verteidigungszwecken kaum nutzbare kleeblattförmige Miniatur-»Bastion« angefügt – ein Symbol der Wehrhaftigkeit des Adels und damit ein Reflex auf die Burg.

Das **Jagdschloss Niederwald** nahe Rüdesheim oberhalb von Assmannshausen ersetzte einen Lehnshof, den 1705 der Mainzer Erzbischof für die erzbischöfliche Kammerherrenfamilie, die Grafen v. Ostein, erworben hatte, die nahebei im Palais Ostein in Geisenheim ansässig war. Unter Johann Friedrich Carl Maximilian Amor Graf v. Ostein entstand ab 1764 das schlichte Herrenhaus mit Krüppelwalmdach.

Im Rheingau, nicht weit vom Mittelrhein entfernt, steht das aus einer Wasserburg hervorgegangene **Schloss Vollrads**. Aus der gleichnamigen Adelsfamilie gingen vom 16. bis zum 18. Jh. mehrere Bischöfe und Erzbischöfe in Trier, Mainz und Würzburg hervor. Friedrich v. Greiffenclau-Vollrads ließ die Burg barock um- und ausbauen. 1684 wurde eine wertvolle geprägte Goldledertapete im Empfangszimmer angebracht, die Holzleisten und -paneele rahmen. Das versilberte und mit Goldfirnis überzogene Kalbsleder der Tapete weist ein gerolltes Rankenornament mit Blüten und Früchten auf, in dem sich musizierende Putten, Vögel und Fabelwesen finden.

5.3 Befestigte Brücken

5.3.1 Befestigte Eisenbahnbrücken

Zu den Sonderformen neuzeitlicher Wehrbauten gehören befestigte Brücken über Rhein und Mosel, insbesondere die 1912–19 erbauten Militär-Eisenbahnbrücken über den Rhein. Eisenbahnen entwickelten sich im 19. Jh. zu bedeutenden Herrschaftsinstrumenten, zum einen als wichtige Verkehrsbauten, zum anderen durch ihre Hochbauten – Brücken, Tunnelportale, Bahnhöfe –, die zu markanten architektonischen

Abb. 172 Kamp (Kamp-Bornhofen), Leyenscher Hof. Hauptgebäude mit Renaissance-/Frühbarockgiebeln.

Burg- und schlossartige Bauten der Frühen Neuzeit:
In mehreren mittelrheinischen Orten finden sich die Bezeichnungen »Burg« und »Schloss« für spätma. und frühneuzeitliche Bauwerke, die eigentlich nicht diese Funktion hatten, aber durch ihr äußeres Erscheinungsbild Burgen und Schlösser assoziieren, etwa herrschaftliche (landesherrliche, adelige und klösterliche) Bauten, die formal Elemente solcher Gebäude zitierten und teils deren Funktionen übernahmen. Zudem gab es Burghäuser und befestigten Höfe. Noch in der Frühen Neuzeit entstanden spätgotische Burghäuser, deren Wehrelemente nur noch Symbolwert hatten, wie am Arscheid'schen Haus in Kamp-Bornhofen: Das gotische Hauptgebäude des Adelssitzes flankieren rheinseitig zwei Eckwarten als Bedeutungsträger für die Wehrhaftigkeit der Adelsfamilie.

Burg- und schlossartige Adelshöfe finden sich auch in Rüdesheim (u. a. Brömserhof, Groenesteynscher Hof oder Bassenheimer Hof).

Markante herrschaftliche Bauten konnten **Amtshäuser** sein – hier bestanden ohnehin funktionale Parallelen zu Burgen und Schlössern. Viele Kellereien bzw. **Kellnereien**, Wirtschaftsbauten und Sitze herrschaftlicher Verwalter (Keller bzw. Kellner genannt) wurden wegen ihrer Funktion oder ihres repräsentativen Aussehens als Burgen oder Schlösser wahrgenommen, wie die kurpfälzische Kellnerei in Kaub, deren spätma. Schießscharten Prellhölzer für Feuerwaffen aufweisen.

Viele **klösterliche Fron- und Wirtschaftshöfe** am Mittelrhein gehören ebenfalls zu den schlossartigen Bauten, so etwa der Leyensche Hof in Kamp-Bornhofen mit seinen Renaissance-/Frühbarockgiebeln (Abb. 172).

Herrschaftszeichen ausgeformt wurden und nicht selten mit Wehrbauelementen als Bedeutungsträgern versehen waren. Die Deutsche Bauzeitung 41/1898 beschreibt »Brückenpfeiler-Entwürfe für Rheinbrücken im Stile der romanischen Burg-Thürme«.

Als Herrschaftszeichen sind viele Brückenaufbauten wie etwa Brückentore und -türme des 19. Jh. zu verstehen, die oft als Dekoration missverstanden und kaum auf ihre zeichenhafte Bedeutung bzw. politische Aussage hin interpretiert wurden, doch waren sie zur Zeit ihrer

Entstehung durchaus Bedeutungsträger (Losse 2000). Nicht selten waren (kunst-)politische Kontroversen mit deren Bau verbunden, denn: »Kein deutscher Strom, vielleicht kein Strom überhaupt bietet die Entwicklung der Brückenbaukunst im Laufe der Jahrtausende in so anschaulicher Weise dar, wie der Rheinstrom, weil er ein Gebiet durchzieht, welches seit Alters als der Mittelpunkt der europäischen und der Kulturinteressen der Welt, soweit diese Welt bekannt war, galt« (Albert Hofmann, 1900).

Infolge der deutschen Reichsgründung 1871 kam es zum Bau wichtiger Eisenbahnlinien durch die Eifel, die als Grenzgebiet auf diese Weise militärisch gesichert werden sollte, da Wege und Straßen großenteils in schlechtem Zustand waren. Die militärisch-strategische Erschließung der Eifel mit Eisenbahnen sollte dazu dienen, Truppen schneller an die Westgrenze verlegen zu können, da Frankreich als potentieller Feind galt. Bis 1919 entstanden so befestigte Brücken über den Rhein.

Vielfach hatten große Flussbrücken nahe bei Städten noch im 19./fr. 20. Jh. militärischen Charakter. So mussten bis E. 19. Jh. bei Planungen fast immer die Militärbehörden befragt werden, die dann teils weitreichende Auflagen zum Brückenbau machten oder den Bau infrage stellten, wie im Falle der König-Wilhelms-Rhein-Eisenbahnbrücke bei Düsseldorf, wo der preußische Generalstab 1863 die Einwilligung zum Bau verweigerte. Nach längerer Planungsphase mit verschiedenen Vorschlägen aller Beteiligten gab der preußische König am 22.9.1867 schließlich die Erlaubnis zum Bau. Zu den Auflagen gehörte die Anlage dreier Forts, »in sich sturmfrei und mit sicheren Unterkunfts-Räumen ausgerüstet [...], um den äußersten Moment einer Zerstörung der Brücke durch Absprengen der Pfeiler so lange als möglich hinausschieben zu können, die Einrichtung zweckentsprechender Demolitions-Minen in allen Pfeilern der eigentlichen Strombrücke, unter Wegfall aller thurmartigen Pfeiler Aufsätzen zu Befestigungszwecken die Herstellung tambourartiger Waffenplätze nebst Blockhäusern auf beiden Ufern des Rheins«.

1868, als die Erlaubnis zum Brückenbau bei Düsseldorf erteilt wurde, legte König Wilhelm I. der *Landes-Verteidigungs-Kommission* eine Reihe von »Sonderfragen« vor, die im Zusammenhang mit der Befestigung von Anlagen der Eisenbahn und von Verkehrsknotenpunkten in Grenznähe standen. Zur Fortifikation der »Grenzlinien« – grenzüberschreitender Strecken – fasste Generalstabschef v. Moltke zusammen: »Bei Grenzeisenbahnen, die, ohne eine preußische Festung zu berühren, ein ausländisches Eisenbahnnetz mit dem vaterländischen in Verbindung setzen, kann von der Anlage eines Forts zur Sperrung abgesehen werden, wenn diese in ihrem Traktus ein größeres Bauwerk [z. B. Brücke] enthält, dessen Sprengung eine mehrwöchige Unterbrechung der Bahn unbedingt zur Folge hat.«

Ein Beschluss des Generalstabs vom 19.4.1869 legte fest, dass größere Zerstörungen an Bahnanlagen ein einfacheres und wirksameres Mittel seien, als der Bau umfangreicher und kostspieliger Befestigungen. Die Strategie, auf Wehrbauten bei, an und auf Brücken zu verzichten und die zerstörte Brücke selbst zum militärischen Hindernis zu machen, änderte sich bald wieder, da es letztlich kostspieliger war, eine teure Brücke zu vernichten und sich für den Fall einer Gegenoffensive selbst den Weg abzuschneiden. Der preußische Generalstab kehrte insofern zum Konzept zumindest leicht befestigter Brücken zurück. Wehrbauten prägten so weiterhin das Erscheinungsbild vieler Brücken auch über den Rhein. Fast immer dienten Brückentürme/-tore sowie Torwände im 19./fr. 20. Jh. der ständigen Überwachung des Bauwerks gegen mögliche Sabotageakte und »eventuelle Handstreiche«. Dass die Brückenaufbauten ihrer Funktion entsprechend »trutzig« gestaltet wurden, liegt nahe. Selbst wenn die militärische Funktion real nicht mehr gegeben war, konnte sie durch Brückentürme zitiert werden.

Wehrhaftigkeit klang vielfach bei Einweihungsfeiern zu Rheinbrücken an, so in Bonn, wo 1896–98 eine Straßenbrücke erbaut worden war: »Ein Zeugniß sei's vom deutschen Rheine, / daß nimmer er die Grenze ist; / Daß seine Männer, Land und Weine, / Nie mehr berühre wälsche List. / Auf deutsche Brüder, kühner [Brücken-]Bogen, / Schau stets, fern sei uns Streit und Krieg; / Doch dräut der Feind, dann komm' gezogen / Die deutsche Wacht zu Kampf und Sieg!« So konnte mit einem turmbesetzten Tor, das in der Heraldik und der Sphragistik, also der Siegelkunde, vielfach als Abbreviatur für die (befestigte) Stadt stand, an einer Brücke des 19./fr. 20. Jh. ein Zeichen städtisch-bürgerlichen oder nationalen Selbstbewusstseins gesetzt werden: Die Brücke wurde zu einer Art »ideellem Wehrbau«.

Koblenzer Brücken: Durch die Lage der Stadt Koblenz an der Mündung der Mosel in den Mittelrhein und nahe der Lahnmündung war sie seit der Römerzeit ein Verkehrsknotenpunkt. So bestand hier eine römische Pfahlbrücke über den Rhein und die spätma. Balduinsbrücke über die Mosel. 1663–70 gab es eine feste

Brücke über den Rhein, seit 1819 bestand eine Schiffsbrücke. In und um Koblenz gab es im 19./fr. 20. Jh. mehrere befestigte Rhein- und Moselbrücken.

- **Mosel-Eisenbahnbrücke**: 1857–58, Brückentürme erst nach der offiziellen Eröffnung hinzugefügt. 1945 starke Beschädigung infolge Sprengung durch die Wehrmacht. – Eiserne Parallelgitterbrücke mit Steinbögen als Flutöffnungen. Gesamtlänge 270,2 m; Stromüberbau mit vier Hauptöffnungen, Spannweite jeweils 44 m; sechs Flutöffnungen, Spannweite je 15,7 m. An den Enden der Stromöffnungen Brückentürme (»befestigte Turmpfeiler«), in ihrer architektonischen Gestaltung an den preußischen Festungsbauten der Stadt Koblenz orientiert; der 1831–32 erbaute Torbau der ma. Balduinsbrücke und das dortige Brückentor wurden zitiert. Die Turmbauten glichen denen der (Koblenz-)Pfaffendorfer Rheinbrücke.
- **Pfaffendorfer Eisenbahn-Rheinbrücke** (*Coblenzer Rheinbrücke*): 1862–64, verband die Koblenzer Südstadt mit dem heutigen Stadtteil Pfaffendorf; Auftraggeber: Rheinische Eisenbahn-Gesellschaft: 1856 (5.3.) Verpflichtung, eine feste Brücke über den Rhein als Verbindung mit den entstehenden rechtsrheinischen Linien der Nassauischen Staatsbahn zu erstellen. 1858 (11.11.) Inbetriebnahme der Strecke Köln – Koblenz. 1859 (9.6.) Vertrag zum Bau zwischen der preußischen Regierung und der Rheinischen Eisenbahn-Gesellschaft; danach Verhandlungen mit der nassauischen Staatsregierung über den Anschluss an das rechtsrheinische Gleisnetz. An den Gesprächen über Standort und Ausführung der Brücke waren u. a. die Militärbehörden beteiligt. Von den Militärs zuerst ein Standort unterhalb des Schlosses vorgeschlagen, dieser wegen zu großer Einschränkungen des Strombettes und Beeinträchtigung der Schiffsbrücke abgelehnt; Einigung auf den Standort zwischen Schloss und *Rheinkasemattenkorps/Rheinanschlusskaserne*. 1861 (21.8.) den Staatsbehörden zur Genehmigung vorgelegt. 1862 Ausführung genehmigt, im April begannen Bauarbeiten. 1862 (11.11.) Grundsteinlegung im östlichen Zwischenpfeiler durch die preußische Königin Augusta. 1864 (9.5.) »Brücke und die Bahn [...] durch eine Festfahrt von Coblenz nach Oberlahnstein und zurück« durch König und Königin »allergnädigst« eingeweiht. – Gesamtlänge: 317,09 m; die drei Stromöffnungen von Gitterbogenbindern überspannt. Die beiden Endpunkte von je zwei rechteckigen, dreigeschossigen Ge-

Abb. 173 Koblenz, Pfaffendorfer Brücke. Im Hintergrund die Altstadt von Koblenz mit dem Kurfürstlichen Residenzschloss (historische Ansichtskarte, 1900).

schütztürmen flankiert. Die Turm-UG als geböschte Sockel ausgebildet, gegen das OG durch ein umlaufendes kordonartiges Gesims abgeschlossen, d. h., sie ähnelten strukturell Bastionen. Ihre Gestaltung wurde mit Festungsbauten in Ehrenbreitstein verglichen. Die übergekragten Brüstungsmauern assoziieren Abschlüsse ma. Wehrtürme, ebenso ehemals vorhandene Pfefferbüchsen an den Turmecken, die Abschlüsse mancher rheinischer Bergfriede zitierten. Die Brückentürme galten als bombensicher. Während die Flankenbauten der Brücke stromaufwärts, zur Stromseite und stromabwärts jeweils mit ihren drei Geschossen wie Türme ausgebildet waren, wirkten sie zur Uferseite, bedingt durch die Aufschüttungen des Bahndammes, wie straßenflankierende städtische Wachtbauten; davor standen Wachthäuschen. Die Brückenköpfe waren eine Art vorgeschobene Stadttore (Abb. 173; Abb. 174, S. 208). Auf den Strompfeilern standen Mauerriegel, »die sich erkerartig vor die Kastenträger-Konstruktion der Fahrbahn vorwölbten – das eiserne Gitterwerk optisch stabilisierend«. Das Prinzip, Brückenpfeiler turm- oder erkerartig zu gestalten hat ma. Vorbilder (z. B. Runkel: Lahnbrücke). – Die Konstruktion fiel Umbauten und Zer-

Abb. 174 Koblenz, Pfaffendorfer Brücke. Linksrheinischer Brückenkopf, Kasematte.

störungen zum Opfer; von den Türmen zumindest noch Teile der Unterbauten vorhanden, durch Um- und Überbauung teils nicht mehr sichtbar.

- **Horchheimer Eisenbahn-Rheinbrücke**: 1876–79; querte den Rhein 2,35 km oberhalb der Pfaffendorfer Brücke, auf Höhe der Insel Oberwerth, im Zuge der Staatsbahn Berlin – Metz (»Kanonenbahn«), die nach dem Krieg gegen Frankreich 1870/71 als strategische Bahn entstand. Nach langen Verhandlungen über die Festlegung der Trasse im Bereich Koblenz und des Brückenstandortes Entscheid für den Standort aufgrund militärischer Belange: »Es mußte [...] die Möglichkeit einer Längsbestreichung des Bahndammes auf der Insel [...] sowie des Terrains südlich der Bahn von der auf dem Plateau der Karthause gelegenen ›Feste Alexander‹ aus, gewahrt [sein].« – Brücke mit zwei Hauptöffnungen, auf einem im oberen Teil 8,5 m starken Mittelpfeiler aufliegend. Als Überbauten der Hauptöffnungen zwei eiserne, 5 m auseinander liegende Fachwerkbogenträger mit gekreuzten Diagonalen. Aufwendige Natursteingestaltung: Pfeilerköpfe, Eckquader und Widerlagersteine aus Niedermendiger Basaltlava, Kammermauerwerk aus Tonschiefer- und Grauwackebruchstein aus Mosel- und Lahntal; Gesimse aus Pfälzer Rotsandstein, dieser auch für die beiden Tortürme gewählt. Zwei Brückentürme: Jener auf dem linken Widerlager Militärbau, seine Ausstattung den Fortifikationsvorschriften folgend, wegen optischer Ausgewogenheit und Gesamteindruck auch auf dem rechten Widerlager ein ähnlicher Turm errichtet, in der Großform dem linken Turm angeglichen, in Details abweichend. Beide Türme über querrechteckigem Grundriss, zweigeschossig, mit großer Durchfahrtsöffnung, OG und darüber (Wehr-)Plattform; deren Brüstungen mit zwei Zinnenöffnungen an den Schmal- und drei an den Längsseiten über Bogenfriesen. An den Turmecken Pfefferbüchsen, die in Höhe der umlaufenden Gesimse zwischen UG und OG ansetzten und Zinnen trugen. – Die Horchheimer Brücke war die architektonisch aufwendigste Brücke in Koblenz mit ihren neugotischen Tortürmen in der Tradition preußisch-rheinischer Neugotik. Ähnlich wie für die Stilwahl der Brücke in Köln die Nähe des Doms bedingend war, hatte hier die Nähe der königlichen Sommerresidenz, Schloss Stolzenfels, Einfluss auf Stilwahl und Bauform. In der Fernwirkung assoziierten die Türme Bauten wie den Hauptturm der durch das preußische Königshaus ab 1843 ausgebauten Burg Sooneck. Auch Tunnelportale mittelrheinischer Eisenbahnen gleichen in ihrer Gestaltung den Turmbauten der Horchheimer Brücke (St. Goar, Banktunnel), ebenso Tunnelportale der Lahn-Eisenbahn. Für solche Bauten war der Stadttor-Topos verbindlich, wie in ähnlicher Ausprägung bereits bei früheren Eisenbahnbauten, die als »Stadttore der neuen Zeit« interpretiert wurden (Bhf. Aachen-Templerbad, *castellated style*, 1850er Jahre).

- **Gülser Eisenbahn-Moselbrücke**: 1877–78, lag an der Eisenbahnlinie Berlin – Metz. Bei Sprengung durch die Wehrmacht 1945 nicht vollständig zerstört. Urspr. zweigleisige Eisenbogenbrücke mit seitlichen Fußgängerstegen. Gesamtlänge 226 m; drei Hauptöffnungen, je 64 m; gewölbte Flutöffnungen je 17 m. Die Brückenköpfe mit Türmen ähnlich denen der Mosel- und der Pfaffendorfer Brücke.

5.3.2 Die Militär-Eisenbahnbrücken (1913–19)

Naheliegend war die militärtechnische Nutzung von Eisenbahnen zur Truppen- und Nachschubbeförderung im Kriegsfall: »Die Ländereisenbahnen müssen den Anforderungen des Reiches zum Zwecke der Landesverteidigung entsprechen« (Reichsverfassung 1871).

Frankreich war potentieller Kriegsgegner, sodass es ein Anliegen des deutschen Generalstabs war, eine mögliche Westfront durch Eisenbahnen militärisch versorgen zu können. Dazu gehörten Planung und Bau drei neuer Eisenbahnübergänge über den Mittelrhein zwischen Mainz und Köln 1913–19, die Brücken bei Rüdesheim, Engers und Remagen. Bereits Jahrzehnte zuvor waren wehrhafte Eisenbahnbrücken über den Rhein entstanden, am Oberrhein z. B. die Mainz-Gustavsburger Brücke

Abb. 175 Rüdesheim (HE), Hindenburgbrücke, befestigte Eisenbahnbrücke. Teilansicht der Ruine mit rustiziertem Mauerwerk.

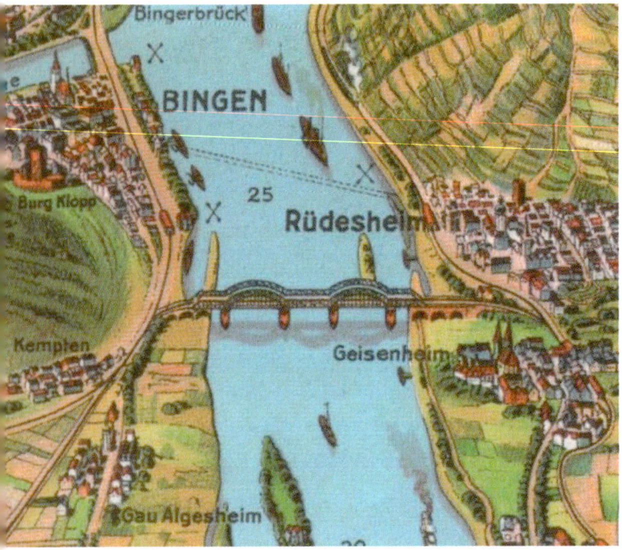

Abb. 176 Rüdesheim (HE), Hindenburgbrücke, befestigte Eisenbahnbrücke. Schematische Darstellung in einem Rheinpanorama, 1925.

(1860/63) oder am Niederrhein die Brücke von Wesel (1872–74) (s. Kap. 5.3.1).

Mit der **Rüdesheimer Brücke** (1913–15), die als 1. Militär-Eisenbahnbrücke fertiggestellt worden war (Abb. 174–175), war eine direkte Verbindung der rechtsrheinischen Hauptstrecke zur Nahebahn geschaffen worden, die in Sarmsheim erreicht wurde. Die Brücke wurde 1945 von der Wehrmacht auf ihrem Rückzug gesprengt. Der rechtsrheinische Brückenkopf liegt nahe Rüdesheim (HE), der linksrheinische bei Bingen-Gaulsheim (RP).

Die Brücke überquerte den Rhein auf sechs Strompfeilern. Vom 1. zum 2. sowie vom 5. zum 6. spannt sich jeweils ein Fachwerkbogenträger mit Zugband, während sich vom 2. bis 5. und zu den jeweiligen Brückenköpfen insgesamt fünf Überbauten aus Parallelfachwerkträgern finden. Die Länge der Brücke betrug insgesamt 787,5 m. Die Befestigungen der beiden Brückenköpfe standen in architektonischem Zusammenhang mit den Vorlandöffnungen der Brücke, deren Höhe sie kaum überschritten. An die stromseitigen Enden der Vorlandbrücken schlossen zweigeschossige kasemattierte Rondelle an, die auf dem Pfeiler aufsaßen. Ihre Brüstungen wiesen umlaufende, flache Gesimse auf. Auf den Wehrplattformen gab es niedrige, halbpolygonale, rundum mit (Maul-)Scharten versehene Aufsätze. An ihren Innenseiten hatten die Aufsätze eine Gliederung in der Art einer ionischen Ordnung mit flachen Wandpfeilern (Motiv eines klassizistischen Wachtgebäudes). Aus der Ferne wirken die »Brückentürme« genannten Rondelle wie Butterfasstürme, die an mittelrheinischen und hessischen Wehrbauten häufiger vorkamen. Beispiele: Burg Rheinfels bei St. Goar (Abb. 101), der Runde Turm, Eckpunkt der Stadtbefestigung von Andernach (Abb. 117), der Ochsenturm der Stadtbefestigung von Oberwesel (Abb. 113) und die von Rüdesheim mit dem Adlerturm, einem spätgotischen Wehrturm, der über einem Rondell steht (2. H. 15. Jh. [Abb. 177]) und somit ein Wehrbau ist, der die Gestaltung der beschriebenen Brückentürme beeinflusst haben könnte. Turmbauten der Art der Rüdesheimer Brückentürme gab es zuvor an der Mainz-Gustavsburger Eisenbahnbrücke und im Kontext von Festungen am Rhein (z. B. Mainz: Turmfort nahe der Mainz-Gustavsbur-

Abb. 177 Rüdesheim (HE), Stadtbefestigung, Adlerturm.

ger Brücke). In der Großform ähnliche Brücken-(Pfeiler-)Türme gab es an der linksrheinischen Flutbrücke der Rüdesheimer Brücke. Außer den Türmen besaß die Brücke die Vorlandbrücken sichernde Kasematten (im Bereich von Gaulsheim linksrheinisch erhalten). Die Kasematten sind als Betonbauten im Fahrbahn-Unterbau angelegt und weisen als einzigen architektonischen Schmuck Geschützscharten-Rahmungen aus bossierten Basaltlavaquadern auf, wie sie vereinzelt an Festungen des 17. Jh. zu finden sind. Die Rondellaußenseiten waren in Höhe des 2. OG mit je einem monumentalen Wappenrelief ausgestattet, das auf die Benutzer des Uferpfades als potentielle Rezipienten Bezug nahm (vgl. Ernst-Ludwig-Brücke, Worms).

Die **Eisenbahnbrücke von Engers** (1916–18) stellte eine Verbindung zwischen den beiden Rheinhauptstrecken her und verband weiträumig Neuwied mit Koblenz-Lützel. Sie wurde von der Wehrmacht 1945 gesprengt. Der Stromüberbau der Brücke lag auf vier Pfeilern. Den 585,4 m langen Überbau bildeten ein Fachwerkbogenträger mit Zugband (188 m) und drei Parallelfachwerkträger. Rechts schlossen sich segmentbogige Vorlandöffnungen an. Den Stromüberbau begrenzten beiderseits Turmpaare. Die schlanken, oktogonalen Türme, die Schießkammern für Mörser enthielten, stellten vereinfachte Varianten der Remagener Türme dar; sie wurden nach der Sprengung nur in reduzierter Form erhalten.

Für die Standortwahl der **Brücke von Remagen**, 1916–19 als ***Ludendorff-Brücke*** errichtet (Abb. 178–179), war die verkehrsgünstige Lage der Stadt am Eisenbahnknotenpunkt der Linien Köln – Bingerbrück und Remagen – Adenau der Preußischen Staatsbahn maßgeblich. Als Initiator galt der Erste Generalquartiermeister des deutschen Heeres, General Erich Ludendorff (1865–1937). Die geplante Anbindung der Brücke an die beiden rheinischen Eisenbahnhauptstrecken erfolgte erst ab 1.9.1919 in vollem Umfang, sodass sie im 1. Weltkrieg (1914–18) entgegen militärischen Planungen keine große Rolle spielte. Beiderseits des Rheins sind Reste der Brückenköpfe erhalten (Architekt: Karl Wiener, Mannheim). Diese Aufbauten, je zwei oktogonale Türme mit polygonalen, flankierenden Vorbauten, weisen Geschützscharten auf. Sie enthielten Unterkünfte für die Wachmannschaften. Das Buckelquadermauerwerk der Brücke stellt diese in den Kontext der Burgenrezeption.

Im Zuge der Kämpfe um die Brücke gegen E. des 2. Weltkrieges sowie durch Sprengversuche der Wehrmacht wurde diese stark beschädigt; sie brach am 17.3.1945 ein. 1948 wurden

Abb. 178 Remagen, Ludendorffbrücke, befestigte Eisenbahnbrücke (1916–19). Stromüberbau.

Abb. 179 Remagen, Ludendorffbrücke, befestigte Eisenbahnbrücke (1916–19). Befestigter linksrheinischer Brückenkopf mit historisierendem Rustikamauerwerk.

die in den Rhein gestürzten Teile der Stahlkonstruktion entfernt, im Sommer 1976 die Strompfeiler beseitigt und in Kunstharz gegossene Pfeilerbruchstücke verkauft. Der Erlös war der finanzielle Grundstock für das 1980 eröffnete Friedensmuseum Brücke von Remagen, in dem ein Verein in den linksrheinischen Brückentürmen Dokumente zur Geschichte der Brücke und des Kampfes sammelt, ausstellt und eine »Gedenkstätte des Friedens« mit Begegnungsstätte für Menschen aus den ehemals verfeindeten Ländern bietet.

Der auf zwei Pfeilern aufliegende Stromüberbau der 398 m langen Brücke wurde von einem mittleren Zweigelenkfachwerkbogenträger mit Zugband gebildet, an den beiderseits ein Parallelträger anschloss. Der Zwischenraum zwischen den Gleisen war durch einen Belag abgedeckt, der die Nutzung der Brücke auch für Straßenfahrzeuge ermöglichte; zudem gab es Gehsteige. Auf dem rechten Flussufer wurden die Gleise der Brücke über die rechtsrheinische Eisenbahnhauptstrecke hinweggeführt; sie führten weiter durch den ca. 300 m langen Tunnel durch die Erpeler Ley, die zwischen den Erpel und Unkel die Hauptstrecke erreichte. Die das Tunnelportal flankierenden Türme glichen jenen der Brücke. Linksrheinisch waren die Brückengleise mit der Hauptstrecke in Höhe des Ortes Kripp verbunden. Anschluss bestand an die Ahrtalstrecke mit Verbindungen nach Adenau und Gerolstein.

Auf beiden Stromseiten sind Reste der turmflankierten Brückenköpfe erhalten. Der linksrheinische besteht aus zwei oktogonalen, die Zufahrt rahmenden Türmen mit flankierenden Vorbauten. Die sich leicht verjüngenden Turm-OG weisen halbrunde Geschützscharten auf, die Vorbauten kragen in ihren OG, die wohl als Mörserstellungen dienten, polygonal vor. Die Turmplattformen wurden als Maschinengewehrstellungen genutzt. Der rechtsrheinische Brückenkopf war weitgehend identisch mit dem der Remagener Seite. Die Gestaltung der Brückenköpfe war mehr durch künstlerische als durch praktische Intentionen bestimmt. Sie assoziiert mit Turmbauten in grober Rustizierung (Buckelquader) an einige ma. rheinische Stadttore. Buckelquader finden sich in der Region am Koblenzer Tor in Andernach, an mehreren der Kölner Stadttore des 13. Jh. und am Bergfried der Burg Rheineck, 5 km rheinaufwärts von Remagen. Auch sind flankierende Türme und Doppelturmtore bei Burg- und Stadttoren des 13./14. Jh. im Rheinland häufig. Schließlich sei auf das Portal des unmittelbar an die Brücke anschließenden Tunnels durch die Erpeler Ley verwiesen, das mit seinem übergreifenden Bogen zwischen Türmen an Torbauten wie das Aachener Kölntor und weitere Stadttore in Aachen oder an das Doppelturmtor der Bertradaburg/Mürlenbach erinnert.

6.
Von der Burgenromantik des 19. Jahrhunderts bis zur Gegenwart

6.1 Burgenromantik und -rezeption (19./frühes 20. Jahrhundert)

Im MA und in der Frühen Neuzeit wurden zahllose Burgruinen als Steinbrüche zur Gewinnung von Baumaterial ausgeschlachtet, manche wurden fast vollständig abgetragen. Durch die Neuaufbauten von Burgen am Mittelrhein im 19./fr. 20. Jh. ist dies den meisten Menschen nicht bewusst. Die Abbrüche gingen vielfach jedoch so weit, dass von manchen Burgen keine sichtbaren Mauerreste mehr erhalten blieben, wie von der Kleeburg (Burg *Wilre*) in Weiler (Boppard), die dem Dorf seinen Namen gab, durch einen Johann von *Wilre* 1315 urkundlich in Erscheinung trat und 1614 letztmalig in einer Urkunde genannt wurde. Wahrscheinlich fiel sie Steinraub zum Opfer. Nur geringe Reste blieben auch von der im 14. Jh. gegründeten, offenbar nie fertiggestellten Burg Herzogenstein bzw. Rheineck bei Dörscheid, heute ein Burgstall (Abb. 180), und von der Burg Reitersdorf bei Bad Honnef, an die aufgemauerte Fundamente erinnern.

Abb. 180 Dörscheid (EMS), Burg Herzogenstein. Burgstall.

Nachdem also in MA, Renaissance und Barock Burgen als Steinbrüche genutzt worden waren, entwickelte sich seit dem letzten Dr. 18. Jh. ein neues, kulturhistorisch ausgeprägtes Verhältnis zur Ruine als Symbol und Motiv, das verschiedene Ausformungen erfuhr. So wurde die Auseinandersetzung mit Ruinen historischer Bauwerke – insbesondere mit Burgruinen – zum Bildungs-, Vergänglichkeits- und Naturerlebnis. Das Bildungserlebnis vermittelte die Auseinandersetzung mit der Geschichte eines Bauwerks, das als »Erinnerungsstätte an historisch bedeutsame Ereignisse, an das historische Wirken bedeutender Geschlechter« galt und gleichzeitig »Zeugnis baukünstlerischer Leistungen vergangener, als Vorbild erlebter Epochen« war (Backes/Stanzl 1987, 57). A. 19. Jh. erschienen im deutschsprachigen Gebiet viele Veröffentlichungen, die »in einer Mischung aus Sage und Geschichte Burgruinen und Ritterschlösser beschreiben«, Veröffentlichungen, in denen »ein national-vaterländischer Ton [...] entsprechend der damaligen politischen Situation [...] nicht überhörbar« war (ebd., 58).

Das Vergänglichkeitserlebnis hatte seine Wurzeln in der Zeit des späten Rokoko in Deutschland und Frankreich sowie im gleichzeitigen Verständnis von Naturerleben in England. Die Ruine stand für Abschied, Tod, war ein Memento mori. Das Naturerlebnis im Zusammenhang mit Burgruinen veranschaulicht vielleicht ein Zitat des Dichters Jakob Michael Reinhold Lenz (1751–92) aus seiner Schrift *Das Hochburger Schloß*: »Die Natur zerstört Schlösser, um herrlichere Gegenstände für die Kunst hervorzubringen; und wär' es nichts weiter, als dem Geist des nachfolgenden Künstlers aus den Resten dieses großen Werkes zu ahnden übrig zu lassen. Der Geist des Künstlers wiegt mehr als das Werk seiner Kunst« (Lenz 1910, 227).

Letztlich lassen sich die genannten Erlebnisebenen nicht vollständig voneinander abgrenzen, und alle Bildungsgehalte, die man mit Ruinen historischer Bauten verknüpft sah, blieben weitgehend für das gesamte 19. Jh. – und teils darüber hinaus – relevant.

6.1.1 Die Entwicklung der preußischen Burgenromantik im Rheinland

Nach den Zerstörungen von Burgen und Schlössern im Mittelrheingebiet durch französisches Militär gegen E. 17. Jh. und im fr. 19. Jh. lagen die meisten in Ruinen, welche die ansässige Bevölkerung als Steinbrüche nutzte. Gegen E. 18. und im 19. Jh. fanden ma. Baudenkmäler dann infolge der sich als politisch-weltanschaulichen Strömung ausprägenden Romantik das Interesse einer breiteren Öffentlichkeit. In Schlossparks, insbesondere in **Landschaftsparks** (Englischen Gärten), entstanden seit E. 18. Jh. sogar künstliche Burgruinen (z. B. Moosburg bei Wiesbaden-Biebrich) als Erinnerungsstätten an das als vorbildhaft für die eigene Zeit empfundene MA.

Ein bedeutendes Beispiel eines Landschaftsparks am Mittelrhein ist der Park Niederwald (226 ha) am Ansatz des Taunus über Rüdesheim, Assmannshausen und Aulhausen. Graf Friedrich Karl Maximilian Amor Maria v. Ostein († 1809), ein Neffe des Mainzer Erzbischofs, ließ ab 1764 ein Jagdgebiet parkartig gestalten, das – wie andere Landschaftsparks – an bestimmten Tagen für die Bevölkerung geöffnet wurde. Es entstand das durch eine Allee erschlossene Jagdschloss Niederwald auf der Anhöhe. 1774/77, gegen E. der Barockzeit, folgte eine Anzahl hölzerner Bauten im Sinne der frühen Romantik. Der Graf ließ u. a. eine Eremitage, ein Bauernhaus und einen Kohlenmeiler errichten, die für einfaches und natürliches Leben standen. In einer weiteren Ausbauphase folgten 1787/91 steinerne Bauten nach Entwürfen des französischen Architekten François Ignace Mangin: ein Rundtempel mit Kuppeldach, die Kunstruine Rossel, der »Rittersaal«, »Zaubergrotte« und »Zauberhütte«. Die hölzernen Bauten haben nicht überdauert, die steinernen nur z. T., darunter die Ruine Rossel, von der sich ein eindrucksvoller Blick ins Rheintal und zum Binger Loch bietet, und Fundamente des Rittersaales, mit Ausblick auf Trechtingshausen mit Burg Reichenstein. Das Mittelrheintal wurde so quasi ein Teil eines großen Landschaftsparks.

Es waren v. a. junge britische Adlige auf ihrer **Grand Tour** nach Italien, der im Hochadel beinahe verbindlichen **Bildungsreise**, die im 18. Jh. den Mittelrhein »entdeckten«. Ihnen folgten bald deutsche Romantiker, die dem späteren Rheintourismus den Weg bahnten. Schon 1827 nahm die Schifffahrtsgesellschaft Köln-Düsseldorfer den Dampfschiff-Linienverkehr auf dem Rhein auf. Bald sollte die Eisenbahn folgen (s. Abb. von Schloss Stolzenfels und Burg Rheineck aus der Sammlung Duncker, 1857/83, auf denen zu Füßen der dargestellten Burgen Eisenbahn und Dampfschiffe zu sehen sind [Abb. 184]). Zu den Engländern, die den Mittelrhein in ihrem Heimatland populär machten, gehörte Lord Byron mit seiner Verserzählung *Childe Harold's Pilgrimage* (1818).

Die Romantiker sahen A. 19. Jh. in Burgen **Sehnsuchtsorte** und **Symbole der Freiheit**; sie suchten häufig Burgruinen auf. Über seine Eindrücke von einer Rheinfahrt 1806 berichtete der Schriftsteller, Kulturphilosoph, Historiker und Altphilologe Friedrich Schlegel (* 1772 Hannover, † 1829 Dresden): »Für mich sind nur die Gegenden schön, welche man gewöhnlich rauh und wild nennt; denn nur diese sind erhaben, nur erhabene Gegenden können schön sein, nur diese erregen den Gedanken der Natur. [...] Nichts aber vermag den Eindruck so zu verschönern und zu verstärken als die Spuren menschlicher Kühnheit an den Ruinen der Natur, kühne Burgen auf wilden Felsen – Denkmale der menschlichen Heldenzeit, sich anschließend an jene höheren aus den Heldenzeiten der Natur« (zit. nach: Ernst Behler: Friedrich Schlegel in Selbstzeugnissen und Bilddokumenten. 5. Aufl. Reinbek 1988, 100f). Doch schon längere Zeit zuvor und noch lange danach thematisierten reisende Künstler und Gelehrte schwärmerisch die Burgen am Rhein.

6.1.1.1 Rheinische Burgen in der Literatur

Nachdem 1794 unter dem Pseudonym Melisanthes *Das erneuerthe Altertum oder curieuse Beschreibung einiger Bergschlösser* veröffentlicht worden war, erschien 1796 in Mannheim die *Viaggio sul Reno* des italienischen Schriftstellers, Übersetzers und Gelehrten Abbate Aurelio de' Giorgi Bertola (* 1753 Rimini, † 1798 ebd.), in der sich der Autor, einer der Begründer der Rheinromantik, dem Abschnitt des Rheins zwischen Speyer und Düsseldorf widmet. 1787 war er über Zürich und Waldshut an den Rhein bis Düsseldorf gereist. Der 1795 zuerst erschienene, auf Tagebüchern beruhende Reiseroman in 16 Briefen ist sein Hauptwerk. »Die dichterische Sprache entwickelt sich hierbei neben der literarischen Reisebeschreibung in einer Verbindung, die französische Vorbilder hat. Bezeichnend ist deren Verhältnis zu den Burgnamen selbst« (Bornheim gen. Schilling 1964, 14).

Auch Johann Wolfgang v. Goethe äußerte sich mehrfach zu Burgen am Rhein, so im 13. Buch von *Dichtung und Wahrheit*, in dem er sich einer Lahnreise erinnert. Er unternahm diese 1774 mit dem Schweizer Pfarrer, Philosophen und Schriftsteller Johann Caspar Lavater (1741–1801) und dem deutschen Theologen, Pädagogen und Schriftsteller Johann Bernhard Basedow (1724–90) »in Betrachtungen der Nähen und Fernen, der bebuschten Felsen, der thronenden Schlösser und der aus der Ferne lockenden blauen Bergreihen« (zit. nach Bornheim gen. Schilling 1964, 14). Der Anblick der später neu aufgebauten Burg Lahneck über der Mündung der Lahn in den Rhein (Abb. 181) veranlasste Goethe zum Gedicht »Geistesgruß«:

Hoch auf dem alten Turme steht
Des Helden edler Geist,
Der, wie das Schiff vorübergeht,
Es wohl zu fahren heißt.
Sieh, diese Sehne war so stark,
Dies Herz so fest und wild,

Die Knochen voll von Rittermark,
Der Becher angefüllt;
Mein halbes Leben stürmt' ich fort,
Verdehnt' die Hälft' in Ruh,
Und du, du Menschen-Schifflein dort,
Fahr immer, immer zu!

Abb. 181 Lahnstein (RP), Burg Lahneck nach den Ausbauten des 19. Jh.

Erwähnenswert sind auch Friedrich Hölderlins Reisetagebuch, dem er 1788 sein »Rheinerlebnis« anvertraute, der Bericht des Grafen Friedrich Leopold v. Stolberg über seine Reise von Bonn bis Mainz (1791/92) sowie die Schilderung der Rheinfahrt Heinrichs v. Kleist 1801.

1816 schrieb Johanna Schopenhauer, die Mutter des Philosophen, in ihrer Schrift *Ausflug an den Rhein*: »Nun denken Sie sich zu der erhabenen Pracht der Natur noch die vielen malerischen Trümmer alter Burgen, die von den Felsenhöhen ernst in das Tal blicken. [...] jede hat ihren eigenen, vor allen anderen sie auszeichnenden Charakter der Bauart und der Umgebung. [...] unmöglich war es mir, von ihrem Anblick zu scheiden, ehe der letzte Schein des Abendrots an den alten Burgen verglühte« (zit. nach Mehs o. J., 28).

1831 entstand Eichendorffs Gedicht »Der alte Held«, und Clemens und Bettina Brentano hielten mit »Trümmern rheinischer Burgen romantische Zwiesprache« (Mehs o. J., 28). Bereits 1816 hatte Lord Byron in *Childe Harold's Pilgrimage* »die dramatische Ruinenherrlichkeit am Rhein mit einer Art Raubritterstolz« geschildert (Bornheim gen. Schilling 1964, 14), ähnlich wie Victor Hugo in *Le Rhin* (1842). Wie stark der Einfluss Byrons auf Rheinreisende war, wird u. a. aus einer Beobachtung von William Makepeace Thackeray deutlich, die jener 1830 an Bord eines Rheindampfers machte: »The ladies had their Byrons to read when they arrived at the castled crag of Drachenfels« (zit. nach Fischer 1988, 185).

Die Dichter der Freiheitskriege Max v. Schenkendorf und Ernst Moritz Arndt besangen Rheinburgen in ihren Liedern. In der Inschrift auf dem Sockel des Schenkendorf-Denkmals vor dem Koblenzer Schloss – das Denkmal wurde 1861 vom Bildhauer Johann Hartung aus Koblenz geschaffen – heißt es über den Dichter, mit den Worten Ernst Moritz Arndts: »Er hat vom Rhein / Er hat vom Deutschen Land / Mächtig gesungen / Daß Ehre auferstand / wo es erklungen.«

Gottlob Ferdinand Maximilian Gottfried v. Schenkendorf (* 1783 Tilsit/Ostpreußen, † 1817 Koblenz) war Schriftsteller, Ernst Moritz Arndt (* 1769 Groß Schoritz/Rügen, † 1860 Bonn) Schriftsteller, Freiheitskämpfer und später Abgeordneter der Frankfurter Nationalversammlung.

Friedrich Schlegel sah die Rheinromantik als Reaktion auf den Rheinbund (1806), und Peter Cornelius bezeichnete in einem politischen, gegen den Fürstprimas v. Dalberg gerichteten Gedicht die Ruinen auf den Bergen des Taunus östlich des Mittelrheines als Symbole der Freiheit und des Stolzes (Bornheim gen. Schilling 1964, 14). Auch Joseph v. Eichendorff sah in Burgruinen Symbole der Freiheit: »Es lebe die Freiheit! [...] jene uralte, lebendige Freiheit, die uns in großen Wäldern wie mit wehmütigen Erinnerungen anweht oder bei alten Burgen sich wie ein Geist auf die zerfallene Zinne stellt, der das Menschenschifflein unten wohl zufahren heißt« (v. Eichendorff 1815, 674). Er spielte damit auf Goethes bereits erwähntes Gedicht »Geistesgruß« an, so dass der Bezug zu rheinischen Burgen gegeben ist.

Schon lange vor dem Hambacher Fest hatte man 1817 auf der Godesburg die Befreiung von der französischen Besatzungsherrschaft gefeiert. Zwei weitere ähnliche Feste fanden dort 1818 und 1842 statt. Auch hier war die Burg ein symbolischer Ort der Freiheit.

Gelehrte, so Nikolaus Vogt und Karl Simrock, beschäftigten sich mit Burgen. Sie sammelten und veröffentlichten die Sagen, die sich um diese Bauten ranken und die nicht selten deren Entstehung und Zerstörung thematisieren.

Da die deutschen Staaten und Bürger unter der französischen Besatzung durch Napoleon litten, besannen sie sich einer scheinbar besseren Zeit: des MA, dessen augenfälligste Bauten für sie die Burgen waren. Die durch die Romantiker »wiederentdeckten« Burgen am (Mittel-) Rhein – sowie der Strom selbst, den sie einst »beschützten« – erlangten als Symbole der ersehnten Befreiung und anschließenden Einigung Deutschlands eine hohe emotionale Wertigkeit. So sagte der preußische Marschall Gebhardt Leberecht v. Blücher, der maßgeblich am Sieg der Europäer über den französischen Diktator Napoleon beteiligt war, 1814 bezogen auf den Rhein: »Hier an der Grenze sind wir keine Sachsen und keine Preußen, wir sind alle Deutsche, wollen Deutsche bleiben und als Deutsche siegen oder sterben« (zit. nach Kallen 1936, 33). Schon 1813 hatte Ernst Moritz Arndt den Rhein im Titel seiner Schrift als *Teutschlands Strom, aber nicht Teutschlands Gränze* bezeichnet (Leipzig 1913).

Häufig sind Hinweise auf die politisch-kulturelle Bedeutung des Rheins im Werk des romantischen Dichters Joseph v. Eichendorff (1788–1855). Er beschrieb den Fluss, als »von alten Burgen und ewigen Wäldern kommend, den Strom vergangener Zeiten und unvergänglicher Begeisterung, den königlichen Rhein« (v. Eichendorff 1815, 561). Für Friedrich und Leontin, die Hauptfiguren seines Romans *Ahnung und Gegenwart,* ist das Bad in den »vom Morgenglanze trunkenen, eisigen Wogen [des Rheins] die Weihe der Kraft für lange Kämpfe die ihrer harrten« (ebd.). Am Rhein schien es,

»als sei die Natur hier rüstiger und lebendiger vor Erinnerung im Angesichte des Rheins und der alten Zeit« (ebd., 562).

Der Dichter, katholische Publizist und Politiker Joseph Görres (* 1776 Koblenz, † 1848 München) sah den Rhein als »Deutschlands hochschlagende Pulsader«, und ähnlich äußerte sich der Ökonom, Unternehmer und Diplomat Friedrich List (1789–1846): »Als Gott der Herr Deutschland erschuf, da war es ein unförmlicher Klumpen – eitel Dreck und Sand ohne allen Wert. Da steckte er ihm den Rhein in den Rücken, und Deutschland stand aufrecht und kraftvoll da – ein Riese unter den Ländern. Laßt ihm das Ruckenbein wieder ausziehen, und es plumpst wiederum zusammen wie ein leerer Mehlsack« (zit. nach Kallen 1936, 33). Auch jüdische Intellektuelle schwärmten in nationalen Tönen vom Rhein, so der Journalist und Schriftsteller Julius Rodenberg (eigentlich Julius Levy, * 1831 Rodenberg/Hessen, † 1914 Berlin). In einem 1871 anlässlich der Heimkehr der königlich-sächsischen Truppen aus dem Krieg aufgeführten Festspiel Rodenbergs hieß es über den Rhein: »Du Strom, der heilig uns'ren Ahnen, / Wall' ruhig nieder Deine stolzen Bahnen! / Umschimmert von der Vorzeit Morgenlichte, / Bist Du seit Anbeginn germanischer Geschichte / Der deutschen Lande Lebensfluth, / In dem das Gold der deutschen Sage ruht« (zit. nach Roters 1974, 47).

1878 schrieb der Archivar Leopold v. Eltester: »Es ist eine beneidenswerthe Eigenthümlichkeit gerade des Rheinlandes, daß die Geschichte fast jedes, auch des kleinsten Orts uns diese großen Grundzüge der deutschen Geschichte in seinen eigenen Schicksalen widerspiegelt« (v. Eltester 1878, 5).

Der Kunsthistoriker Heinrich Neu beschreibt die »Funktion« des Flusses für Deutschland im 19. Jh. folgendermaßen: »Der Rhein, und das war seine wichtigste Funktion in der deutschen Geschichte der 1. Hälfte des 19. Jahrhunderts, ist ein wesentliches Element in der Entwicklung der deutschen Einigung geworden« (Neu 1936, 45).

6.1.1.2 Rheinische Burgen in Malerei und Druckgraphik

Im Kontext der Rheinromantik entdeckten Künstler und Gelehrte nach dem Mittelrhein zuerst die Mosel, bald aber auch die Ahr und die Eifel mit ihren Burgen und malerischen »ma.« Ortsbildern. Die erste Phase der »eigentlichen Romantik« in der Malerei, die sich mit rheinischen Burgen befasste, setzte mit einer Verherrlichung der Ruine ein, wobei ita-

Sagen:

Schon früh begann infolge der Romantik das Aufzeichnen und Sammeln rheinischer Sagen. Von den in der Bevölkerung überlieferten Volkssagen unterscheiden sich – gerade im Rheinland – literarische und historische Sagen, die im Kontext der romantischen Rittergeschichten des späten 18./19. Jh. zu interpretieren sind, wie die Geschichte »Das Schloß im See«, die von einem tiefen See bei Andernach berichtet (Karl Geib: *Sagen und Geschichten des Rheinlandes.* 1836) und auf einem Gedicht von Friedrich Schlegel beruht. Bezeichnend für viele Rheinsagen ist der Bezug auf »die Ritterzeit« in Verbindung mit einem Liebesmotiv und Elementen der Schauerromantik; so gibt es kaum eine Burg im Mittelrheintal, an die nicht eine solche »Sage« geknüpft wurde: »Die Rheinsage war [...] nicht nur ein Kind der Rheinromantik, sondern auch eine uneheliche Tochter der Ritterromane« (Klaus Graf). Auf diese Weise wurde ein populäres, jedoch unrealistisches Mittelalterbild geschaffen, um dessen Widerlegung sich die Wissenschaft noch heute bemüht. Dies wird besonders deutlich am Bild der angeblichen »Raubritter«, deren »Raubschlösser« am Mittelrhein auf Grundlage des vom König bzw. Kaiser verfügten Landfriedens zerstört wurden. Letztlich ist aber dieses Bild vom »Raubritter« eine literarische Schöpfung der Ritterromane und Kunstsagen: »Damals blickte man mit Schauder auf die Zeiten des sogenannten Faustrechts zurück, als adelige Wüstlinge das Bürgertum schikanierten« (ebd.).

lienische Anregungen und Impulse ebenso wie niederländische Einflüsse (Bornheim gen. Schilling 1964, 13) zum Tragen kamen. Christian Georg Schütz d. J. (1758–1823) malte Landschaften mit Burgen des Mittelrheingebiets in großer Zahl; seine Lithographien machten solche Motive volkstümlich: 1804 erschienen in Frankfurt *38 malerische Ansichten des Rheins von Mainz bis Düsseldorf*, gestochen von Chr. A. Günther nach Chr. G. Schütz mit Texten von N. Vogt und A. Schreiber. Auch Anton Radls *Rheinlandschaften* (Frankfurt 1809) und *Die Rheingegenden von Mainz bis Cöln* (Text von J. I. v. Gerning) mit Stichen von Chr. A. Günter sind Nachstiche nach Schütz.

Maler wie Friedrich Christian Reinermann (1764–1835), der Ansichten von Burgen und Städten an Lahn, Rhein und Mosel schuf, außerdem mehrere englische Künstler machten rheinische Burgen international bekannt. Zu Letzteren gehörten Joseph Mallord William Turner (1775–1851) mit seinen Aquarellen, der Bühnen- und Kunstmaler Clarkson Stanfield (1793–1867), der hauptsächlich 1833/38 vielfach durch gesteigerte malerische Kulissenhaftigkeit geprägte Radierungen und Lithographien schuf, und der Zeichner, Kupfer-/Stahlstecher, Autor und Verleger William Tombleson (um 1795– um 1860) aus London. Jean Nicolas Ponsart (1788–1870) aus Malmedy (Belgien) widmete seine 1831 in Paris publizierte Lithographienfolge mit Darstellungen von Eifelburgen dem preußischen Kronprinzen und späteren König Friedrich Wilhelm IV. Aus der Adresse der Dedikation und aus dem Titel *Prusse rhenane* wird die politische, d. h. die propreußische Intention der Bilder deutlich. Ponsart publizierte u. a. die Lithographienfolgen zu *Souvernirs de l'Eyfel et des Bords de l'Ahr* (Paris 1831), *Vallée de l'Ahr* (Brüssel 1838) und *Prusse rhenane* (Brüssel 1845). Die Landschaft am und um den Mittelrhein mit ihren Burgen wurde zur Zeit der preußischen Inbesitznahme der Rheinlande ab 1815 und in den darauffolgenden Jahrzehnten ein Hauptthema der Landschaftsmalerei in Deutschland.

Ein Maler, der sich mit dem Rheinland und rheinischen Burgen intensiv befasste, war Alfred Rethel (1816–59). Seine Motive reichen von der Gewölbestudie einer Burgruine über Stadtansichten bis zu Entwürfen für die Ausmalung des Kaisersaales im Rathaus zu Aachen. 1833 hatte Rethel eine Rheinwanderung mit Müller v. Königswinter und Gustav Lasinsky unternommen. »Um diese Zeit zeichnet Rethel [...] Burg Eltz mit Hingabe an das Fachwerk – und etwa gleichzeitig die Fabrikanlage in der Burg zu Wetter, zwei Pole geistiger und weltanschaulicher Burgenerfassung« (Bornheim gen. Schilling 1964, 13).

Die Gemälde von Caspar Johann Nepomuk Scheuren (1810–87) gehören »zu den ersten, die eine spezifische Erlebnisform romantischer Landschaft- und Burgeneindrücke als Ereignis umreißen« (ebd.). Von ihm stammt die Lithographienfolge *Der Rhein von seinen Quellen bis zum Meere*, der die 1862 abgeschlossene Aquarellserie *Landschaft, Sage, Geschichte und Monumentales der Rheinprovinz* als Vorlage diente. Scheurens Intention war es, mit seinen Bildern für den Führungsanspruch Preußens im Reich zu wirken. Die Verbreitung der Ansichten der durch preußische Könige und Prinzen neu aufgebauten ma. Burgen sollte die Erinnerung an »die einstmalige Macht und Größe des deutschen Reichs« beschwören; sie lassen sie darüber hinaus »zu Trägern des Anspruchs werden, beides unter preußischer Führung wiederzuerlangen« (Fischer 1988, 187). Scheurens Bilder entstanden mit finanzieller Unterstützung König Wilhelms I.; der Künstler erhielt dafür die hohe Summe von 2750 Talern.

Eine längere Studienreise trat 1868 der Engländer Edward Theodore Compton (1849–1921) an; seine Wanderung führte den Landschaftsmaler vom Rhein über den Hunsrück und das Moseltal in die Eifel (Skizzenalbum der Reise im Wallraf-Richartz-Museum, Köln).

Mehr noch als durch die Malerei wurde das populäre romantische Bild vom Mittelrhein in der 1. H. 19. Jh. durch Druckgraphik geprägt. Stiche – 1826 wurde in London der Stahlstich als Technik patentiert, die den Kupferstich ablöste und präzisere Wiedergaben ermöglichte –, Lithographien etc. gehörten als Illustrationen

Abb. 182 Rüdesheim (HE), Burg Ehrenfels. Historische Ansichtskarte (Poststempel von 1913). Die Rückseite trägt den aufgedruckten Text: »Ruine Ehrenfels. Senkrecht über dem gefürchteten Binger Loch, da wo der Rhein die scharfe Biegung nach Norden ausführt, erheben sich kühn und altersgrau die Ruinen der Burg Ehrenfels, umgeben von jenen schier unabsehrbaren Rebengeländen, in denen sich die berühmten Lagen der Gemarkung von Rüdesheim und Aßmannshausen berühren.«

in viele Reisebeschreibungen, doch erschienen auch eigenständige Ansichtenfolgen. Zahlreiche Vorlagen schuf William Tombleson aus London; Stecher setzten sie u. a. für *Views of the Rhine* (1832) um. Erwähnenswert sind hier auch die *Travelling Sketches* von Clarkson Stanfield (1833) und die *Voyage pittoresque aux bords du Rhin et de la Suisse* (um 1845) des Schweizer Malers und Verlegers Johann Ludwig Bleuler. Schließlich erschien 1857/83 Alexander Dunckers Ansichtenfolge *Rheinlands Schlösser und Burgen*, eine Sammlung farbiger Lithographien mit Begleittexten, die weite Verbreitung fand.

Druckgraphiken und Gemälde mittelrheinischer Burgen waren um 1900 weitverbreitete Ansichtskartenmotive (Abb. 182, S. 225).

Rhein-Preußen

Nach dem siegreichen Ende der **Befreiungskriege gegen Frankreich** kam das Mittelrheingebiet 1815 an Preußen. 1822–1945 gehörte es zur ab 1829/30 preußischen Rheinprovinz (Rhein-Preußen), entstanden aus der Vereinigung der Provinzen Jülich-Kleve-Berg (Sitz Köln) und Großherzogtum Niederrhein (Sitz Koblenz).

Im 19. Jh. gab es wiederholt außenpolitische Konflikte um das Rheinland, so um 1830 und nach 1840. »An die Stelle der entschwindenden Ziele der orientalischen Frage trat als neues Ziel [Frankreichs] der Rhein« (Schieder 1982, 63).

1840 entstand im Umfeld der Auseinandersetzungen um den Besitz der linksrheinischen Gebiete Nikolaus Beckers Lied »Sie sollen ihn nicht haben, den freien deutschen Rhein«, und 1842 erschien Victor Hugos Buch über seine Rheinreise, das den Anspruch Frankreichs auf den Rhein bekräftigte und auf die französische Öffentlichkeit eine größere Wirkung hatte. Gegen französische Gebietsansprüche und rheinische Autonomiebestrebungen setzte Preußen die Idee von der Zugehörigkeit des Rheinlandes zum erstrebten Deutschen Reich, doch erwies sich die politische und kulturelle Integration in den Staat Preußen als schwierig: In Teilen des Rheinlandes existierte ein dem Adel gegenüber selbstbewusstes, durch Handel und Industrie erstarktes Großbürgertum. Zur politischen kam die ökonomische Bedeutung und Sonderstellung des Mittelrheingebietes: »Was die Industrie und den Gewerbefleiß betrifft, so nimmt die Rheinprovinz darin den ersten Platz unter den Provinzen des preußischen Staates ein. Vorzüglich konzentriert ist die Industrie in dem rechtsrheinischen Teil abwärts bis zur Emscher, sodann auf der linken Rheinseite in Köln, in der Gegend zwischen Krefeld und Aachen und in der Südspitze; sie fehlt dagegen fast ganz auf der Höhe des linksrheinischen Berglandes und in der Nordspitze« (Meyers Konversationslexikon 1897, Bd. 14, 701). Unter den Burgbauherren des 19. Jh. am Mittelrhein waren später auch Vertreter des großbürgerlichen Unternehmertums, die dem Vorbild königlich-preußischer und sonstiger adeliger Vorbilder folgten.

Der durch Preußen vollendete Bau des seit dem MA unfertigen gotischen Kölner Doms (1842–80) war ein Symbol preußischer Politik im Rheinland. Zur herrschaftlichen Durchdringung seiner Rheinprovinz dienten Preußen nach 1815 jedoch v. a. ma. Burgen: Innerhalb der ca. 25 Jahre nach Erwerb des Mittelrheingebietes erlangten Kronprinz Friedrich Wilhelm (seit 1840 König Friedrich Wilhelm IV.) und weitere Mitglieder des preußischen Königshauses rheinische Burgen, so kaufte z. B. 1843 Prinz Wilhelm v. Preußen, der spätere Kaiser Wilhelm I., den ma. Teil der Ruinen der Festung Rheinfels.

Da 1688/89 die meisten Burgen am Mittelrhein und in der Eifel von Truppen des Königs Ludwig XIV. von Frankreich zerstört worden waren, zeigte man sich im 19. Jh. unter Verweis auf die französischen Zerstörungen mit Erwerb und Ausbau einer Burgruine demonstrativ national. Im Kontext der rheinischen Kulturpolitik Preußens wurden Burgen-»Wiederherstellungen« betrieben. Initialbauten waren die Neuaufbauten der Burgen Rheinstein (1825–29) (Abb. 183), Stolzenfels (1836–42) (Abb. 184–185, S. 228) und Sooneck (ab 1842) (Abb. 186, S. 228) am Mittelrhein. Diese waren keine Rekonstruktionen ma. Burgen, sondern Neuschöpfungen im Sinne der Neugotik bzw. des Historismus unter weitgehender Einbeziehung ma. Bausubstanz. So begann um 1825 im zwischen Deutschland und Frankreich oft

Abb. 183 Trechtingshausen (MZ), Burg Rheinstein nach dem Neuaufbau 1825/29. Grundriss.

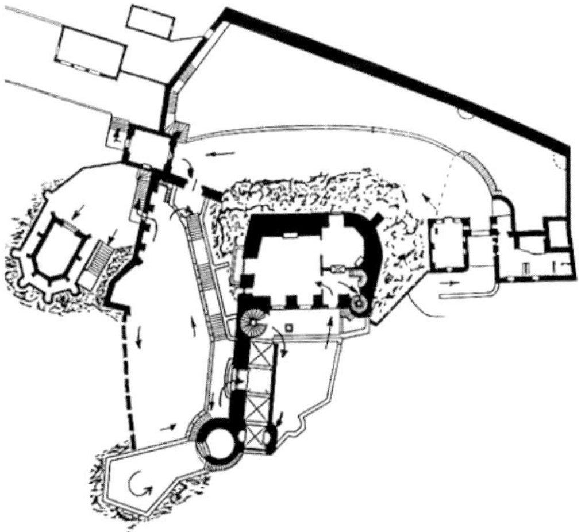

Abb. 184 Kapellen (Koblenz), Burg Stolzenfels vor dem Neuaufbau 1836–42 (aus: William Tombleson, Views of the Rhine, um 1840).

Abb. 185 Kapellen (Koblenz), Burg Stolzenfels nach dem Neuaufbau 1836–42 (aus: Sammlung Duncker, 1857/83).

umkämpften und so in der Öffentlichkeit als politisch bedeutend empfundenen Rheinland die preußische Burgenromantik. Sie gab Impulse zu vielen Ausbauten von Burgruinen im Mittelrheingebiet und darüber hinaus. Später entstanden zudem viele Neubauten im »Gewand« ma. Burgen.

Im Rheinland folgten Bürgerliche und ließen von Frankreich zerstörte Burgen neu aufbauen. Als bürgerliche Familiendenkmäler standen Burgausbauten (z. B. Rheineck, ab 1832;

Abb. 186 Burg Sooneck nach dem Neuaufbau ab 1842.

Sinzig, 1854–58) sowie »Burg«- und Schlossneubauten im Banne der allgemeinen Burgenbegeisterung. Villen bildeten den größten Teil »bürgerlicher Burgen«. Sie entsprachen als malerische Bauten mit Zinnen, Türmen, Erkern etc. zeitgenössischen Klischees von »der« ma. Burg. Ähnliches galt für zahlreiche Industrie- und Zweckbauten sowie Verkehrsbauten des 19./20. Jh. (s. u.). Nach dem historistischen Geschichtsbild, dem Geschichte als inhaltliches Kontinuum individuell verschiedener Lebensformen galt, war das eigene gegenwärtige Handeln die Weiterführung eines großen Kulturzusammenhangs. »Unvollendete« historische Prozesse konnten demnach aufgegriffen und fortgeführt werden. Deutlich wird das in den theoretisch fundierten sog. »Nationalstilen« (Neo-)Renaissance ab den 1860-/70er Jahren und (Neo-)Romanik; die angeblich durch das Interregnum »unterbrochene« Romanik wurde in der Wilhelminischen Epoche (1888–1918) weitergeführt und im Sinne der Zeit »vollendet«.

Die **preußische Burgenromantik** wurzelte – wie die Rheinromantik – in der allgemeinen romantischen Strömung, die E. 18. Jh. begonnen hatte und in ihrer Ausformung während des 19. Jh. als Gegenentwurf zur beginnenden bzw. zunehmenden Industrialisierung Bedeutung gewann. Nachdem der romantische Dichter Joseph v. Eichendorff (1788–1855) den Klang eines Eisenhammers noch als »romantisch« erlebt hatte, wurden die Folgen der Industrialisierung bald als negativ empfunden.

6.1.1.3 Einsturz und Neuaufbau des Rolandsbogens 1840

Der Rolandsbogen, »letzter Rest« der Burg Rolandseck (Remagen-Rolandseck), gehört zu den Wahrzeichen des unteren Mittelrheins (Abb. 187, S. 231). Die Burg stand auf dem Plateau eines Basaltsporns über dem Rhein am Hang des Rodderberges. Neben dem 1840 rekonstruierten Rolandsbogen und Resten des Berings aus Basaltbruchstein ist nur noch der tiefe Halsgraben vorhanden. Das Areal ist seit den 1920er Jahren immer mehr von einer Ausflugsgaststätte überbaut worden, ohne dass der Baubestand je dokumentiert worden wäre.

Der Kölner Erzbischof Friedrich I. (reg. 1100–31) soll die Burg zum Schutz des Klosters Nonnenwerth, das unterhalb auf der gleichnamigen Rheininsel liegt, und als sö Außenposten des Kölner Territoriums gegen das Reichsgut Sinzig und Remagen an der unteren Ahr erbaut haben. Heute wird eine Entstehung um 1135 angenommen. Schon vor dem 30-jährigen Krieg als Steinbruch genutzt, wurden der Ruine

1619–22 etwa 300 Kahnladungen an Steinen zu Reparaturen auf Nonnenwerth entnommen. 1825 berichtete Regierungsrat Wahlert an die Bezirksregierung in Koblenz, die Ruine bestehe »nur noch aus den Überresten der aus Basaltsteinen aufgeführten Giebelseite der ehemaligen Burg« (Laupichler 2003). Immerhin hatte der Überrest noch eine Höhe von ca. 10 und eine Mauerstärke von nahezu 2 m, während das Bogenfenster eine Höhe von ca. 8 m und eine Breite von mehr als 3 m aufwies. 1828 hat der Maler und Lithograph Johann Adolf Lasinsky diesen Zustand in einer Zeichnung festgehalten. Der eindrucksvolle Mauerrest mit dem hohen Bogenfenster, der Rolandsbogen, stürzte in der Sturmnacht 28./29.2.1839 ein.

Am 6.1.1840 fuhr der Dichter und Journalist Ferdinand Freiligrath (1810–76), später Mitarbeiter von Karl Marx bei der Neuen Rheinischen Zeitung, mit der Postkutsche von Köln nach Unkelstein. Seinem Mitreisenden, einem Soldaten in französischen Diensten in Nordafrika, schilderte er unterwegs die Schönheit der rheinischen Landschaft. An der Burgruine Rolandseck angekommen, erkannte er, dass der Rolandsbogen, von dem er eben geschwärmt hatte, zusammengebrochen war. Der Anblick war ein Schock für den Dichter; einige Tage später schrieb er: »Dort Rolandseck schon! Von des Rheines Wogen zur andern Seite wend' ich schnell den Blick; Ich schau empor; ich fahr entsetzt zurück: O Gott, o Gott, verschwunden ist der Bogen!« Freiligrath verfasste ein 20-strophiges Gedicht über die Fahrt und den Eindruck vom eingestürzten Bogen (Kölnische Zeitung, 12.1.1840), das einen leidenschaftlichen Aufruf an das deutsche Volk enthält, für den Wiederaufbau zu spenden: »Noch einmal ruf ich: Jeder einen Stein! Ich will des Ritters Seckelmeister sein! O, ehrt des Rheines wunderbare Sage!« Damit meinte Freiligrath die rheinische, seit dem 18. Jh. belegte Variante der Rolandssage:

Markgraf Roland, ein Neffe Kaiser Karls d. Gr., war die Königstochter Hildegunde zur Frau versprochen. Bei einem Gefecht mit Mauren und Basken wurde Roland bei Roncesvalles verwundet und für tot gehalten. Hildegunde erhielt diese Nachricht, entsagte der Welt und ging ins Kloster Nonnenwerth. Der Totgeglaubte kehrte jedoch zurück, erfuhr vom Gelübde Hildegundes und ließ daraufhin die Burg Rolandseck erbauen, weil er von dort auf das Kloster hinabsehen konnte. Hier, in der Fensteröffnung des Rolandsbogens, harrte er aus bis zu seinem Tode, in ewiger Liebe und Treue.

Die gut organisierte Spendenaktion zugunsten des Neuaufbaues wurde ein Erfolg: Rasch

Abb. 187 Rolandseck (Remagen, RP), Rolandsbogen anstelle der Burg Rolandseck (historische Ansichtskarte, verschickt 1909).

erbrachte sie über 392 Taler. Der Dichter war begeistert: »Der Anfang ist famos. Es ist wahrhaftig noch poetischer Zunder im Volk, und es bedarf nur eines Funkens, um ihn zum Brennen zu bringen [...]. Der Erfolg übertraf meine Erwartung. Von allen Seiten kamen Spenden.«

Peinlicherweise hatte er über der Begeisterung für sein Projekt die Eigentumsfrage vergessen: Am 30.4.1831 war die Burgruine für 41 Taler an Prinzessin Marianne v. Preußen verkauft worden. Die Prinzessin bot an, den Rolandsbogen auf eigene Kosten wiederherstellen zu lassen; die Spendengelder sollten der »Ausschmückung« des Platzes dienen. Freiligrath zeigte sich empört: »Die Rolandsage ist aus dem Herzen des Volkes hervorgegangen – wie viel schöner ist es drum, wenn eben das Volk, wenn das gesammte fühlende Publikum das äußere Denkmal der Sage sich rettet, als wenn es die Prinzessin allein tut.« Nach komplizierten Verhandlungen setzte er sich mit seinen Vorstellungen durch, und der Neuaufbau des Bogens konnte begonnen werden. Freiligrath schrieb zufrieden: »Die Ruine wird aus meinen Beiträgen restauriert. [...] So kann der Poet, der Träumer, doch auch in der wirklichen Welt noch handelnd eingreifen und Gutes, wenn auch leider nicht selbst thun, aber doch veranlassen.«

Als Architekt für den Neuaufbau konnte der Kölner Dombaumeister, der Schinkelschüler Ernst Friedrich Zwirner (1802–61), gewonnen werden, der auch die nahebei stehende Apollinariskirche über Remagen und den neugotischen Ausbau des Schlosses Arenfels entwarf. Zwirner konstruierte einen einfachen Bogen mit niedriger Brüstung zwischen den Pfeilersockeln. Gegenüber dem historischen wurde der neue Rolandsbogen so gedreht, dass der Blick nicht mehr, der Sage entsprechend, auf das Kloster fällt, sondern auf die Ruine Drachenfels. Am 6.9.1840 war der neue Bogen, weitgehend aus dem Material des alten, fertiggestellt. Am 10.3.1841 weilte Freiligrath noch einmal in Rolandseck, um die letzte Sitzung des Komitees für die Wiedererrichtung zu leiten und einen Rechenschaftsbericht abzugeben. Sein Fazit: »Meine Mission [...] ist erfüllt. Ich [...] habe den Rolandsbogen neu erbaut.«

Der Rolandsbogen in seiner jetzigen Form ist also der von einem Neogotiker, Zwirner, frei rekonstruierte Überrest einer mittelrheinischen Burg, die im 18. Jh. einer der Handlungsorte der rheinischen Variante der Rolandssage war. Sein Bau gehört in den Kontext der preußischen Burgenromantik und -politik. Er war darüber hinaus das Produkt einer beispiellosen, von einem entschiedenen Demokraten organisierten Sammelaktion, die zum Vorbild für die Aktionen zum Weiterbau des Kölner Doms wurde. So markiert der Neuaufbau des Rolandsbogens den Beginn der (politischen) Denkmalpflege in Rheinpreußen.

6.1.2 Die Nachfolge der preußischen Burgenromantik im Rheinland

Zahlreiche Adelige und Bürgerliche ließen sich in Nachfolge der preußischen Burgenromantik am Mittelrhein im Mittelrheingebiet (inkl. Eifel, Mosel- und Unterlahn) Burgruinen zu Wohnzwecken ausbauen oder Neubauten in Formen ma. Burgen erstellen. Wichtige dieser Burgen und Schlösser am Mittelrhein werden nachfolgend, jeweils in chronologischer Reihenfolge, vorgestellt.

6.1.2.1 Adelige Bauherren

Schloss Arenfels (Bad Hönningen), wohl in den 1250er Jahren von den v. Isenburg erbaute Hangburg, in der 2. H. 16. Jh. zum Renaissanceschloss ausgebaut, nach 1670 unter Baron Johann Carl Caspar von der Leyen zu Adendorf Ausbau zum Sommerschloss. 1848 erwarb Reichsgraf Friedrich Ludolf v. Westerholt-Gysenberg das baulich vernachlässigte Schloss, das er ab 1849 instand setzen ließ. Sein Architekt, Dombaumeister Ernst Friedrich Zwirner (Köln), ein Neugotiker, überzeugte den Grafen zu einer weitreichenden Umgestaltung: Umbau O- und Mittelflügel 1852–53; der runde Hauptturm ersetzte 1854/59 den nicht mehr vorhandenen Bergfried. So wurde aus der Renaissance-Dreiflügelanlage ein vieltürmiges, an englischer Neugotik orientiertes Schloss mit Stufengiebeln (Renaissance-W-Giebel erhalten); Kosten: 135 000 statt geplanter 30 000 Taler. Entstanden war ein symbolhafter Bau mit angeblich 365 Fenstern (für Tage im Jahr), 52 Türen (Wochen) und 12 Türmen (Monate) (Abb. 188). – Arenfels gehört, neben den preußischen Königsschlössern, zu den bedeutendsten neugotischen Adelssitzen am Mittelrhein. Die steinernen Statuen der Giebel des W- und O-Flügels schuf der Kölner Dombildhauer Christian Mohr. Am W-Flügel ist Jeanne d'Arc, am O-Flügel sind Gottfried v. Bouillon und der englische König Richard Löwenherz dargestellt. Im Inneren mehrere neugotische Räume er-

Abb. 188 Bad Hönningen (RP), Burg/Schloss Arenfels. Rheinseite.

halten, u. a. der gewölbte Rittersaal (später Restaurant). Hervorzuheben die drei Etagen verbindende gusseiserne Treppe nebst Marmor- und Wedgwoodkaminen. Der größte Teil der historistischen Ausstattung verloren: Das Schloss war 1945 von Amerikanern besetzt; es wurde geplündert, viele Möbel verschwanden. 1951 Waffensammlung und Bücher der Schlossbibliothek versteigert (6500 Werke heute im Stadtarchiv Bottrop).

Schloss Sayn am Fuß des Burgbergs von Sayn (Bendorf-Sayn) ging aus einem Burgmannensitz des 14. Jh. hervor, das die v. Reiffenberg als Ministerialen der Grafen v. Sayn erbauten. Die Burg oberhalb gilt als Stammburg der Grafen v. Sayn (Abb. 189). 1848 kam das gotische, barock veränderte Burgmannenhaus von den Boos v. Waldeck an Ludwig Adolph Friedrich Fürst zu Sayn-Wittgenstein-Berleburg, den späteren ersten Fürsten zu Sayn-Wittgenstein-Sayn. Ab 1848 ließen er und seine russischstämmige Gattin Leonilla das Haus zum neugotischen Schloss umgestalten (Architekt: François Joseph Girard, später Generalintendant des Louvre in Paris). In den Bau einbezogen ein gotischer, barock veränderter Stadttorturm. Nach Entwurf des Architekten Hermann Nebel (Koblenz) 1860/62 eine Doppelkapelle erbaut (Vorbild: die königliche Sainte-Chapelle, Paris). Das im 2. Weltkrieg beschädigte Schloss in den 1990er Jahren unter dem heutigen Besitzer Alexander Prinz zu Sayn-Wittgenstein-Sayn neu aufgebaut.

Burg Altwied (Neuwied), Stammburg der Grafen (seit 1784 Fürsten) zu Wied. Um 1880 einige Innenräume und ein kleinerer Turm ausgebaut; die fürstliche Familie fand sich dort bisweilen zu Festen ein. Prinzessin Elisabeth zu Wied († 1916), die spätere Königin von Rumänien, hielt sich noch häufig auf Altwied auf.

Palais der Prinzessinnen (Villa Waldheim), von der Familie zu Wied 1909 in unmittelbarer Nähe ihres Sommerschlosses Monrepos erbaut; Wohnsitz der Witwe des Fürsten Wilhelm zu Wied und ihrer Kinder, der Prinzessinnen Elisabeth und Luise.

Schloss Liebeneck über Osterspai, um 1590 von den Herren v. Liebenstein erbaut, »Grauborn« genannt. Bald gaben sie ihre Burg am Rheinufer als Hauptsitz zugunsten des Schlosses auf. Durch den *Reichsdeputationshauptschluß* Aufhebung des Reichslehens Osterspai; es wurde Bestandteil des 1806 neu geschaffenen Herzogtums Nassau. Schloss und Grundherrschaft blieben Besitz der Familie v. Preuschen. 1831 wandelte sie das Schlossgut in ein *Fideikommiß* um. Sie nutzte Liebeneck als Sommersitz. Die Freiherren Franz Georg Ernst Ludwig (1804–87) und Klemens August

Abb. 189 Sayn (Bendorf-Sayn, RP), Schloss Sayn, links oberhalb die Burgruine Sayn.

Ludwig v. Preuschen von und zu Liebenstein (1840–1913), sein Neffe, planten ab 1870 eine historistische Umgestaltung; Franz Georg Ernst Ludwig wollte hier seinen Wohnsitz nehmen. Nach Streit wegen anstehender Kosten und künftiger Nutzungsrechte 1872 Teilungsvertrag zwischen den Freiherren. – Nach Entwurf von Joseph Balthasar Fuchs (Boppard) entstand 1873–75 anstelle des abgebrochenen Herrenhauses der Neorenaissance-Neubau (Abb. 190). Der frühneuzeitliche Schlosskomplex umfasste das rheinseitig dreigeschossige Herrenhaus

Abb. 190 Osterspai (RP), Schloss Liebeneck.

mit vierstöckigem, rundem Eckturm und den diesem südlich vorgelagerten Küchenbau sowie weitere Anbauten. Nördlich stieß die Kapelle ans Herrenhaus. An der W-Seite des Hofes ein Garten. Beim Neubau blieben Mauerteile des frühneuzeitlichen Schlosses erhalten. Das neue, zweistöckige Herrenhaus über Bruchsteinunterbau in Ziegel ausgeführt. Die W-Seite zeigt zwei Stufengiebel, die O-Seite einen Risalit mit Eingang zum Treppenhaus, die N-Seite einen Risalit mit Doppelportal, daran Allianzwappen v. Preuschen/v. Schwartzenau. Der vierstöckige, runde NO-Turm zitiert den des Vorgängerbaues. Ein für Klemens August Ludwig v. Preuschen von und zu Liebenstein geplanter neuer Flügel an der N-Seite nicht ausgeführt. Zum Schlossgut gehörten das sw vor dem Schloss gelegene Pächtergut, dessen spätklassizistischer Hauptbau 1849 entstand, der Park, der Friedhof der Familie v. Preuschen (1850) und die gefasste Quelle Grauborn. Ein Fußweg führte zum Rhein; auf der Camper Spitze stand ein Pavillon (1872 durch Vandalismus zerstört), der Aussicht auf die Stammburg Liebenstein bot.

Schloss Ahrenthal (Sinzig), seit E. 18. Jh. im Besitz der Grafen v. Spee, vor 1890 im Auftrag von Wilhelm Reichsgraf v. Spee abgebrochen und anschließend durch Neorenaissancebau (Entwurf: Büro Tüshaus & v. Abbema, Düsseldorf) auf der ehem. Schlossinsel ersetzt, von bis zu 15 m breitem Wassergraben umgeben. Das zweigeschossige Herrenhaus mit hohem Sockelgeschoss und Mansarddach flankieren an der Hauptfassade zum Hof zwei eckturmartige Pavillons. Säulen rahmen das Hauptportal. Der Bau ist verputzt und zeigt Eckquaderungen, Fenster- und Türgewände aus Rotsandstein. An der SW-Ecke des Herrenhauses polygonaler Turm, an der O-Seite neoromanische

Kapelle mit Glockenträger (Abb. 129). Zwischen Turm und Kapelle überdachte Terrasse, über eine Brücke mit dem Garten verbunden. Die dreiflügelige Vorburg hat trotz Veränderungen das barocke Erscheinungsbild bewahrt.

6.1.2.2 Bürgerliche und geadelte Bauherren

Es gelang dem Großbürgertum im 19./fr. 20. Jh., den Adel weitgehend zu entmachten und zu beerben – materiell durch Ankäufe ma. Burgen, ideell durch den Bau neuer »Burgen«. Fehlende eigene Tradition wurde durch Vereinnahmung traditioneller, etablierter Herrschaftsarchitekturen – durch Burgen und Schlösser – ersetzt. Ein bedeutsamer Aspekt bürgerlicher Burgen war das Bauen als produktiver Wirtschaftsfaktor. Zu einer Zeit, in der Grundstücke und Bauten immer mehr zur Ware wurden, waren Burgen Handelsgut mit hohem Wert. Viele von ihnen wechselten im 19. Jh. oft und in kurzen Abständen ihre Besitzer.

Die adelige Bauform führte zu materiell fassbarer höherer Wertigkeit des Baues. Die Burg als Architekturform hatte sich – der Prozess begann im Hoch-MA – verselbstständigt und abseits ihres Ursprungszwecks allgemeingültige symbolhafte Bedeutung erlangt: Burgen waren Bedeutungsträger. Insbesondere im Mittelrheingebiet folgten Großbürgerliche königlichen bzw. adeligen Vorbildern und ließen von Frankreich zerstörte Burgen neu aufbauen.

Schon um die M. 18. Jh. hatten wohlhabende Kaufleute und Tuchhändler in der Umgebung von Aachen Adels- und Gutshöfe erworben, um sie nach Vorbildern adliger Herrensitze in prunkvolle Landhäuser umzubauen: »In der bewußten Übernahme der adligen Lebensweise demonstriert dieser neue ›Geldadel‹ nicht nur seinen Reichtum [...], sondern signalisiert auch den Anspruch auf die politische Macht und Privilegien, die die Adelsfamilien bisher durch ihren Grundbesitz innehaben« (Dauber 1985, 16).

Krayer Hof (Andernach-Eich), 1167–1803 im Besitz der Kölner Erzbischöfe, 1813 von Nachkommen der letzten Lehensinhaber mit Ländereien einem Herrn Nebel verkauft. Nebel kümmerte sich nicht um den Bau, sondern ließ »die großen Eichenwälder des Krayerhofes [...] raubbauartig niederschlagen«, um das Holz in seiner Gerberei zu nutzen, die er im ehem. Kloster St. Thomas in Andernach eingerichtet hatte (v. Fisenne 1978, 135). 1827 kaufte Anna Katharina Hölterhoff, Witwe des Großkaufmanns in »rohen Häuten« und Bürgermeisters von Lennep, die Burg, die darauf eine Blütezeit erlebte, welche »auf die hervorragende Bedeutung dieser Familie in der preußischen Handels- und Finanzpolitik zurückzuführen war« (ebd.). Die Brüder Hölterhoff verlegten das väterliche Unternehmen nach Köln. 1835 stand die Firma mit dem Import von Häuten an dritter Stelle in Preußen. A. K. Hölterhoff und ihre Söhne Matthias und Franz Daniel ließen in den folgenden Jahren die Burg renovieren und Wälder aufforsten. Franz Daniel wurde 1833 erster Beigeordneter des Oberbürgermeisters von Köln und kurz darauf Präsident des Kölner Handelsgerichts. Sein Bruder Matthias – dieser hatte 1823 die Abtei Altenberg gekauft, um eine Streich- und Kammgarnspinnerei einzurichten – ließ im Bereich der Burg eine Fabrik zur Gewinnung von Paraffin errichten. Deren Außenbau scheint im 19. Jh. keine größeren Veränderungen erfahren zu haben. Während der Ära Hölterhoff war die Wasserburg ein Treffpunkt von Unternehmern, Kaufleuten, Politikern und Künstlern. Zu den Gästen zählten Otto v. Bismarck und der französische Dichter Guillaume Apollinaire, der 1901/02 als Hauslehrer hier wohnte und seine Rheingedichte schrieb.

Rosenburg (Bonn-Kessenich), eine der frühesten Burg-Villen in Deutschland, 1831 für Prof. Georg August Goldfuss (1782–1848) erbaut; Entwurf: Carl Alexander Heideloff. – Additive Baugruppe, bei der »Burgcharakter und malerisches Landhaus in noch ungelöstem Widerstreit« liegen (Brönner 1987, 163). Zwei eingeschossige Bauten winkelförmig aneinandergestellt, mit einem Turm verbunden. Ein donjonähnlicher Bau mit vier Ecktürmen vervollständigt die Burg-Villa. Zur Ausstattung gehörte ein Tisch, dessen Schieferplatte in Verbindung zur Sage um König Artus' Tafelrunde gebracht wurde. Im Turm eine Waffenkammer. Goldfuss hatte sich mit der Rosenburg eine Villa erbaut, die »in den Bauformen ›deutsch-mittelalterlichen‹ Charakter zeigte. [...] wohl der erste Bürgerbau dieser Art in Deutschland« (ebd.). Die Rosenburg weist viele Elemente auf, die für den Villenbau in Deutschland prägend wurden. Seit 1852 war sie Eigentum der Familie Schlieper; unter Gustav Schlieper sen. und jun. ausgebaut und erweitert. Um 1900 erneuter Umbau, der den Charakter stark veränderte.

Burg Rheineck (Bad Breisig), ab 1832 freier Neuaufbau. Wohl von den Pfalzgrafen gegründet, 1151 zerstört, 1164 durch den Kölner Erzbischof Reinald v. Dassel neu erbaut, 1689 von Franzosen, 1692 durch kurkölnische Truppen zerstört. Es standen Ruinen von Ringmauer, Bergfried und Kapelle. 1718 wiederhergestellt, brannte Rheineck 1785 ab. 1832 kaufte Moritz August v. Bethmann-Hollweg, Universitätsprofessor in Bonn und später preußischer Kulturminister, die Burg; Ausbau nach Plänen von Johann Claudius v. Lassaulx (Abb. 16). Dabei »nur Teile der Ringmauer, das Tor über dem Zufahrtsweg und der quadratische Bergfried erhalten« (KD Ahrweiler 1938, 574). Die Burg zeigt sich nach dem Neubau als »eigenartige und freie Schöpfung romantischer Baukunst«, deren »Formensprache bewußt an rheinischen Werken der Stauferzeit gebildet ist«, und die den »Grundplan der ma. Anlage« nutzte (ebd., 576). Bemerkenswert die Burgkapelle. Der Architekt schrieb: »Für die Kapelle war es schade [dass sie abgebrochen werden musste], obschon sie im Inneren nach dem Brande [...] abscheulich modernisiert worden war; die neue wurde indessen im Aeußeren der alten getreu nachgebildet, bis auf die Krönung des Unterbaues, jenen an der Chornische, und die Bogenstellung mit allem, was über derselben steht« (zit. nach Liessem 1978, 12). Die Ausmalung der Kapelle erfolgte 1839/40 durch E. v. Steinle. Das OG der Kapelle erhielt einen reich stuckierten Aussichtsraum.

Burg Lahneck (Lahnstein), wohl in den 1230er Jahren gegründet, mainzisch, durch die Säkularisation 1803 ans Herzogtum Nassau. 1850 erwarb sie der schottische Eisenbahnunternehmer Edward A. Moriarty, Direktor der *Rechts-Rheinischen Eisenbahngesellschaft,* der den neugotischen Ausbau beginnen ließ. Anstelle des Palas der im 17. Jh. mehrfach beschädigten Burg über dessen Grundmauern ab 1854 ein neuer Wohnbau, bis 1862 die Burgkapelle wiederhergestellt. Wie u. a. an Schloss Stolzenfels prägten flache Dächer nach dem neugotischen Ausbau die Lahneck. 1878 kaufte Graf Ewald v. Kleist-Wendisch-Tychow die Burg für seine Frau Anna (geb. Freiin v. Kleist). Nach deren Tod 1892 erwarb sie 1893 der Fabrikant Hauswald (Magdeburg). 1907 oder 1909 wurde Robert Mischke, Vizeadmiral der kaiserlichen Marine, Besitzer der Burg. In den 1930er Jahren wurde sie nach Planung des Architekten Dr. Karl Caesar (Karlsruhe) umgestaltet, dabei 1936/38 die neugotischen Zinnen und Flachdächer teilweise durch verschieferte Spitzdächer ersetzt (Abb. 181).

Schloss Sinzig (Sinzig), 1854–58, Neubau einer Burg-Villa anstelle einer Wasserburg-/Schlossruine (Abb. 191, S. 240). Ab/nach 1337 ließ Markgraf Wilhelm v. Jülich die Burg erbauen, nicht anstelle der Königspfalz, in der Kaiser Friedrich I. Barbarossa wiederholt urkundete; die neue Burg stand vor der Stadtmauer. Ab 1569 für Herzog v. Jülich-Kleve-Berg durch Maximilian Pasqualini aufwendig ausgebaut. 1688/89 besetzten französische Truppen Stadt

Abb. 191 Sinzig (AW), Schloss. Stadtseitige Fassade.

und Schloss; sie brannten das Schloss nieder und sprengten es. 1850 kaufte der aus Holland stammende Kaufmann Gustav Bunge, der in Köln eine Zweigniederlassung seines New Yorker Unternehmens gegründet hatte, mit seiner Frau Adele die Ruine. Adele Bunge war eine Schwester des Malers Karl Christian Andreae (1823–1904), eines Schülers von Schadow an der Düsseldorfer Akademie. 1854 ließ Bunge den Neubau nach Entwurf des Baurates Vincenz Statz beginnen. Das Schloss stand nahe der Strecke der Rheinischen Eisenbahngesellschaft, an der Bunge »stark beteiligt« war (Vogts 1960, 82). Fertigstellung des Äußeren 1858, des Inneren 1867; zwischen 1858/66 entstanden Pläne für den Park. – Im 19. Jh. waren »eine verehrungsvolle Wunschverbindung zu den Herrscherfamilien« (Ley 1981, 192) und die Ausstattung bürgerlicher Schlösser mit Bildern des Regenten oder historischer Herrscher programmatisch. In Schloss Sinzig wird dies deutlich im achteckigen Turm (Abb. 192, S. 242), der als Geschichts- und Nationaldenkmal im Sinne des Stein'schen Turmbaues an Schloss Nassau zu verstehen ist, dem Andenken an die Befreiungskriege gegen Napoleon gewidmet und 1814 nach Plänen von Johann Claudius v. Lassaulx gebaut (Abb. 193, S. 242). Der Stein'sche Turm wurde Vorbild vieler turmartiger Denkmäler des 19. Jh. zur Erinnerung an große Persönlichkeiten oder Ereignisse (Eimer 1987). Auch der Sinziger Schlossturm zitiert diesen Turm, dessen Vorbild der große Heidelberger Schlossturm war (Abb. 194, S. 243). Bunges Turm enthält einen Raum, dessen programmatische Ausmalung (1863–65 von Karl Christian Andreae) Beziehungen zwischen der Nationalgeschichte und der Familie Bunge herstellt:

1. Germanen beobachten römische Schiffe auf dem Rhein. – Eine Sibylle weissagt. – Eine Szene der Varusschlacht. – Die hl. Helena, Mutter des römischen Kaisers Konstantin. (Eine Sage berichtet, Helena habe auf dem Wege zur Residenz ihres Sohnes in Trier das römische Lager Sinzig besucht und das Kloster Helenaberg gegründet. Der Ort der Schlacht Konstantins gegen Maxentius wird nach der Sage auf dem Helenaberg vermutet.)
2. Kaiser Karl d. Gr. begutachtet den Plan für den Bau der Aachener Pfalzkirche. – Mönche in einem Kloster bei verschiedenen Tätigkeiten. – Bonifatius als Prediger und Täufer. – Karl d. Gr. als thronender Herrscher. – Eine Gesandtschaft des Harun al Raschid an Karl d. Gr.
3. Barbarossa erteilt dem Trierer Bischof ein Bergwerksprivileg (1158); im Hintergrund eine Darstellung der Sinziger Pfarrkirche und Ritterspiele im Burghof. – Bernhard von Clairvaux und Gottfried v. Bouillon, Letzterer beim Aufbruch zum Kreuzzug. – Die Eroberung Jerusalems. – Die Entwick-

Abb. 192 Sinzig (AW), Schloss. Hauptturm in der Nachfolge des Stein'schen Turmes an Schloss Nassau.

lung des Orienthandels. – Die Leiche Barbarossas wird aus dem Saleph geborgen.

4. Familie Bunge landet im Kölner Hafen (1850). – Gutenbergs Erfindung der beweglichen Lettern. – Kaiser Karl V. – Kolumbus mit einem Globus weist auf das von ihm entdeckte Nordamerika. – Luther mit der von ihm ins Deutsche übersetzten Bibel.

Abb. 193 (rechts) Nassau (EMS, RP), Schloss. Stein'scher Turm.

Der bürgerliche Bugherr Bunge argumentierte mit Szenen und Personen aus Geschichte und Sage, die er mangels eigener bedeutender Familiengeschichte vereinnahmte. Das entspricht der historischen Selbsteinschätzung des Großbürgertums der Zeit. In diesem Kontext sei auf die Barbarossastatue verwiesen, die neben dem Schloss stand und heute im Park unterhalb der Pfarrkirche steht. Barbarossas besondere Bedeutung im 19. Jh. war mit Friedrich Raumers *Geschichte der Hohenstaufen* (1822–25) begründet worden: Friedrich I. war für das gesamte Jh. eine zentrale monarchische Identifikationsfigur.

Abb. 194 Heidelberg (BW), Schloss. Neckar- bzw. stadtseitige Ansicht; links der große Schlossturm.

Burg Klopp, auf einer Anhöhe über Bingen, 1875/79 für den Kaufmann Ludwig Cron (Köln) nach Entwurf des Architekten Eberhard Soherr (»Altbürgermeister« von Bingen) neu aufgebaut. Im 13. Jh. erstmals erwähnt, lange den Mainzer Erzbischöfen gehörig, 1689 im Pfälzischen Erbfolgekrieg zerstört, 1793 zum französischen Nationaleigentum erklärt, dann von Notar Faber erworben, der die Bepflanzung des Burghügels veranlasste. 1840 erwarb Baron v. Mengden die Ruine (er erwarb später den Kernbereich der Kaiserpfalz Ingelheim). 1855 kam Burg Klopp an den Kaufmann Ludwig Cron. Er ließ die Brücke über den Graben und das

Abb. 195 Bingen (RP), Burg Klopp. Historische Ansichtskarte, um/nach 1900.

Abb. 196 Bingen (RP), Burg Klopp vor dem historistischen Ausbau, Stich (aus: Rheinalbum Vues du bords du Rhin, um 1832).

Torhaus erbauen; 1875/79 folgten Wohnbau und Turm (Abb. 195–196). Einem späteren Burgbesitzer, wahrscheinlich dem Schwiegersohn Crons, Max Allert, gestattete der hessische Großherzog Ernst Ludwig als Landesherr die Fortführung des Wappens des Mainzer Domkapitels durch einen Wappenbrief. Zur Unterscheidung wurde ein fünfter Balken eingefügt (Allgemeine Zeitung, Ausg. Bingen, 27.7.1983, Rubrik: Aus der Stadt Bingen). 1891 war Dr. Rosenthal aus Berlin Burgbesitzer, und ab 1897 war sie Sitz der Stadtverwaltung. Bemerkenswert ist, dass die Burg ein vielbesuchtes Ziel von Rheintouristen war. *Woerls Reiseführer* (1891) gibt eine Beschreibung; als Besonderheit erwähnt er, dass »im Innern des kolossalen Schloßturmes, welcher eine unvergleichliche Rundsicht bietet«, der Turmsaal »mit alten Bildern« sehenswert sei, »welche die römischen Imperatoren von Julius Cäsar bis Domitian darstellen; hier liegen auch die Fremdenbücher aus, welche manchen interessanten Eintrag enthalten«.

Schloss Burgbrohl (Burgbrohl) erhielt sein heutiges Erscheinungsbild um 1879 durch Umbau eines Barockschlosses anstelle einer Burg der Edelherren *de Brule*; 1338 war sie Jülicher Lehen. 1721 begann der Schlossbau für Anton Carl v. Bourscheid. A. 19. Jh. ließ sein Sohn den Burgberg mit Futtermauern umziehen. 1836 starb Johann Ludwig v. Bourscheid als Letzter der Familie. Am 6.5.1837 stand in der Beilage zu Nr. 126 der Kölnischen Zeitung: »[…] auf Ersuchen der Erben des zu Köln verlebten Baron Herrn Ludwig v. Bourscheidt-Burgbrohl sollen […] öffentlich und definitiv versteigert werden, nämlich […] am Donnerstag, den 1. Juni nächsthin, Morgens 10 Uhr und eventuell an den folgenden Tagen daselbst: c. Das landtagsfähige Rittergut Burgbrohl, wozu gehören das herrschaftliche Schloß mit Garten.« Fr. G. Weckbecker (Münstermaifeld) ersteigerte die Herrschaft für 150 000 Reichstaler; später erwarb P. Menn (Koblenz) das Gut; 1838 verkaufte er es Major Decker, jener überließ es 1845 »Rector a. D.« Ewich, dessen Sohn Dr. Otto Ewich, »Arzt, Operateur und Geburtshelfer«, sich »nach guten Erfahrungen mit den heilenden Wirkungen des ›Heilbronn‹ und auch der Schloßquelle zur Gründung eines Curhauses (Schloß Burgbrohl) veranlaßt sah« (Breuer 1979, 67). Auf einer Lithographie von H. v. Dirks (Titel: »Schloß und Dorf Burgbrohl«, Saarlouis 1852) ist auf dem W-Flügel die Inschrift »Curhaus« zu sehen.

Wohl 1852 erstand der Rentner Bernhard Grünewald von den Erben Ewich das Schloss. Am 20.8.1879 erfolgte die Grundsteinlegung zum Ausbau, in dessen Verlauf der O-Flügel auf der S-Seite einen Vorbau mit prächtigem Portal, Eingangshalle, Veranda und Freitreppe erhielt. Weitere Planungen wurden nicht verwirklicht. Der Architekt Joseph Steinbach schreibt in der 2. Aufl. seiner Schrift *Der Führer am Laacher See und durch das Brohltal*: »[…] wohl war es nach den Wechselfällen hohe Zeit, daß das schöne Besitzthum wieder in bewährte, vorsorgliche Hände kam. Nach der Besitzergreifung ging der neue Ankäufer sofort dazu über, das schöne Schloßgebäude, das nach einem großartigen Plan angelegt, aber nicht vollendet war, zu einem würdigen Abschluß zu bringen, welcher ihm unter Assistenz des Herausgebers unseres Führers als bauleitender Architect gelungen zu sein scheint« (zit. nach Breuer 1979). Die Intention des Bauherrn zeigen Dokumente, die in einer großen Flasche im Fundament eines Pfeilers eingemauert wurden: »Historisch-humoristisches Dokument der Grundsteinlegung zum Fortbau des Schlosses Burgbrohl. Im Jahre des Heils, 1879 am 20. August, dem 50. Geburts- und Namenstage des Schloßherrn Bernhard Grünewald, legten dieser und seine Gemahlin Franziska Grünewald geb. Hammersdorff, den ersten Stein zum Fertigbau des Schlosses. Ihre beiden Söhne, Bernhard und Oskar, standen zur Zeit als Offiziere bei der kaiserlich-königlichen Armee in Metz und Jülich.« Der Schlossherr Bernhard Grünewald: »Da es mich in der Stadt verdroß, / Stets eitlen Tand zu schauen, / So kaufte ich mir dieses Schloß, / Und ließ es fertig bauen. / Ich baute es nach meinem Sinn, / Und nicht nach altem Plane, / Mich zog die Waldnatur hierhin / Und drüben die Vulkane, [...].« Bernhard Grünewald, »Seconde Lieutenant im Ostpr. Inf. Rgt. Nr. 45«: »Fest wie diese Pfeiler stützen / Dieses Bauwerks Steinverband / Soll mein guter Degen schützen / Dich mein Deutsches Vaterland. / Sind verwittert Stein und Stufen / Einst vom scharfen Zahn der Zeit. / Doch was deutsche Degen schufen, / Sei ein Bau der Ewigkeit [...].«

Burg Gutenfels (Kaub), 1889/92 für den Architekten Gustav Walter (Köln) nach eigener Planung zu Wohnzwecken frei ausgebaut. Die romanische, mehrfach veränderte, in der Frühen Neuzeit zur Festung ausgebaute Burg 1803 durch den *Reichsdeputationshauptschluß* ans Fürstentum Nassau-Usingen, 1805 das Inventar versteigert, 1807 Versteigerung des Holzwerks (Dach- und Balkenwerk, Zugbrücke, Fußböden, Türen, Fenster, Altar und Bilder der Kapelle), 1813 Versteigerung des Mauerwerks der Ruine. Seitdem zunehmend Verfall. 1833 erwarb Titular-Archivar Friedrich Habel die Burg und versuchte, den Verfall aufzuhalten. (Habel wollte auch die Burgen Maus, Reichenberg, Eppstein/Taunus und Miltenberg/Main retten.) 1868 kam Gutenfels an Kreisrichter Konrady (Miltenberg); 1886 wurde Dr. Müller (Koblenz) Besitzer. 1888 kaufte Gustav Walter die Burg und ließ sie nach unter großen Kosten zu Wohnzwecken einrichten. Er »hielt sich grundsätzlich an den historischen Befund [...] und nahm nur verschiedene historisierende neuromanische Ergänzungen vor, die im Verhältnis zu anderen Burgenrestaurierungen des späten 19. Jh. am Rhein [...] sehr zurückhaltend erscheinen« (Backes 1976, 20). Anstelle der ehem. Walmdächer erhielt Gutenfels Flachdächer, wie zuvor einige neogotische Burgausbauten (u. a. Stolzenfels; Sooneck; Lahneck) und etwa zeitgleich Burg Reichenstein. »Die Innenräume empfingen eine kraftvoll-festliche, dekorative Ausgestaltung im Sinne des Historismus« (ebd.). 1909 wurde Herzog Heinrich Borwin zu Mecklenburg neuer Burgherr.

Burg Maus (Wellmich), Burgausbau der Wilhelminischen Zeit. Die Burg (Deuernburg, Thurnberg und Peterseck gen.) ließ der Trierer Erzbischof Boemund II. um 1356 beginnen. 1806 Verkauf der baulich vernachlässigten Burg, damals im Besitz Nassaus, auf Abbruch. E. 19. Jh. wurde Architekt Gärtner (Köln) Besitzer der Burg; er ließ sie 1900/06 »unter Wahrung des damaligen äußeren Erscheinungsbildes in denkmalpflegerisch anerkennenswerter Weise« ausbauen (Backes 1977, 11). Im UG seit 1906 Esszimmer, Rittersaal und Salon eingerichtet, mit Balkendecken, Holzvertäfelung und textiler Wandbespannung.

Abb. 197 Königswinter (NRW), Schloss Drachenburg. Fotografie um 1900.

Ober- oder **Boosenburg** (Rüdesheim), im Kern romanische Niederungsburg, 12. Jh., Bergfried großenteils erhalten; kam 1830 an die gräfliche Familie v. Schönborn-Wiesentheid; sie ließ sie 1838 bis auf den Bergfried abbrechen. Er wurde aufgestockt und erhielt einen neogotischen Zinnenkranz. Unter einem nachfolgenden bürgerlichen Besitzer, Weinhändler Baptist Sturm, der Burggraben nach 1860 als Weinkeller überwölbt. Sturms Witwe ließ 1872 anstelle der abgebrochenen Burgbauten eine neugotische Villa errichten (Architekt: Franz Schädel); die Burg wurde zur großbürgerlichen Villen-Burg.

Die neogotische **Drachenburg** über Königswinter (Abb. 197; Abb. 198, S. 248), an historisch bedeutsamer Stelle unterhalb der Burgruine Drachenfels, gehört zu den bedeutendsten, aufwendigsten Burg-Villen in Deutschland. Sie wird daher ausführlicher dargestellt als andere Objekte. Ihr Bauherr, Baron Stephan v. Sarter

(1833–1902), entstammte einer kinderreichen Bonner Gastwirtsfamilie, die später nach Köln übersiedelte und dort verarmte. Er machte eine Handelslehre, trat 1856 ins Bankhaus Salomon Oppenheimer jr. & Comp. ein, wurde 1857 dem Bankhaus Leopold Werner in Paris empfohlen und 1860 in die Londoner Niederlassung der Bank versetzt. 1862 machte sich Sarter in Paris

Abb. 198 Königswinter (NRW), Schloss Drachenburg.

als Börsenmakler und Herausgeber eines Börsenblattes selbstständig. In Paris beschäftigte er sich intensiv mit den Aktien für den Suezkanal-Bau. E. der 1860er Jahre gehörte er bereits zur Pariser Hochfinanz. Mit Ausbruch des Krieges zwischen Deutschland und Frankreich kehrte Sarter nach Deutschland zurück. 1871 wurde er Berater bei Rothschild in Paris, und in der Folgezeit gehörte er zu den Mitbegründern und Finanzgebern des Panamakanal-Unternehmens (Baubeginn 1881). Um 1881 erhob Herzog Georg v. Sachsen-Meiningen Sarter in den Freiherrenstand, weil er sich davon eine Teilhabe am Panamakanal-Projekt erhoffte. 1887 verlor Sarter einen Teil seines Vermögens, konnte sich aber von diesem Verlust erholen. 1890 wurde er französischer Staatsbürger; 1902 starb er in Paris. Die Drachenburg hat er nie bewohnt (Leyendecker 1979).

1879 hatte Sarter ein 800 Morgen großes Gelände am Rande des Siebengebirges erstanden. Es handelte sich um ein leicht abfallendes, vorspringendes Hügelgelände am Drachenfels. Dort wurde 1882–84 die Drachenburg errichtet. Die Planung lieferte das Architekturbüro Tüshaus & v. Abbema (Bernhard Tüshaus, 1846–1909; Leo v. Abbema, 1852–1929) aus Düsseldorf. Beteiligt war auch Wilhelm Hoffmann (Paris und Köln). Aus einem Artikel in der Frankfurter Zeitung von 1884 geht hervor, dass sich Baron Sarter »um jede Einzelheit des Unternehmens kümmerte und an der gelungenen Ausführung des Ganzen sehr wesentlichen

Anteil hat« (Proelß 1884). Aus der Wahl des Bauplatzes – dieser wurde als Schauplatz der Sage gesehen, denn hier soll Siegfried gegen den Drachen gekämpft haben –, aus der Wahl des neugotischen Stils und besonders aus dem ikonographischen Programm werden die Intentionen des Bauherrn deutlich: Die Siegfriedstatue am Eingang der Burg sowie das Nibelungenzimmer nehmen Bezug auf das Nibelungenlied, welches als eines der Hauptwerke der deutschen »Nationalliteratur« galt, ebenso wie das Parzivalepos. Letzteres wird greifbar durch die Statue Wolframs v. Eschenbach am N-Turm. Auch die christliche Legende, nach der ein auf dem Drachenfels lebender, Menschenopfer verlangender Drache durch eine »christliche Jungfrau« überwunden wurde, fand Eingang in die Ikonographie der Drachenburg (Antz 1961, 48f). Sarter legitimierte sich und seine neue Stellung durch Figuren und Szenen aus der Sage und der nationalen Literatur, da ihm die eigene Familientradition fehlte. Wenn A. Leyendecker (1979, 10) in der Drachenburg »nicht nur ein Repräsentationsobjekt, sondern darüber hinaus auch eine Art Fluchtburg und Traumschloß« sieht, so ist das dahingehend zu erweitern, dass Sarter kein »Traumschloss« im Sinne eines privaten Refugiums wollte. Vielmehr sollte durch die weithin sichtbare Besetzung des historischen Ortes in einer Region mit einer großen Dichte bürgerlicher Burgen und Schlösser und durch die Verwendung bestimmter Stilelemente und architektonischer Versatzstücke der Besitzer der Burg augenfällig aufgewertet und nobilitiert werden. Auch hier argumentierte der neureiche, geadelte Aufsteiger mit konventionellem adligem Vokabular, daneben aber auch mit Elementen aus Sage und Reichsgeschichte.

Aus dem Artikel von Proelß in der Frankfurter Zeitung wird deutlich, was die Drachenburg sein sollte: Sie war für Zeitgenossen nicht nur »ein prachtvolles Stück originell erfundener, kunstvoll ausgeführter Architektur, nicht nur ein glänzendes Heim für behaglichen Daseinsgenuß in Luxus und Reichtum, nicht nur ein Zierstück mehr in der glänzenden Reihe von Schlössern und Burgen am Ufer des Rheins [...], sondern mehr ein Hochsitz deutscher Kunst, in dessen prächtigen Räumen Sage, Geschichte und Schönheit des Rheins durch Künstlerhand ein einzig geartetes Denkmal [erhielten ...], eine Art Walhalla des Rheinlandes« (Proelß 1884). »Hochsitz deutscher Kunst« weist auf die musealen Aspekte der Burg. Die Kunsthalle wird durch architektonische Zitate aus dem Kirchenbau (z. B. Fensterformen) sakralisiert und zum »Musentempel«. Interessant ist die Verwendung des Begriffs »Denkmal« in diesem Kontext; die Burg wurde als Denkmal rheinischer Kunst und Geschichte verstanden. In der Architektur der Drachenburg gibt es durchaus Elemente, die sich in Denkmalarchitekturen des 19. Jh. finden. Auch die Figuren der »Heroen auf dem Gebiet der Künste« am N-Turm, wie z. B. Albrecht Dürer, interpretiert vor dem Hintergrund des denkmalhaften Anspruchs, zeigt: Es sind nicht mehr alleine Herrscher oder Feldherren denkmalwürdig, auch »die besten des Bürgertums« haben ihren Platz unter den Großen und Vorbildhaften (Leyendecker 1979, 80). Mit dem Bau der Drachenburg wurden historisch-didaktische Absichten verfolgt. Aus allen Kunstwerken der Burg »spricht der Gedanke, die Männer und Frauen zu verherrlichen, welche wichtige Entdeckungen, Erfindungen gemacht, mit dem Pinsel oder dem Meißel oder der Leier Millionen Seelen erhoben, geadelt, erquickt, oder endlich in der Politik Hervorragendes geleistet haben« (aus einem Artikel der Bonner Zeitung, Nr. 218, 1885, zit. nach Leyendecker 1979, 69).

Eine der Sagen tritt in der Personifikation von Vater Rhein im Tympanonfeld der Tür des Empfangssaals in Erscheinung. Über die Bedeutung des Rheins und der Rheinsymbolik muss hier nichts mehr ausgeführt werden. Schneewittchen und Dornröschen flankieren die Tür. Beide sind als Allegorien des schlafenden deutschen Reiches zu interpretieren, ähnlich der Barbarossasymbolik. Das Bildprogramm des Treppenhauses zeigt Episoden aus der deutschen Geschichte und Bildnisse acht deutscher Kaiser, »die für die Geschichte des Rheinlands besondere Bedeutung gewannen« (Proelß 1884). Im Gemälde »Taufe des deutschen Kronprinzen« gehören die Gestalten von Germania und Borussia zum ikonographischen Programm des Treppenhauses. Weiterhin finden sich hier Wilhelm I., Friedrich III., Wilhelm II., Bismarck und Graf Moltke. Der deutsche Aar setzt dem Täufling die Krone aufs Haupt. Vergangenheit, Gegenwart und Zukunft werden so in einem Bildprogramm vereint, um die Konstanz und Kontinuität des Reiches und damit des preußischen Herrscherhauses darzustellen. Die am südlichen Außenbau befindlichen drei Statuen in der Art ma. Baldachinfiguren – Caesar, Karl d. Gr. und Wilhelm I., d. h. drei Kaisertumsbegründer – stehen ebenfalls für die Kontinuität der Reichsidee. Die Einbindung der Person Sarters in das Bildprogramm der Burg findet sich ebenfalls im Treppenhaus: Der Burgherr erscheint als Kölner Patrizier in historischer Gewandung. »Drachenburg. / Du stolze Burg, erbaut am schönsten Ort, / Bring Jedem Glück, bleib Deutschen Geistes Hort. / Wo Raub geherrscht und wilder Fehden Wüthen, / Entfalte nun der Frieden seine Blüthen. / Erbaut 1882–1884« besagt eine Inschrifttafel an der Drachenburg.

Baron Sarter hat nie in der Drachenburg gewohnt. Verwalter war ein 1884 eingesetzter Förster. Noch vor Bauvollendung berichtete die Presse von Verkaufsabsichten. Als Interessenten waren u. a. Kaiser Wilhelm II. und Königin Luise von Schweden im Gespräch. Am 8.6.1903 fand die öffentliche Versteigerung statt. Erstanden wurde die Burg von Jakob Biesenbach, einem Neffen Sarters. Bereits ab Juli 1903 war sie gegen Entgelt zur Besichtigung freigegeben. Nahebei ließ Biesenbach ein Hotel und 13 »nordische Blockhäuser« für Touristen errichten. Ein Wildpark, ein angestellter Burgführer, der Verkauf von Postkarten und Bildermappen vervollständigten das touristische Programm Drachenburg im Schatten des Drachenfels.

Burg Reichenstein bei Trechtingshausen ist zu Unrecht eine der unbekannteren Mittelrheinburgen. Unterhalb steht die spätromanische St.-Clemens-Kirche. Im Zusammenwirken von Burg, Kirche und Landschaft ergibt sich ein reizvolles Bild, das Rheinromantiker und Künstler des 19. Jh. begeisterte.

Die Ersterwähnung der Burg stammt von 1213/14, doch wird vermutet, sie sei im 11. Jh. zum Schutz der mittelrheinischen Besitzungen der Abtei Kornelimünster/Eifel gebaut worden. Als Philipp v. Hohenfels, Besitzer der Burg, Rheinzoll erhob, brachte ihn das in Konflikt mit dem Rheinischen Städtebund, der 1253 Reichenstein zerstörte. Philipp v. Hohenfels trat dem Bund bei und ließ die Burg neu bauen. Auch Philipps Sohn Dietrich erhob unberechtigt Rheinzoll. Als Sanktion zerstörte König Rudolf v. Habsburg 1282 die Burg und erließ ein Wiederaufbauverbot. Dietrich verkaufte 1290 Vogtei und Burg an Pfalzgraf Ludwig den Strengen, Herzog zu Bayern, der mit dem Neuaufbau begann. 1344 wurde Reichenstein Sitz eines kurmainzischen Amtmannes. Seit dem 16. Jh. geriet sie in Verfall. 1722 gestattete das Domkapitel als Besitzer der Burg vier Winzern aus Trechtingshausen, den Burgberg gegen Abgabe des Zehnten als Weinberg zu nutzen. Während der französischen Besatzungszeit wurde die Erbpacht in Eigentum umgewandelt, das den Nachkommen der Pächter zufiel; auch die Burgruine wurde von ihnen in Besitz genommen.

1844 erwarb der aus altem märkischen Adel stammende, kurz zuvor aus dem Militärdienst ausgeschiedene Generalmajor Franz Wilhelm August v. Barfus die Burg. 1852 erhielt er »laut k.

preuss. Cabinetsordre« die »allerhöchste Genehmigung«, sich »v. Barfus-Falkenburg« zu nennen. Das galt auch für seine Nachkommen, war an den Besitz der Burg geknüpft und wurde bei Veräußerung hinfällig. Barfus ließ den erhaltenen Turm und »das Torgewölbe« als Wohnung herrichten. Ob der Name Falkenburg bereits vorher gebräuchlich war, ist unklar. 1863 verstarb Barfus, der nach der Pensionierung als Historiker und Militärschriftsteller tätig war.

1877 erwarb Freiherr v. Rehfuess die Burg. Er ließ »über dem alten Gewölbe« eine kleine Wohnung einbauen. Der mexikanische Konsul Chosodowsky, der die Burg 1889 kaufte, setzte umfängliche Ausbaupläne nicht um. »So ging denn die alte, epheuubersponnene und ins blühende Grün versunkene Veste im Jahre 1899 an Dr. Nikolaus Kirsch-Puricelli über, der sie unter der Leitung des Bauinspektors Georg Strebel aus Regensburg wieder im ganzen in den alten Formen neu erstehen liess. Nur die Kapelle und das Torgebäude sind als wesentlich neue Teile dem alten Bau hinzugefügt worden. So ist Burg Reichenstein in alter Gestalt, wenn auch nicht in der alten Bedeutung neu errichtet worden« (N. Kirsch-Puricelli 1907, 335f).

Vor Beginn des Ausbaues wurde der Burgweg verbreitert. Dazu waren ein Gutachten und die Zustimmung des Gemeinderates einzuholen, verschiedene Parzellen anzukaufen und Stützmauern zu errichten. Im Dezember 1900 war der Weg fertig; die Arbeiten konnten beginnen.

Die Neubauten sind größer als die ma.: Zwischenräume zwischen Wehrmauern und altem Wohnbau wurden überbaut. Der dreigeschossige Neubau bot Raum für die Entfaltung großbürgerlicher Wohnkultur und die Unterbringung von Gästen und Bediensteten. Wenn der neue Burgherr anmerkte, nur die Kapelle und der Torgebäude seien als »wesentlich neue Teile dem alten Bau hinzugefügt worden«, so ist das falsch: Die Burg wurde um neue Baukomplexe ergänzt, so um die große, im Erscheinungsbild am ma. Bau orientierte Vorburg mit Remise, Weinkeller und Personalwohnungen. Über der Vorburg wurde der Aussichtsturm Königstein erbaut, zwischen ihm und dem Hauptgebäude ein Park angelegt (Abb. 110). In der Mühle im Morgenbachtal entstand ein E-Werk, das die Burg mit Strom versorgte, lange bevor Trechtingshausen elektrifiziert wurde. 1903 waren die Arbeiten weitgehend abgeschlossen.

Wie die königlichen Burgausbauten am Mittelrhein einige Jahrzehnte zuvor, brachte der Ausbau von Reichenstein »dem Arbeiterstande der Umgebung lohnende Beschäftigung«, das betonte 1902 der Bürgermeister des Amtes Niederheimbach. Für Kunsthandwerker galt das ebenso: Die Familie des italienischen Fliesenlegers und Mosaizisten Mazzolini wurde in Trechtingshausen sesshaft.

Die Besitzerfamilie bestand aus vier Personen. Zum Personal gehörten Diener, Gärtner, Küchenpersonal, Zimmermädchen, Kutscher, Hauslehrerin, E-Werk-Mechaniker; Einwohner Trechtingshausens waren Heizer für die Kanonenöfen.

Erwähnenswert sind die Sammlungen: 1 200 Jagdtrophäen, Mineralien, Gemälde, Stiche, Waffen, Rüstungen, Öfen und Takenplatten, Möbel und asiatische Keramik. Die Bibliothek umfasste 4 000 Titel (Eisen-/Stahlwirtschaft, dt. Klassik, theologische und kirchenhistorische Werke). Mit dem Verkauf der Burg durch den Freiherrn v. Schorlemer gelangte die Burg an die Gastronomenfamilie Schmitz, das Museumsinventar an die »öffentliche Hand«. In der Burg befindet sich bis heute eine Sammlung von Takenplatten, historischen Waffen und Rüstungen. Hervorzuheben sind Holzmodeln für Takenplatten aus der Hütte der Bauherren. Zudem finden sich Möbel, Gemälde und Wandteppiche des 17./18. Jh.

Die ab 1899 großzügig ausgebaute Burg war Sitz einer Familie, die in ihrer regionalen Bedeutung u. a. mit der Industriellenfamilie Krupp verglichen wurde. Der rheinische Zweig der Puricellis, seit 1750 dort ansässig, hatte Wurzeln in der Lombardei. Die Familie wurde in den folgenden zwei Jh., gestützt auf großen Besitz (Hüttenbetriebe, Ofenfabriken, Weingüter) zu einer der wirtschaftlich und politisch einflussreichsten Industriellenfamilien im Bereich Nahe, Hunsrück, Mosel und Mittelrhein. In der Reihe der von den Puricellis ausgebauten Burgen und Schlösser kommt Reichenstein der höchste Rang zu, liegt sie doch zwischen den beiden vom preußischen Königshaus ausgebauten Burgen Rheinstein und Sooneck, die E. 19. Jh. noch oft von den Hohenzollern genutzt wurden. Bedenkt man, dass beide Burgen im Spät-MA lediglich »Vorwerke« der Reichenstein waren, hierarchisch also niedriger standen als diese, so kann man die Beerbung und Entmachtung des Adels durch das Bürgertum hier sinnfällig verwirklicht sehen. Deutlich wird das in der Ausdehnung der Burg und ihrem »Stil«. Wenn hier auf neugotische Formen zurückgegriffen wird, die zuvor auch für Rheinstein und Sooneck verbindlich waren, gegen E. 19. Jh. aber weitgehend von Neorenaissance und Neuromanik verdrängt worden waren, so ist das als Aufnahme einer Tradition zu werten: die bürgerliche Familie versuchte, sich durch die »königliche Neugotik« aufzuwerten.

Die neugotische Burgkapelle St. Sebastian entwarf G. Strebel. Zur Ausstattung der 1903

Abb. 199 Birlinghoven (St. Augustin, NRW), Schloss. Ansicht der Gartenseite.

geweihten Kapelle wurden historische Sakralgegenstände erworben, unter denen ein mittelrheinisches Sakramentshäuschen aus Sandstein (14. Jh.) und der spätgotische Flügelaltar Beachtung verdienen.

Zu den bedeutendsten bürgerlichen Schlossneubauten des 20. Jh. gehört das 1901–03 erbaute **Schloss Birlinghoven** (St. Augustin) (Abb. 199) oberhalb der gleichnamigen ma. Wasserburg im Pleistal. Auftraggeber war Theodor Damian Rautenstrauch (Köln), der den zur Burg gehörigen Grundbesitz 1900 erwarb. Die Planung hatte der Architekt Edwin Crones (Köln), der einen an englischen Landsitzen und Barockschlössern gleichermaßen orientierten Entwurf lieferte. Die Familie Rautenstrauch war durch Handel mit Leder und Häuten zu Wohlstand gekommen. Ihr entstammte Adele Rautenstrauch, Stifterin des 1906 eröffneten Rautenstrauch-Joest-Museums in Köln. Kaiser Wilhelm II. erhob Theodor Damian Rautenstrauch, der 1904 ein Rittergut in der Mark Brandenburg erworben hatte, in den Adelsstand, wodurch Birlinghoven ein Adelsschloss wurde. Rautenstrauch starb, 34-jährig, 1907; das Schloss kam an seinen Bruder Eugen, der es 1916 dem Geh. Kommerzienrat Dr. Louis Hagen verkaufte. Damit wurde Birlinghoven zum »bürgerlichen Schloss«. Hagen, eine bedeutende Persönlichkeit des Wirtschaftslebens, war u. a. verantwortlicher Gesellschafter des Kölner Bankhauses A. Levy, Gesellschafter des Bankhauses Oppenheim und Präsident der Industrie- und Handelskammer Köln. Seine beiden Töchter heirateten Angehörige alter Adelsfamilien, Elisabeth 1909 Clemens Freiherr Clemens v. Wrede-Melschede, Maria 1911 Robert Freiherr v. Dobeneck und nach dessen Tod Stanislas Graf Strachwitz. Heute beherbergt das Schloss das Fraunhofer-Institutszentrum Schloss Birlinghoven.

Architektonisch dem Stilpluralismus der Wilhelminischen Zeit (1888–1918) verpflichtet, zeigt das Schloss ma. und frühneuzeitliche Elemente, so spätgotische Details (z. B. Maßwerkfenster) an der Zugangsseite, Neorenaissance und schließlich barocke Elemente an der Gartenseite; Letztere bestimmen die Fernsicht des über einem neobarocken Gartenparterre thronenden Gebäudes, das ein (unvollendeter) Landschaftspark im Stil eines Englischen Gartens umgibt. All dies suggeriert im Sinne der Entstehungszeit ein »historisches Gewachsensein«. Dazu gehört der Kontrast zwischen symmetrischem »Schloss« in der Fernwirkung und malerischer »Burg« zur Hofseite, die drei asymmetrisch gestellte Türme mit Zinnen prägen. Den Eingang der nachträglich an das Schloss angebauten Kapelle krönt eine Darstellung des hl. Hubertus mit dem Hirsch, die – ebenso wie die Diana-Gruppe im Park – den Bauherrn Louis Hagen als Jäger ausweist und augenfällig zeigt, dass er die urspr. dem Adel vorbehaltene Jagd ausüben durfte. Die 1921 geweihte Kapelle mit ihren barocken Kirchenbänken zeigt bemerkenswerte stauferzeitliche, rheinische Kirchenkapitelle unbekannter Provenienz. Im Park wurden Kunstwerke verschiedener Epochen und Herkunft aufgestellt (u. a. die Diana-Gruppe, ein romanischer Taufstein aus Italien, romanische Portallöwen, Fragmente von Brunnen und eine Sonnenuhr). Das Innere des dreigeschossigen Schlosses umfasst ein prachtvolles Treppenhaus mit Maßwerkfenster und schmiedeeisernem Rokokogeländer

(M. 18. Jh.), das u. a. Flure der Seitenflügel, drei Säle (Großer oder Galerie-Saal mit neobarocker Stuckdecke; Roter Saal mit Täfelung von 1699, ehemals wohl Rückwand eines Chorgestühls einer Kirche in der belgischen Provinz Limburg; Grüner Saal/Jagdzimmer) und die Kapelle erschloss. Im OG lagen Wohn-, im Dachgeschoss Personalräume. Im Schloss blieb die bedeutende Gemäldesammlung erhalten (Porträts sowie überwiegend italienische und niederländische Kunst des 16.–18. Jh.). Kunstsammlungen waren vielfach Bestandteil der Ausstattung bürgerlicher Burgen und Schlösser des Historismus.

Der Schlosskomplex umfasste neben dem Herrenhaus Neben-/Wirtschaftsgebäude (u. a. Kartoffelkeller im Rosengarten, Eiskeller, Hühnerstall, Remise, Wagen- und Geräteschuppen). Anstelle der ma. **Wasserburg Birlinghoven** ließ Theodor Damian Rautenstrauch, Bauherr des historistischen Schlosses, 1905 das neobarocke Kavaliershaus mit Mansarddach erbauen, ein Wohngebäude, mit dem er die Adelsburg selbst optisch vereinnahmte. Insgesamt darf Schloss Birlinghoven als einer der bedeutendsten Wohnsitze eines geadelten Großbürgers im Mittelrheingebiet der Wilhelminischen Epoche gelten.

Auch im südlich an den Mittelrhein angrenzenden Rheingau finden sich Bauten in Nachfolge der preußischen Burgenromantik: Der Weinhändler Hermann Mumm ließ sich 1874–76 bei Geisenheim im Rheingau die **Burg Schwarzenstein** erbauen (Architekt: F. Schädel), die Elemente der Neugotik preußischer Burgen am Rhein sowie künstlicher Burgruinen, wie sie als Parkarchitekturen Englischer Gärten entstanden, zeigt. Vorausgegangen war 1873 der Aufstieg seiner Familie, die nun »Mumm v. Schwarzenstein« hieß. Die »Burg« sollte als Sommer-Villa und Stammhaus der Familie dienen.

Meist sollten Villen-Burgen – und ebenso historistische Burg-Villen – den gesellschaftlichen und politischen Anspruch ihrer großbürgerlichen Besitzer darstellen. Neben Bezügen auf die Geschichte waren Sagen für Burgbauten des 19./fr. 20. Jh. ausschlaggebend. Bemerkenswert ist, dass bürgerliche Burgbauherren jener Zeit ihre »wiederaufgebauten« Burgen mit Sammlungen historischer Kunstwerke ausstatteten.

Resümierend ist festzustellen, dass historistische Burgausbauten im Rheinland anfangs meist der **Neugotik** verpflichtet waren – eine frühe Ausnahme war die neoromanische Burg Rheineck im **Rundbogenstil**. Seit dem 3. V. 19. Jh. wendete man verschiedene Stile an. Meist wurden ma. Mauern bzw. Fundamente integriert. Seit den 1870er Jahren gewann die »Deutsche

Renaissance« Vorbildcharakter für bürgerliche Burg-/Schlossbauherren. Ein richtungsweisender Bau war das ab 1884 als »Familienwohnhaus Puricelli« erbaute »Schloss« in Lieser/Mosel, das vorbildlich für viele Villen in der Region wurde. Begonnen hatte die Hinwendung zur Renaissance, die zum »Deutschen Nationalstil« deklariert wurde, mit der Neugründung des Reiches 1871 und der daraus resultierenden nationalen Begeisterung. Am Mittelrhein selbst blieb die preußische Neugotik noch lange vorbildlich, wenn auch einzelne Burgausbauten wie jener der Burg Katz 1898/99 einzelne Elemente der **Neorenaissance** zeigen. Bauherr war der Landrat des Kreises St. Goarshausen, Berg, der sich die nach M. 14. Jh. von den Grafen v. Katzenelnbogen erbaute, 1692/93 vergeblich von Truppen Königs Ludwigs XIV. von Frankreich belagerte Burg nach Entwürfen der Architekten Emil Schreiterer und Bernhard Below in Anlehnung an den historischen Zustand mit teils sehr freien Ergänzungen zu Wohnzwecken ausbauen ließ. Nachdem noch 1800 Instandsetzungen stattgefunden hatten, wurde die Katz 1806 auf Veranlassung Napoleons gesprengt. Trotzdem blieben größere Teile erhalten. 1816 kam sie ans Herzogtum Nassau. In der ersten Verpachtung an einen Bürger ordnete der Herzog ein Beschädigungsverbot an. Im 19. Jh. war die Burg dann Eigentum verschiedener Privatbesitzer. 1896 kam sie in den Besitz des Landrates. Dieser ließ sie in Orientierung am Bestand ausbauen. Der Neuaufbau »hatte zum Ziel, bei Wahrung der wesentlichen Züge des äußeren Bildes eine dem Zeitgeschmack entsprechende Wohnstätte zu errichten« (Custodis/Frein 1981, 22). So entstanden anstelle eines der drei rheinseitigen Türme eine Glasveranda über hohem Unterbau und zwischen dem mittleren und dem S-Turm doppelrundbogige Neorenaissance-Loggien. Dieser Stil prägt auch das Portal und Details der Innenausstattung.

Gegen E. 19. Jh. wurden zunehmend Renaissance- und Barockschlösser Vorbilder für die Architektur der eigenen Zeit, um damit politische Ansprüche historisch zu legitimieren. Nach der auf historische Baustile rekurrierenden Ausbauphase begann um 1900 – verstärkt in den 1920er Jahren – die mit dem Begriff **»Heimatschutz«** bezeichnete Phase, während der behutsamer mit historischer Bausubstanz umgegangen wurde und in der einzelne historistisch ausgebaute Burgen »rückgebaut« wurden, wie die sagenumwobene Genovevaburg in Mayen/Eifel, die 1893 für einen Kaufmann in Neorenaissance-Formen ausgebaut worden war und 1918 unter Bezug auf den ehem. barocken Zustand nach Planung des Architekten Ernst

Abb. 200 Oberwesel (RP), Stadtbefestigung, Roter Turm bzw. Haagsturm, 1864/66 zu Wohnzwecken neugotisch ausgebaut.

Abb. 201 Oberwesel (RP), Stadtbefestigung, Roter Turm bzw. Haagsturm, im Hintergrund die Schönburg.

Stahl (vgl. Burg Stahleck/Bacharach) wieder verändert wurde. Ähnlich verfuhr man 1936/38 auf Burg Lahneck (s. o.).

Eine interessante **Variante der bürgerlichen Burgenromantik** findet sich im Mittelrheintal: Hier wurden während des 19. Jh. mehrere Türme von Stadtbefestigungen für bürgerliche Bauherren historistisch ausgebaut. Beispiele finden sich in Kaub und Oberwesel, wo es mehrere solcherart veränderte Stadtbefestigungstürme gibt: Einer wurde in Villa Nova integriert. Bemerkenswert ist der 1864/66 ausgebaute Rote Turm, seitdem »Haagsturm« genannt. Dachform und oberer Abschluss wurden dem Sinwellturm der Kaiserburg in Nürnberg nachempfunden (Abb. 200–201).

6.1.3 »Pseudoburgen« – burg- und schlossrezipierende Bauten des 19. und frühen 20. Jahrhunderts

Den Burg-»Wiederaufbauten« folgten am Mittelrhein und anderenorts ab etwa M. 19. Jh. »Burg«-Neubauten. Es entstanden Neubauten in Burgformen oder unter Verwendung von Elementen und Motiven aus dem ma. Burgenbau – und seit E. 19. Jh. auch zunehmend aus dem Schlossbau der Frühen Neuzeit. Die Verwendung von Burg-/Schlossformen und -elementen wertete ein Bauwerk auf und verlieh ihm Symbolwert. Den Eindruck von »Wehrhaftigkeit« und herrschaftlichem Status vermittelte die »Einkleidung« des Bauwerks in Formen »aus der Zeit des Burgenbaues«, d. h. durch Rückgriffe auf Stilelemente aus Romanik und Gotik. **Burg-Villen** bildeten den größten Teil solcher »bürgerlicher Burgen«. Im gesellschaftlichen Strukturwandel des 19./fr. 20. Jh. war die Villa als Bauaufgabe bedeutend für das aufstrebende Bürgertum: Viele Villen wurden mit Türmen, Zinnen, Erkern und anderen Burgelementen zu ideellen »Wehrbauten«. Um 1900 kam es verstärkt zur Übernahme von Schlosselementen an Villen, doch noch weit bis ins 20. Jh. hinein waren Burgen prägend für großbürgerliche Wohnsitze. Eine »Bürger-Burg« ist die als »Schamotte-Schlösschen« bekannte Villa Didier in Niederlahnstein, die Direktorenvilla der ab 1890 erbauten Stettiner Chamotte-Fabrik Actien-Gesellschaft, ein 3½-geschossiger, symmetrischer Bau im späten Rundbogenstil mit Zinnen und mittigem Belvedere-Turm über der Hauptfassade zum Rhein.

Mit Türmen, Zinnen und Erkern vermitteln Burg-Villen das Klischeebild des 19. Jh. von »der« ma. Burg. Gleiches gilt für andere Bauaufgaben jener Zeit, etwa **Hotels und Gast-**

häuser, in denen sich der Gast als »König« fühlen sollte. An solchen Bauten übernahm man früh Elemente von Burgen, etwa Türme, Erker und Zinnen. Ab dem Beginn des 20. Jh. erfolgte eine zunehmende Orientierung an barocken und klassizistischen Schloss- und Palastbauten. Für Letztere steht das Hotel Koblenzer Hof (1912–13; Entwurf: Heinrich Müller-Erkelenz, Köln) am Rheinufer in Koblenz, urspr. Grand-Hotel Esplanade-Bellevue. Der fünfstöckige Bau mit Attikageschoss zeigt klassizistische Formen; ihn gliederten ein achtachsiger Mittelrisalit mit Pilastern und vorgelegter zweigeschossiger Veranda. Die abgerundeten Eckbauten endeten zunächst mit Rundtürmen. Durch Kriegszerstörungen hat das Haus nicht mehr das bauzeitliche Erscheinungsbild.

Neben Beherbergungsbauten, zu denen auch Jugendherbergen zählten (→ Jugendburgen), gehörten **Sozial- und Verwaltungsbauten** zu den burg-, später schlossrezipierenden Bauaufgaben. Erwähnt seien drei Verwaltungsbauten, die für verschiedene Phasen der Burgen- und Schlösserrezeption stehen. Zwei stehen in den Rheinanlagen von Koblenz: Das ehem. Gebäude der preußischen (Bezirks-)Regierung (Altes Regierungsgebäude) (Abb. 202) und das frühere Gebäude des Oberpräsidiums (Provinzialregierung) der preußischen Rheinprovinz (Stresemannstr.) (Abb. 203, S. 262).

Das mächtige, an der viergeschossigen Rheinfront fast 160 m lange neoromanische Alte Regierungsgebäude, 1902–06, in dessen Entwurfsplanung Kaiser Wilhelm II. persönlich eingriff, hat eine symmetrische Hauptfassade. Diese rahmen zwei verschieden gestaltete und hohe Türme, die dem Bauwerk zusammen mit der Rustizierung und den romanischen Formen den – im Sinne der Entstehungszeit – burgartigen Charakter gaben, wenn auch die Massengliederung des Gebäudes an der Rheinfront eher durch barocke Schlossbauten bestimmt ist. Zum figürlichen Programm des Äußeren gehören Kopfbilder der Kaiser Karl d. Gr. und Friedrich I. Barbarossa sowie Skulpturen des hl. Georg und Allegorien auf Weinbau (weiblich) und Schifffahrt (männlich). Mit dem Bau verbunden ist die Dienstvilla des Regierungspräsidenten.

Das 170 m lange, dreistöckige Gebäude des Oberpräsidiums der Rheinprovinz neben dem Kurfürstlichen Schloss in Koblenz, 1907–10, steht in der Nachfolge u. a. süddeutscher bzw. fränkischer Barockschlösser, doch zeigt es auch Jugendstildetails. Die barocken Vorbilder haben ihre Bezüge im baukünstlerischen Schaffen der Architekten Balthasar Neumann und Johannes

Abb. 202 Koblenz (RP), ehem. Gebäude der preußischen (Bezirks-)Regierung (Altes Regierungsgebäude) im neoromanischen Stil.

Seiz im Kurfürstentum Trier, dessen Nebenhauptstadt Koblenz zeitweise war. So erklärt sich das Zitat des S-Flügels des Kurfürstlichen Schlosses in Trier von Johannes Seiz. Markant sind die Mansarddächer und der steinverkleidete Mittelpavillon des aus Ziegeln gemauerten Putzbaues. Den genannten Pavillon prägt ein geschweifter, reich dekorierter Architrav. Im Inneren des Baues finden sich neobarocke Stuckaturen an Decken und Wänden und das Trep-

Abb. 203 Koblenz (RP), ehemaliges Gebäude des Oberpräsidiums (Provinzialregierung) im neobarocken Stil.

penhaus mit der sog. »Kaisertreppe«. Auch hier ist eine stilistisch gleich gestaltete Dienst-Villa mit dem Bau verbunden.

Barocke und klassizistische Schlossformen zeigt das von Ernst Stahl (vgl. Burg Stahleck) entworfene Kreishaus in St. Goar (1914). Sockel, Freitreppe, flankierende Rundtürme mit geschweiften Hauben und ein Dreiecksgiebel gehören zu den Gestaltungselementen.

Die Rezeption von Burgen bzw. die Verwendung von Burgelementen findet sich auch an vielen technischen und Eisenbahnbauten sowie an Industrie- und Gewerbebauten des 19./fr. 20. Jh. **Fabriken** wurden im 19. Jh. mit Türmen und Zinnen versehen und auf diese Weise zu sog. **»Industrieschlössern«**. Ein solches im hier betrachteten Gebiet ist das ab Juni 1890 in Niederlahnstein erbaute Werk der Stettiner Chamotte-Fabrik Actien-Gesellschaft, vormals Didier. Das Werk entstand auf einem 200 x 33 m großen Areal zwischen Rhein und Eisenbahn. Zum Bauprogramm gehörten neben dem Werksgebäude das Direktionsgebäude, der 2½-geschossige Wohnbau für leitende Angestellte und zwei Arbeiterwohnhäuser. Das Werk ist, ebenso wie die Direktorenvilla (s. o.: »Schamotte-Schlösschen«) mit Türmen und Zinnen gestaltet.

Eisenbahnbauten als Burgen: Um 1830 hatten sich im Rheinland Wirtschaftszentren gebildet (Ruhrgebiet; Bereich Krefeld; das Gebiet zwischen Düsseldorf und Wuppertal; Köln; Großraum Aachen; Saargebiet; Trier; Koblenz als Sitz der Provinzialverwaltung), die bald durch Eisenbahnen miteinander verbunden werden sollten. Träger der Eisenbahnen waren meist Privatgesellschaften, deren bedeutendste die 1837 gegründete »Rheinische«. Ab ca. 1850 begannen verstärkt Verstaatlichungen. Nachdem die Pläne von Friedrich List zu einem gesamtdeutschen Bahnsystem nicht realisierbar waren, wurden die Ideen David Hansemanns, Ludolf Camphausens, Friedrich Harkorts und anderer rheinisch-westfälischer Unternehmer in den 1830er/40er Jahren großenteils umgesetzt. Neben wirtschaftlichen waren militärische Interessen maßgeblich.

Bahnhofsempfangsgebäude: Da in großen Bahnhöfen teils Appartements für Angehörige fürstlichen Standes oder den Kaiser bestanden (Krings 1980/81, 65), war Bahnhofsarchitektur oft Herrschaftsarchitektur und mit Versatzstücken und Elementen der Architekturformen Villa, Schloss und Burg gestaltet. So heißt es in der Wochenschrift des Österreichischen Ingenieur- und Architectenvereins, Nr. 47, 1884 in der Beschreibung des Empfangsgebäudes des Hauptbahnhofes Bonn (Grundsteinlegung 1.3.1883 [Abb. 204, S. 264]): »An der linken Stirnseite des Gebäudes ist ein Salon für hohe Herrschaften mit separater Vorfahrt in einer architectonisch sehr wirkungsvollen Weise angeordnet, indem er zwischen zwei offenen loggienartigen Vorhallen gelegt ist, von denen die eine den Eingang in den Salon, die andere den

Abb. 204 Bonn, Hauptbahnhof, Ansicht um 1900.

Ausgang auf den Perron vermittelt.« Ein Grund für diese Einrichtung war, dass Hohenzollernprinzen in Bonn studierten. Weitere Bahnhofsempfangsgebäude kleinerer Städte zeigen Burgelemente.

Tunnelportale der Mittelrheinstrecken waren teils mit Türmen und Zinnen gestaltet, wie der Tunnel an der Loreley. Noch während der nassauischen Zeit (1862) wurde die Rheingau-Eisenbahn (Wiesbaden – Rüdesheim) bis nach Oberlahnstein verlängert; damals entstanden der Roßstein- und der Loreley-Tunnel bei St. Goarshausen. Auch zur linksrheinischen Eisenbahnstrecke zwischen Koblenz und Bingen (1859) gehören pseudoma. gestaltete Tunnel (Kammereck-, Bank- und Bet-Tunnel bei St. Goar). 1866 wurde sie auf zwei Gleise erweitert.

Eisenbahnbrücken: Brücken mit Türmen und Zinnen hatten als Wehrbauten eine in MA und Antike reichende Tradition, und noch im 19./fr. 20. Jh. wurden Brücken befestigt. Mehrere Beispiele finden sich am Rhein. So warnte Dombaumeister Ernst Friedrich Zwirner während der Planung und Diskussion um den Standort der ersten Kölner Eisenbahnbrücke davor, diese zu nah am Dom zu bauen, da die Brückenköpfe bei feindlichem Bombardement zuerst gefährdet seien. Oft zeigten Brücken nur Burgformen als Symbole; Brückenköpfe mit Türmen und Toren assoziieren Stadttore und Burgen (z. B. Koblenz; Bonn), doch gab es am Mittelrhein auch real befestigte Brücken (s. Kap. 5).

Denkmäler: Für Braubach entwarf der Architekt Prof. Bodo Ebhardt, der Gründer der Deutschen Burgenvereinigung, das 1903 errichtete Kriegerdenkmal für die Gefallenen des Deutsch-Französischen Krieges 1870/71 (Rheinuferstraße) in Form eines ma. Burg- oder Stadttorturmes (Abb. 205, S. 266).

6.2 Burgen und Schlösser nach 1918

Auch nach dem Ende der Monarchie 1918 behielt die ma. Burg als Symbol, Bedeutungsträger und Topos eine weitgehend allgemeingültige Wertigkeit. Weiterhin wurden Burgen ausgebaut. So wurden in den 1920er/30er Jahren aus vielen ma. Burgen sog. Jugendburgen, die als Jugendherbergen dienten, darunter mehrere im Mittelrheingebiet nebst Eifel und Hunsrück (s. Kap. 6.2.2). Viele der im vorigen Kapitel benannten Bauaufgaben standen nach wie vor in der Gestaltungstradition ma. Burgen. Frühneuzeitliche Schlösser hatten ebenfalls architektonische Vorbildfunktion.

Bis heute soll das Zitieren adeliger Architekturformen (Burgen, Schlösser) und -elemente (Türme, Zinnen etc.) Eigner, Bewohner und Nutzer burgrezipierender Gebäude (Villen, Wohnhäuser, Gasthäuser, Hotels etc.) symbolisch aufwerten. Das Gleiche gilt für Hotelgäste, denen suggeriert wird, als Gast seien sie »König«. Eine simple, durchschaubare, offenbar effektive Methode, Status auf Zeit zu er- und verkaufen. Die gleiche Absicht ist bei Umnut-

zungen historischer Burgen und Herrenhäuser zu Hotels und Ferienhäusern gegeben. Manche Hotelnamen suggerieren eine »Aristokratisierung« der Gäste (Beispiele: Burg-/Schlosshotel, Residenz, Imperial, Royal, Villa etc.). Türme und Zinnen sind die meistverwendeten Burgelemente an heutigen Villen und Hotels. Sie hatten bereits im MA neben fortifikatorischer Bedeutung zeichenhaften Charakter. »Bleibt eine Form losgelöst vom Zweck bestehen, lebt sie verselbständigt und monumentalisiert weiter, und wird sie gar in einen anderen Kulturzusammenhang über eine größere Epoche hinweg rezipiert, dann kann angenommen werden, daß sie nun gleichnishaft etwas vertritt und eine Bedeutung angenommen hat«, meinte schon Günter Bandmann (1951).

Abb. 205 Braubach (RP), Kriegerdenkmal für die Gefallenen des Deutsch-Französischen Krieges 1870/71 (Rheinuferstr.) in Form eines mittelalterlichen Burg- oder Stadttorturmes; Entwurf: Prof. Bodo Ebhardt (Berlin), Gründer der Deutschen Burgenvereinigung, 1903.

6.2.1 Industrie- und Produktionsbauten

In der **Nachfolge barocker Schlossarchitektur** steht das Bauensemble der Grube Amalienhöhe nö oberhalb von Waldalgesheim am Fuß des Hunsrücks. Das auch als Grube Dr. Geier bekannte einstige Mangan- und Dolomitbergwerk ist seit 2002 Teil des UNESCO-Welterbes Oberes Mittelrheintal. 1885 begann Dr. Heinrich Claudius Geier (Mainz) im Grubenfeld Amalienhöhe Suchschächte abzuteufen; 1887 begann der Erzabbau. Nach Geiers Tod 1898 wurde das Unternehmen 1904 in die Gewerkschaft Braunsteinbergwerke Doktor Geier umgewandelt. In den folgenden Jahren konnte der Betrieb durch Zukäufe erweitert werden. Nachdem die Gruben nach Beginn des 1. Weltkrieges 1914 vorübergehend stillgelegt worden waren, konnte der Betrieb bald wieder aufgenommen werden, da die Nachfrage nach Manganerz für die Stahlgewinnung deutlich stieg. In der Folge entstand ab 1916 auf dem Stöckert die neue Grube Dr. Geier, zu deren Baukosten das Deutsche Reich zur Hälfte beitrug. Das Büro Markwort & Seibert (Bau-Ing. Georg Markwort & Architekt Eugen Seibert, Darmstadt) lieferte ab 1916 die Pläne zu den obertägigen Grubenbauten in neobarockem Stil (Abb. 206–207, S. 268f). Die Bauten gruppieren sich annähernd axialsymmetrisch um einen Platz in Art eines barocken Ehrenhofes. Die Zufahrt unmittelbar hinter dem Portal mit Pavillons flankieren zwei schloss- bzw. villenartige Bauten, das Zechenhaus (Direktion und Verwaltung) und die Herberge (Baubüro, Beamtenkasino, Wohnungen). Das aufwendigste Gebäude ist der Saalbau mit Speisesaal, Theater und Vortragsraum. Hinzu kommen das Betriebsgebäude (Magazin, Lohnhalle, Kaue), Erzsilo mit Förderturm und Maschinenhalle, vor der eine als Kühlteich genutzte achteckige Brunnenanlage liegt. Im Werkhof gibt es ein vierteiliges Wasserbecken (Klaus Klemp: Grube Dr. Geier. Monument des deutschen Erzbergbaus. 1987).

6.2.2 Jugendburgen

Der in den 1920er/30er Jahren verbreitete Begriff »Jugendburg« bezeichnete sowohl Burgen, die als Jugendherbergen genutzt und dazu im Sinne des Heimatschutzes ausgebaut wurden als auch Neubauten von Jugendherbergen, die mit architektonischen Versatzstücken ma. Burgen zitierten, wie die Jugendburg Alpen am Niederrhein.

Um 1900 hatte sich die Jugendbewegung formiert, die sich gegen die aus ihrer Sicht »er-

Abb. 206 Waldalgesheim (MZ, RP), Grube Amalienhöhe (auch Grube Dr. Geier).

starrte« bürgerliche Gesellschaft der Wilhelminischen Zeit wandte. Sie formulierte nicht nur Gesellschaftskritik, sondern postulierte auch neue Entwürfe und Formen der Lebensgestaltung, die u. a. durch eine große Naturverbundenheit geprägt war. Die entstehenden Bünde wie der Wandervogel (1901) und die Freideutsche Jugend (1913) förderten insofern das Wandern. Jugendliche Wanderer brauchen Unterkünfte, und so entstanden erste Jugend-

Abb. 207 Waldalgesheim (MZ, RP), Grube Amalienhöhe (auch Grube Dr. Geier).

herbergen, anfangs eher schlichte Unterkünfte. Nachdem dann 1909 die erste deutsche Jugendherberge in der Burg Altena (NRW) eingerichtet worden und damit die wohl erste Jugendburg weltweit entstanden war, folgten in den nächsten 25 Jahren Ausbauten zahlreicher Burgen zu Jugendburgen, darunter am Mittelrhein und in der linksrheinischen Eifel (z. B. Blankenheim; Monschau; Neuerburg). In die 1920er Jahre fielen mehrere nach Maßgaben des Heimatschutzes durchgeführte Ausbauten von Burgen zu Jugendburgen, bei denen insbesondere der Architekt Ernst Stahl (1882–1957) aus Düsseldorf, Mitbegründer des Internationalen Burgen-Institutes (IBI), denkmalpflegerisch richtungsweisende Entwürfe lieferte, darunter die zu den genannten drei Burgen in der Eifel, zur Burg Stahleck über Bacharach am Mittelrhein und zur Burg Eltville am unteren Oberrhein. Planungen zum Ausbau als Jugendherbergen bzw. -burgen gab es für weitere Objekte im Rheinland, darunter das Ritter-Schwalbach-Haus in Boppard, das Burghaus Oberhammerstein, das Gartenhaus Nibelungenhort im Domfreihof von Xanten/Niederrhein, das Marschiertor der Stadtbefestigung von Aachen und der Runde Turm der Stadtbefestigung von Andernach.

6.2.2.1 Der Nerother Wandervogel und die Rheinische Jugendburg Waldeck/Hunsrück

Der 1919 in der Burgruine Freudenkoppe über Neroth/Eifel gegründete Nerother Wandervogel sah als seine »erste Aufgabe« den »Bau einer Jugendburg als Zentrum für den Rheinischen Wandervogel«. Nach dem ersten Wandervogeltreffen auf Burg Waldeck im Hunsrück 1911 wurde diese im März 1920 zur Rheinischen Jugendburg bestimmt und am 23.5. der »Bund zur Errichtung der Rheinischen Jugendburg e. V.« gegründet. Er begann mit Geldsammlungen zum Ausbau der Burg. Am 27.3.1921 stieß der Nerother Wandervogel als »Jungenbund« dazu. Am selben Tag war auf Burg Drachenfels/Pfalz der Nerother Wandervogel Deutscher Ritterbund e. V. gegründet worden. 1922 verfügte der Jugendburgbund über die Finanzen, das Baugelände seiner künftigen Rheinischen Jugendburg zu erwerben, und am 10.5.1922 zog die »Bauhütte Rabenklaue« des Nerother Bundes auf Waldeck ein, um Bauvorarbeiten zu beginnen. 1922–24 lebten acht bis zehn Mitglieder der Bauhütte in der Burgruine. Ein Garten wurde angelegt, verschiedene provisorische Räume hergerichtet (u. a. Bauhütte, Turm, Kapelle, Keller). Bald schon folgten Konflikte mit dem Denkmalschutz der preußischen Rheinprovinz, da der Architekt Carl Buschhüter (1872–1956) keine Rücksicht auf vorhandene ma. Baureste nahm, sondern die Errichtung eines Fantasiegebildes vorsah, das mit einer ma. Burg kaum etwas gemein hatte.

Im Herbst 1924 stand der erste Wohnbau, eine Holzbaracke. Es folgte die Eingliederung des Nerother Wandervogels in den Jugendburgbund. 1930 konnte dann der eigentliche Wohnbau eingeweiht werden, doch erst 1970 war der W-Flügel der Rheinischen Jugendburg Waldeck im Rohbau fertig. 1935 hatte Bundesführer Robert Oelbermann den Bund zur Errichtung der Rheinischen Jugendburg e. V. auflösen müssen. 1936 wurde er auf Initiative der Hitler-Jugend (HJ) verhaftet, 1941 starb er im KZ Dachau. Die Jugendbewegung war durch den Nationalsozialismus teils aus-, teils gleichgeschaltet worden. Die Jugendburgidee wurde in der NS-Zeit (1933–45) aufgegriffen und im Sinne des Systems umgedeutet. Sie lebte letztlich in den SS-Ordensburgen fort, so in der NS-Ordensburg Vogelsang/Eifel (ab 1934).

Eine positive Folge der noch unvereinnahmten Jugendburg-Idee waren Publikationen, in denen Burgen – insbesondere am Mittelrhein – einem breiteren Publikum zu erschwinglichen Preisen bekannt gemacht wurden. Aus dieser Vielzahl sei das von Jörg Ritzel verfasste Bändchen *Rheinische Tippelbilder. Eine fröhliche Fahrt durch Rheinische Burgen und Schlösser* (Köln-Ehrenfeld 1933) exemplarisch vorgestellt (Abb. 208). In 28 kurzen Kapiteln stellt Ritzel darin 30 Bauten, beginnend mit »Schloss Heidelberg« am Neckar und dem »Frankfurter Römer« (dem gotischen Rathaus) in Frankfurt/Main über »Das kurfürstliche Schloss zu Mainz« und die Schlösser Wiesbaden, Biebrich und Johannisberg am

Abb. 208 Titelbild des Büchleins von Jörg Ritzel: Rheinische Tippelbilder. Eine fröhliche Fahrt durch Rheinische Burgen und Schlösser. Köln-Ehrenfeld 1933.

unteren Oberrhein bis hin zu »Schloss Brühl bei Köln« und »Schloss Benrath« bei Düsseldorf am Niederrhein vor, d. h., er hält sich nicht an die geografischen Grenzen des Mittelrheins. Sein Anliegen schildert er in seinem Vorwort »Als Weggeleit!«: »Rheinische Burgen und Schlösser! Kein Strom der Welt hat eine solche Fülle steingewordener Erinnerungen wie der Rhein. Sie sind die Immortellen in dem bunten Kranz, der ihn schmückt. Aber sie sind mehr als dies. Sie sind die Meilensteine seiner Geschichte. Aus ihren efeuumsponnenen Mauern, aus ihrem Werden und Vergehen schut und die Vergangenheit an, und wo der eherne Griffel der Geschichte versagt, da spinnt die Sage und webt um die Ruinen ihren goldschimmernden Mantel. Fürwahr, sie war nicht immer ruhmvoll, diese Vergangenheit, aber sie hat auch Zeiten von einer Kraft und Größe geboren, die in deutschen Herzen heute noch nachklingen. In diesen Jungborn der rheinischen Romantik wollen wir untertauchen, um Kraft zu schöpfen zum neuen Aufstieg. [...] dieses Büchlein will kein Bädekersurrogat und auch kein Historienbuch sein. Es hat nicht den Ehrgeiz, jedes alte Gemäuer und jedes schloßähnliche Gebäude zu zitieren, das sich am Strom erhebt – und deren gibt es die Fülle. Ebensowenig will es eine Aufzählung der Dinge bringen, die die Räume füllen. Ich habe selber die Erfahrung gemacht, daß von dem bunten Wirrwarr des Geschauten, das sich mir auf meinen Wanderfahrten aufdrängte [...] nur der Gesamteindruck, mit einem Wort die Seele des Ganzen in der Erinnerung haften blieb. Und das ist, was ich anstrebe. Ich will dem Wanderer, der die rheinischen Burgen und Schlösser besucht, den Geist vermitteln, der in den altehrwürdigen Räumen lebt. Ich will ihm die Melodie hörbar machen, die auf geheimen Tonwellen schwebt, damit sie die Brücke werde zwischen Schauen und Fühlen, zwischen Vergangenheit und Gegenwart.«

Entsprechend bietet Ritzel Stimmungsbilder von Burgen, wofür das Beispiel der Brömserburg in Rüdesheim stehen mag: »Die Urahne aller rheinischen Burgen! Uralt, verrunzelt, strauchhaarig, halb erblindet steht sie an der Rüdesheimer Bacchusstraße und schaut grämlich dem Leben zu, das an ihr vorbeibraust. Wenn ein Auto hupt, zuckt sie zusammen, bei Jazzmusik kriegt sie einen Krampf, nur an die Eisenbahn hat sie sich allmählich gewöhnt, obwohl sie immer noch brummt, wenn der Kohlenqualm ihr allzusehr die Tunika bekleckst. Man sieht ihr an, sie fühlt sich deplaciert hier. Ein Anachronismus. Möchte lieber auf dem Westerwald stehen [die Burg steht allerdings am Rande des Taunus, d. Verf.]. Wenn's nur ginge.«

Solchen Stimmungsbildern standen aber bereits andere gegenüber. So hatte der Schriftsteller Josef Winckler (eigentlich: Alfred Joseph Werner Winckler, * 1881 Bentlage, † 1966 Bensberg) in seinem Rhein-Gedicht »Der deutsche Strom« u. a. folgende Zeilen gefunden (zit. nach Lehmann 1924, 19):

Wohin wir auch schauen, selbst Hunne und Got',
Es brach kein Volk in Europa ein,
Besessen sind alle, zu sterben am Rhein –
Der Rhein ist voll Blut wie voll Kot.

Ruine an Ruine hat der Brand geloht,
Das ganze Ufer von den Alpen zum Meer
Zieht die Flucht von grauen Brandstätten her –
Der Rhein ist die Straße der Not.

Doch zurück zur wandernden Jugend am Mittelrhein und zu den Jugendburgen.

6.2.2.2. Die Jugendburg Stahleck über Bacharach am Mittelrhein

Über der Altstadt von Bacharach steht auf einem Felssporn die Burg Stahleck, die vielen Reisenden als eine der »besterhaltenen« Burgen am Mittelrhein ein Begriff ist, doch handelt es sich um eine Neuschöpfung der 1. H. 20. Jh., die als Jugendburg entstand. Wie die Rheinische Jugendburg Waldeck (s. o.) wurde die Jugendburg Stahleck ein idealtypischer Bau, anders als jene jedoch nicht gegen die Belange der Denkmalpflege, sondern unter weitestgehender Respektierung des historischen Baubestandes, worauf besonders der planende Architekt Ernst Stahl (1882–1957) achtete. (Zu Ernst Stahl: Strickhausen-Bode 2007; dort auch ausführlich zu den nachfolgend zit. Fakten.)

Die 1135 zuerst urkundlich belegte Burg Stahleck wurde im 30-jährigen Krieg durch Schweden zerstört, 1666 erneuert und schließlich 1689 von Franzosen fast vollständig zerstört. 1925/65 erfolgte der Neuaufbau nach Entwürfen von E. Stahl nach historischen Abbildungen und unter Verwendung der historischen Bausubstanz.

1801 war Bacharach nebst Burg Stahleck mit der Auflösung der Pfalz an Frankreich und 1815 an Preußen gelangt. Kronprinz Friedrich Wilhelm erwarb die Ruine und schenkte sie 1829 seiner Gemahlin Elisabeth als einstige Burg der Adelsfamilie der Wittelsbacher, der sie entstammte. Ein Neuaufbau unterblieb. 1909 erwarb der Rheinische Verein für Denkmalpflege und Heimatschutz die Ruine von der preußischen Domänenverwaltung. Aus jenem

Jahr stammen erste Wiederaufbaupläne Stahls, doch ließ der Verein lediglich eine Schutzhütte in der Burg errichten. Erst 1925 wurde entschieden, Stahleck zur Jugendherberge auszubauen, um »neues Leben auf die Burg zu bringen«; im selben Jahr begann der Bau, nachdem der Rheinische Provinziallandtag eine Beihilfe von 50 000 Reichsmark zugesagt hatte.

Der Ausbau der Burgruine zur Jugendburg war eingebunden in Theorien der Zeit, junge Menschen mit der Geschichte ihrer Heimat, ihres Landes und mit Baudenkmälern – v. a. des MA – vertraut zu machen. Die Anliegen von Denkmalpflege und Landschaftsschutz, die der Rheinische Verein für Denkmalpflege und Heimatschutz – heute: Rheinischer Verein für Denkmalpflege und Landschaftsschutz – verkörperte, werden durch seine Namensgebung deutlich.

Im März 1925 fragte der Verein bei der Stadt Bacharach nach Informationen und Material zur Geschichte der Burg, nach Fotos, Plänen etc. Der Bürgermeister verwies auf das Staatsarchiv Koblenz und den Reg.-Baumeister Stahl, der »über eine reichhaltige Sammlung von derartigem Material verfügt«. 1913/14 hatte Stahl ein Modell der Stadt mit Stadtbefestigung und rekonstruierter Burg gefertigt. Er erhielt nun den Auftrag, »im Sinne der alten Bauten und unter Verwendung der alten Mauern in die Ruine ein Haus einzubauen, das sich dem Landschaftsbild gut einfügt«. In der 1. H. der 20er Jahre legte Stahl verschiedene Rekonstruktionsentwürfe als Grundlagen für den Neuaufbau vor, der im Spätsommer 1925 begann. Im Herbst 1926 folgte der 2. Bauabschnitt, die Mädchenherberge. Der Ausbau zog sich über die nächsten Jahre nach erweiterten Entwurfsvorlagen hin. Zudem erfolgten Freilegungen der Gräben und des Umfeldes der Burg. Unschlüssig war man sich, wie mit dem Stumpf des Bergfriedes zu verfahren sei, der möglicherweise als Aussichts- und »Aufenthalts-Terrasse« hergerichtet werden sollte. Erwähnenswert ist die 1929 erfolgte Ausmalung der Tagesräume unter Leitung von Prof. Münzer von der Kunstakademie Düsseldorf durch die beiden jungen Düsseldorfer Maler Meier und Müller: Im Tagesraum der Mädchen wurden Märchenmotive, in dem der Jungen Themen der Jugendbewegung gewählt.

Schon bald war die Jugendburg so beliebt, dass das Raumangebot nicht mehr ausreichte und weitere Bauten nötig wurden. Fachwerk eines abgebrochenen Hauses aus Niederfell war dafür vorgesehen. Nach Debatten über den Ausbau, an denen sich der Provinzialkonservator der Rheinprovinz, Metternich, engagiert beteiligte, schritten die Arbeiten im Laufe der Jahre voran. 1930–35 wurde der ehem. Wohnbau (»Pallas«) – unklar bleibt, ob er urspr. tatsächlich ein Palas war –, ausgebaut. Inzwischen gab es Tendenzen, den Ausbau der Burg Stahleck nicht für die Jugendbewegung, sondern als »Jugendburg der rheinischen Hitlerjugend« zu erstellen. Angestrebt wurden eine Bettenzahl von 150 und ein Versammlungssaal für 200 Personen. Nach wie vor galt jedoch, die erhaltene historische Bausubstanz (u. a. Teile der Ringmauer oder Fensteröffnungen) zu berücksichtigen und den weiteren Neuaufbau auf ein Erscheinungsbild hin anzulegen, das den historischen Darstellungen aus der Frühen Neuzeit von Wenzel Hollar (1607–77) und Matthäus Merian (1632) entsprach. 1929 und 1934 wurde dem Deutschen Jugendherbergswerk Gau Rheinland das Erbbaurecht vertraglich zugesichert, am 18.11.1934 fand die feierliche Grundsteinlegung zum Ausbau des »Pallas«, 1935 dessen Richtfest statt. Dem EG wurde der Küchenanbau mit Fachwerk-OG vorgesetzt. Die Außenschalen der »Pallas«-Mauer bestehen aus wiederverwendetem Schieferbruchstein. Den Bau deckt ein Schieferdach in »altdeutscher« Eindeckung; die Gauben wurden »handwerksgerecht aus dem Dache herausgekehlt«, womit wichtige Forderungen des Heimatschutzes erfüllt waren, die u. a. verlangten, dass man sich bei Jugendherbergen jeweils der traditionellen örtlichen Bauweise anzupassen und möglichst regionalen Naturstein zu verwenden habe.

Im 1. OG des »Pallas« entstand ein großer Saal für Schulungen, Arbeitsgemeinschaften etc., dessen farbig verglaste Fenster Niedermendiger Basaltlava rahmte. Zusammen mit dem »besonders schön verlegten Eichenriemenboden«, der Holzvertäfelung »mit leichtfarbiger Behandlung« und dem hellen Rauputz der Wände wurde so ein als festlich empfundener Charakter erzielt. 1938 hieß es hierzu: »Der Raum erzieht Menschen, und die Jungen benehmen sich in diesen schönen und feierlichen Räumen ganz von selbst so, wie es der Stil der Burgen und Herbergen verlangt.«

Mit der Einweihung des »Pallas« während der NS-Zeit war der Neuaufbau der Burg nicht vollendet. Noch immer fehlte der Bergfried. Zudem hatte Ernst Stahl die Rekonstruktion des mutmaßlichen Fachwerkbaues auf dem der Schildmauer feldseitig vorgelegten Außenwerk vor. Erst 1965 wurde auf Basis der Entwürfe Stahls der weitere Ausbau begonnen. 1966/67 entstand unter Leitung von Dipl.-Ing. Heinrich Grimm, Reg.-Baurat a. D., als Neuschöpfung der Rundturm anstelle des Bergfrieds.

Die Jugendburg Stahleck entstand als burgenkundlich und rezeptionsgeschichtlich interessante und bedeutende Neuschöpfung über 42 Jahre und während drei verschiedener politischer Systeme: Weimarer Republik (1918–33), Nationalsozialismus (1933–45) und Bundesrepublik Deutschland.

6.3 Exkurs: Rheinische Burgen als Thema, Symbol, Motiv und Topos im (Heavy) Metal

(Heavy) Metal ist ein um 1970 entstandener, inzwischen sehr differenzierter, primär von E-Gitarre und Schlagzeug geprägter Musikstil mit Wurzeln u. a. im Blues, im Jazz sowie in Klassik und Romantik. Darüber hinaus bezeichnet Metal eine vielschichtige, ab M. der 1980er Jahre zunehmend untergliederte Subkultur. Deren Anhänger – *Metalheads* oder *Metaller* – lassen oft durch Kleidung (u. a. »Kutte« und »Band-Shirts«), Frisur (lange Haare) und Accessoires ihre Zugehörigkeit zur Szene erkennen. Anders als in populären Subkulturen bleiben sie ihrer Szene im Erwachsenenalter vielfach verbunden: Metal ist eine Lebenseinstellung, die Toleranz und Individualität fordert. Wichtig ist die Authentizität von Musikern und Fans, wobei sich dies nicht allein auf die Entstehung der Musik (v. a. Eigenkompositionen), sondern ebenso auf deren Inhalte (Texte) und Umfeld (z. B. Konzerte) bezieht. Die Musik deckt ein Spannungsfeld von bewusst provokativ-aggressiver, martialischer Attitüde bis hin zur Melancholie ab. Die Texte können gesellschaftskritisch, sehr emotional, ironisch, auch plakativ und aggressiv sein; erzielt werden letztlich ehrliche, authentische, wenn auch oft symbolhaft aufgeladene, bisweilen naiv überfrachtete Texte.

Die Genese des Metals hing zusammen mit dem Ende der Hippiekultur in den ausklingenden 1970er Jahren mit der Erkenntnis: Deren Slogan »make love, not war« war in der konfliktreichen sozialen Realität der Zeit (u. a. atomare Bedrohung) nur eine Phrase. Der Metal, der sich vorwiegend als unpolitisch und trendunabhängig versteht, zeigt bei oberflächlicher Betrachtung eskapistische Tendenzen, doch ist Gegenwartsflucht häufig symbolisch zu verstehen. Geschichte, insbesondere »das MA« und historische Orte sind wichtige Dimensionen im Metal und in der teils verwandten Gothic-Szene. In Kontaktanzeigen der Szene-Magazine suchen Leser/-innen ihren »Prinzen«/ihre »Prinzessin«, ihren »Lord« oder »Ritter«. Als ihre Interessen nennen sie Geschichte, Besichtigungen von Burgen, Schlössern und »alter Gemäuer«.

Viele Metal-Konzeptalben sind historischen oder fiktiven »ma.« Themen gewidmet. In der Metal- und Gothic-Szene gibt es die Bezeichnungen »Mittelalter-Rock« und »-Metal«.

Immer wieder finden sich in der Metal-Szene Bezüge zum Mittelrhein und seinen Burgen: Burgen, Schlösser und Festungen sind Festival- und Konzertorte. In der Metalcore-Szene, einem Metal-Subgenre, versuchte man ab 2009 das Festival *Full Metal Fortress* in Koblenz zu etablieren, das 2010 erstmals in Fort Konstantin als Open Air stattfand.

Burgen können Hauptthemen von Liedern sein, wie im von der Black-Metal-Band **The Ruins Of Beverast** auf dem Album *Rain upon the Impure* (2006) veröffentlichten Lied »50 Forts Along the Rhine«. Dazu die Band: »Das Lied ist eine symbolische Reminiszenz an die [...] ›Drusus-Kriege‹ kurz vor der Zeitenwende, während derer der römische Feldherr Drusus d. Ä. zur Befestigung und zur Untermauerung der Herrschaftsansprüche in Niedergermanien zahlreiche Kleinfestungen am Rhein errichten ließ. Diese Forts sind zum Teil bis heute erhalten und ein zentrales Charakteristikum für die Feldzüge des Drusus. Die Thematik des Songs schmiegt sich dem grundlegenden Konzept von T.R.O.B. an, antike bis (spätestens) ma. Legenden und (Ereignis-)Geschichten auf metaphorische Weise in die Jetztzeit zu übertragen und längst vergessene Schauplätze wiederzubeleben. Die Bezugnahme auf Festungen in diesem Zusammenhang ist einerseits dem symbolischen Konzept des Liedes geschuldet, weil eine Beschäftigung mit Drusus zu einer Beschäftigung mit seiner charakteristischen Kriegsarchitektur verpflichtet. Andererseits sind die Festungen für das Lied titelgebend, weil der Song gleich einer alten Landkarte aufgebaut und musikalisch umgesetzt sein sollte und die Festungen samt des mächtigen Flusses [sic] die markantesten und stabilsten Orientierungspunkte in einer solchen Karte sind« (Zitat des Musikers und Historikers Meilenwald; 12.7.2012). Auf dem Begleitheft ihrer CD *The Moselle Enigma (Split-7«) / Unlock The Shrine* (2004) zeigt die Band eine Burg: »›Split-7‹: Das entsprechende Lied ist eine ironische Nacherzählung einer lokalen Legende, in der ein ma. Dorf in der Eifel vom verkleideten Teufel heimgesucht und hintergangen wird. In Songtext und Legende selbst kommt keine Burg vor, sie dient als optisches Symbol für MA und Religiosität, um die es in dem Lied geht [...]. Es handelt sich bei dem Foto um die Ruine einer ma. Burg im Harz« (ebd.).

Die aus dem Raum Koblenz stammende, 1988 gegründete Black-/Thrash-Metal-Band

Desaster, die 1993 ihr erstes offizielles Demo *The Fog of Avalon* herausbrachte, veröffentlichte 1996 ihr erstes reguläres Album *A Touch of Medieval Darkness*. Gitarrist Markus Kuschke ist in der Koblenzer Musikszene als ein Enthusiast mit großem Interesse an Burgen bekannt. So finden sich im Werk der Band immer wieder Bezüge zu Burgen (s. u.), sei es in Texten oder als Abbildungen in Booklets. Gleiches gilt für die aus Gerolstein in der Vulkaneifel stammende, nach eigener Definition »Black Viking Power«-Metal-Band **Spectral**, die zudem Bandfotos vor der Ruine der Burg Freudenkoppe bei Neroth/Eifel anfertigen ließ, die u. a. im CD-Booklet des Albums *Evil Iron Kingdom* (2009) und auf der Band-Homepage (2010) Verwendung fanden.

Burgen, Schlösser und Festungen sind für viele Metaller Sehnsuchtsorte und Symbole einer besseren, aufrichtigeren Zeit, wie eigene Umfragen belegen. Sie stehen damit vor allem in der Traditionslinie der Burgenromantik (18./19. Jh.) und des Historismus (19./20. Jh.), doch gibt es auch Querverbindungen zur gegenwärtigen Fantasy-Literatur. Im Kontext der Rezeption der Burgenromantik steht z. B. der atmosphärische Text des Liedes »A Touch of Medieval Darkness« (1996) von **Desaster**, was folgender Ausschnitt belegen mag:

All sunlight is gone
Black clouds wander
I sit under the nightsky
By the castle's side

Dream and reality unite
Everything seems endless
The pictures of time
Here they rule forever

Through the depths of mind
I fly alone
Crossing ages so dark
When the lie was brought

Shadows dance around me
A whispering into my ear
Those who died proud
Take me to their realm.

Wie formulierten es doch die beiden Initiatoren der Fachtagung *Metal Matters* an der Universität Braunschweig, Prof. Rolf F. Nohr (HBK Braunschweig) und Dr. Herbert Schwaab (Universität Regensburg) in ihrer Ausschreibung (*call for papers*) dieses mediengeschichts- und medienwissenschaftlichen Kongresses im Januar 2010: »Heavy Metal ist die letzte große Erzählung der westlichen Kultur [...].« Und in dieser »großen Erzählung« haben also auch die mittelrheinischen Burgen ihren festen Platz. Insofern sei zum Abschluss dieses Kapitels auch die 2012 von dem Gitarristen und Sänger Stefan Schmidt aus Bingen gegründete (Modern-)Power-Metal-Band **Heavatar** erwähnt, die sich thematisch u. a. Fantasy-Geschichten widmet (http://www.metal-archives.com/bands/Heavatar/3540360278). »Heavatar« ist ein Phantasiewort, das sich aus den Bestandteilen »Heavy« und »Avatar« zusammensetzt. 2013 legte die Band ihr Debütalbum *All my Kingdoms* vor. Alle Songs wurden jeweils durch ein bekanntes Motiv großer barocker und klassischer Komponisten und Musiker inspiriert, von Johann Sebastian Bach über Ludwig van Beethoven bis hin zu Paganini (http://heavatar.net/ [Zugriff: 3.5.2013]). Das von Kerem Beyit geschaffene Cover-Artwork des Albums zeigt drei Fantasy-Burgen, die Handlungsorte der musikalisch umgesetzten Geschichte des Albums (Abb. 209). Im Interview teilte Stefan Schmidt mit, dass er sich – in Bingen (am Mittelrhein) aufgewachsen – fast zwangsläufig mit Burgen befassen musste. Symbolisch steht die Burg für ihn und seine Band für »etwas Erhabenes, Stabiles in natürlicher Umgebung«.

Abb. 209 Heavatar: Opus 1 – All my Kingdoms. Titelbil des 2013 auf CD erschienenen Albums der Power-Metal-Band Heavatar.

So bleibt zum Schluss dieses kurzen Exkurses zur Rezeption mittelrheinischer Burgen noch einmal – wie schon bezogen auf die Burgenromantik des 19. Jh. – Günter Bandmann (1951) zu zitieren: »Bleibt eine Form losgelöst vom Zweck bestehen, lebt sie verselbständigt und monumentalisiert weiter, und wird sie gar in einen anderen Kulturzusammenhang über eine größere Epoche hinweg rezipiert, dann kann angenommen werden, daß sie nun gleichnishaft etwas vertritt und eine Bedeutung angenommen hat.« Doch bleibt dem hinzuzufügen, dass im Metal von Fall zu Fall die Burgen-Rezeption der Romantik rezipiert wird und viele

Künstler/-innen des Genres dabei Burgen und Befestigungen am Mittelrhein im Blick hatten und haben.

Eine Widmung zum Schluss …

Ein intensives Interesse an rheinischen Burgen hat **Doro** – eigentlich Dorothee Pesch –, die wohl bekannteste Hard-Rock- und Heavy-Metal-Sängerin weltweit, die der Düsseldorfer Undergroundszene der 1980er Jahre entstammt und mit ihren Bands, insbesondere Warlock und seit 1989 unter dem Namen Doro, zahlreiche Heavy-Metal-Alben veröffentlichte. Vielfältig und vielschichtig, so verriet Doro im Interview, sind Bezüge zu Burgen in ihrem künstlerischen Schaffen: »Ich habe schon immer Burgen und Ruinen geliebt, seitdem ich ein Kind war. Mein Daddy hat mich […] sehr inspiriert, weil er mich immer dorthin mitgenommen hat. Besonders die […] Burgen und Ruinen am Rhein und an der Mosel. Ich fahre dort übrigens immer noch mindestens 1 x im Jahr hin, und die Faszination ist ungebrochen! Es gibt mir immer unheimlich viel Energie, Power und Inspiration, eine wahre Magie […]« (Doro in einem Brief an den Verfasser, Januar 2012). Insofern wundert es nicht, Burgruinen auf Titelbildern ihrer CDs zu sehen (z. B. *Fear no Evil*, 2009).

Das Video zu Doros Song »Let love rain on me« wurde auf Burg Sooneck am Mittelrhein gedreht. Sooneck ist eine spätma. Burg (Abb. 210) mit viel Bausubstanz des 14. Jh. 1842 beschlossen der preußische König Friedrich Wilhelm IV. und seine Brüder den Neuaufbau der Sooneck. Die Vorgabe lautete: »Alles sehr einfach im Sinne einer königlichen Jagdburg.« Der Ausbau stand im Kontext der preußischen Burgenromantik und Burgenpolitik im Rheinland, das 1815 unter die Herrschaft Preußens gekommen war.

Für Doro stehen Burgen in ihrem künstlerischen Schaffen symbolisch für »Schaffenskraft, Willensstärke, Individualität, Magie, Geschichte, Härte, Bestand, Kulturerbe, Kampf auf Leben und Tod, Blut, Macht, Eroberung, Ehre, Kampfgeist, Verteidigung, Herrschaft, dunkle Ära, Wahrhaftigkeit, Baukunst vom Feinsten und vom Härtesten, Faszination, Überlebenskampf«.

Durch Doros Lieder wurden, das ergaben Gespräche in der Metal-Szene, viele Fans auf die Burgen am Mittelrhein aufmerksam und schließlich selbst zu Burgeninteressierten. Als Wissenschaftler, Burgenforscher und Metaller widme ich daher das hier vorgelegte Buch ganz herzlich Doro Pesch zu ihrem 30-jährigen Bühnenjubiläum 2014: »You rule the Ruins«, Doro!

Abb. 210 Doro Pesch vor der Kulisse der Burg Sooneck als Fotomontage (Foto Doro Pesch: Frank Dursthoff).

Abkürzungsverzeichnis

A.	Anfang
Abb.	Abbildung/-en
Aufl.	Auflage
AW	Kreis Ahrweiler, RP
BN	Kreis Bonn, NRW
Dr.	Drittel
E.	Ende
ebd.	ebenda
EG	Erdgeschoss
ehem.	ehemalige/ehemaligen/ehemaliges
EMS	Rhein-Lahn-Kreis, RP
EU	Kreis Euskirchen, NRW
fr.	frühen/frühes
H.	Hälfte
ha	Hektar
Jh.	Jahrhundert/Jahrhunderts/Jahrhunderten
JH	Jugendherberge
Kap.	Kapitel
KO	Kreisfreie Stadt Koblenz, RP
lat.	lateinisch
M.	Mitte
MYK	Kreis Mayen-Koblenz, RP
MZ	Kreis Mainz-Bingen, RP
NRW	Nordrhein-Westfalen (Bundesland)
OG	Obergeschoss
RP	Rheinland-Pfalz (Bundesland)
RÜD	Kreis Rüdesheim, Hessen
s.	siehe
SIM	Rhein-Hunsrück-Kreis, RP
sog.	sogenannt/sogenannter/sogenanntes
Str.	Straße
SU	Rhein-Sieg-Kreis, NRW
TR	Kreis Trier-Saarburg, RP
UG	Untergeschoss
urspr.	ursprünglich
V.	Viertel
v.	von (als Adelsprädikat)
zit.	zitiert

Literaturverzeichnis

Zu allen Objekten fanden Recherchen im Archiv des Europäischen Burgeninstituts (zitiert Archiv EBI) in Braubach statt.

Einige häufig genannte Reihen wurden abgekürzt:

BJb	Bonner Jahrbücher
BuS	Burgen und Schlösser. Zeitschrift der Deutschen Burgenvereinigung für Burgenkunde und Denkmalpflege
EBI	Archiv des Europäischen Burgeninstitutes
DRP	Denkmalpflege in Rheinland-Pfalz
DTop	Denkmaltopographie (Bundesrepublik Deutschland)
Edition BSA	Edition Burgen Schlosser Altertümer Rheinland-Pfalz, Führungsheft
FzBS	Forschungen zu Burgen und Schlössern. Hg. Wartburg-Gesellschaft zur Erforschung von Burgen und Schlössen
HHS	Handbuch der historischen Städten, 5. Bd.: Rheinland-Pfalz und Saarland, hg. von Ludwig PETRY, 3. neubearb. Aufl. Stuttgart 1988.
KD RhProv	Die Kunstdenkmäler der Rheinprovinz. Im Auftrage des Provinzialverbandes der Rheinprovinz von Paul CLEMEN (1866–1947) hg.; zit. jeweils nach Kreis, z. B. KD Ahrweiler 1938.
KD RP	Die Kunstdenkmäler von Rheinland-Pfalz
LAD RP	Landesamt für Denkmalpflege Rheinland-Pfalz (Hg.): Das Rheintal von Bingen und Rüdesheim bis Koblenz. Eine europäische Kulturlandschaft. Bd. 1. Mainz 2001.
Mitt. RVDH	Mitteilungen des Rheinischen Vereins für Denkmalpflege und Heimatschutz
Nass.Ann.	Nassauische Annalen
RH	Rheinische Heimatpflege
RK	Rheinische Kunststätten
S+S	Schnell & Steiner, Kunstführer

ADENAUER, Hanna/BUSLEY, Josef/NEU, Heinrich/SCHIPPERS, Adalbert: Die Kunstdenkmäler des Kreises Mayen, I. Halbbd. (KD RhProv 17, II), Düsseldorf 1941.

ANTZ, August: Rheinlandsagen für Jugend und Volk. Neu erzählt von August Antz. Bonn 1961.

ARNDT, Ernst Moritz: Wanderungen rund um Bonn ins rheinische Land. Neue, bearb. Ausgabe nach der 1844 bei Eduard Weber in Bonn erschienen ersten Aufl. »Wanderungen aus und um Godesberg von Ernst Moritz Arndt«. Hg. und eingeleitet von Hermann KOCHS. Köln 1978.

AVENARIUS, Wilhelm: Geister in rheinischen Burgen. In: Heimatjahrbuch Landkreis Mainz-Bingen 2004, S. 54–59.

BAATZ, Dietwulf: Der Römische Limes. Archäologische Ausflüge zwischen Rhein und Donau. 4. Aufl. Berlin 2000.

BACKES, Magnus: Staatliche Burgen, Schlösser und Altertümer in Rheinland-Pfalz (Landesamt für Denkmalpflege Rheinland-Pfalz. Verwaltung der staatlichen Schlösser, Führungsheft 7). 4. überarb. und erweiterte Aufl. Mainz 1993.

BACKES, Magnus: Spätrenaissance und Barock (Wegweiser Mittelrhein, 7). Koblenz 1999.

BAEDEKER, Karl: Die Rheinlande. Koblenz 1849 (Nachdruck: Dortmund 1978).

BAHN, Peter: Burg Reichenstein und die Familien Puricelli/Kirsch-Puricelli. In: Heimatjahrbuch Landkreis Mainz-Bingen 2004, S. 63–66.

BANDMANN, Günter: Mittelalterliche Architektur als Bedeutungsträger. Berlin 1951.

BAUR, Uwe: Queen Victorias Rheinreise im Sommer 1845. In: Landeskundliche Vierteljahrsblätter, 58, 2012, Heft 4, S. 101–112.

BECHSTEIN, Ludwig: Rheinsagen. Köln 1945 (Erstaufl. 1912).

BEHR, Anton von et al.: Eifelburgen. In: Mitteilungen des Rheinischen Vereins für Denkmalpflege und Heimatschutz, Jg. 4, Nr. 3, 1910, S. 161–257.

BELLINGHAUSEN, H.: Alte und neue Rhein- und Moselbrücken bei Koblenz. In: Festschrift zur Einweihung der Pfaffendorfer Brücke. Koblenz 1953.

BENTMANN, R./MÜLLER, M.: Die Villa als Herrschaftsarchitektur. Frankfurt 1970.

BERG, Axel von: Vor- und Frühgeschichte (Wegweiser Mittelrhein, 1). Koblenz 1998.

BERG, Axel von: Archäologische Untersuchungen im Bereich der »Großen Traverse« auf der Festung Ehrenbreitstein, Koblenz. In: Archäologie in Rheinland-Pfalz, 2004. Mainz 2005, S. 109–113.

BERNS, Wolf-Rüdiger: Burgenpolitik und Herrschaft des Erzbischofs Balduin von Trier (1307–1354). Sigmaringen 1980.

BERTEMES, François: Untersuchungen zur Funktion der Erdwerke der Michelsberger Kultur im Rahmen der kupferzeitlichen Zivilisation. In: Jan LICHARDUS (Hg.): Die Kupferzeit als historische Epoche (Saarbrücker Beiträge zur Altertumskunde, 55). Bonn 1991, S. 441–464.

BEYER, Heinrich: Burg Stolzenfels: ein Andenken für Rheinreisende. Coblenz 1842.

BEYER, Heinrich: Urkundenbuch zur Geschichte der jetzt die Preussischen Regierungsbezirke Coblenz und Trier bildenden mittelrheinischen Territorien, 1. Bd.: Von den ältesten Zeiten bis zum Jahre 1169. Koblenz 1860.

BEYER, H./ELTESTER, Leopold von/GOERZ, A.: Urkundenbuch zur Geschichte der jetzt die preußischen Regierungsbezirke Coblenz und Trier bildenden mittelrheinischen Territorien. 3 Bde., Koblenz 1860–74 [MRUB].

BIEHN, Heinz: Residenzen der Romantik. München 1970.

BIEL, Jörg/SCHLICHTHERLE, Helmut/STROBEL, Michael/ZEEB, Andrea (Hg.): Die Michelsberger Kultur und ihre Randgebiete – Probleme der Entstehung, Chronologie und des Siedlungswesens. Kolloquium Hemmenhofen 21.–23. Februar 1997 (Materialhefte zur Archäologie in Baden-Württemberg, 43). Stuttgart 1998.

BIELFELDT, Erich: Der Rheinische Bund von 1254. Ein erster Versuch einer Reichsreform. Berlin 1937.

BILLER, Thomas: Die Adelsburg in Deutschland. Berlin und München 1993.

BILLER, Thomas: Burgen im Taunus und im Rheingau. Regensburg 2008.

BOCK, Fr.: Rheinlands Baudenkmale des Mittelalters. Ein Führer zu den merkwürdigsten mittelalterlichen Bauwerken am Rheine und seinen Nebenflüssen. Köln und Neuß o. J.

BOCK, Fr.: Die mittelalterlichen Burgen am Rhein und ihre heutige Wiederherstellung. In: Notizblatt der Allgemeinen Bauzeitung für die Tagesereignisse im Gebiete des Bauwesens und aller damit zusammenhängenden Fächer, Bd. IV, Nr. 25, S. 385–388 (Wien 1860).

BODE, Gabriele Nina/LOSSE, Michael: Burgen, Jugendburgen, Jugendherbergen. Betrachtungen zum Werk von Ernst Stahl (1882–1957). In: Jahrbuch Stadt Adenau 1996, Adenau 1996, S. 81–96.

BODSCH, Ingrid: Burg und Herrschaft. Zur Territorial- und Burgenpolitik der Erzbischöfe von Trier im Hochmittelalter bis zum Tod Dieters von Nassau († 1307). Boppard 1989.

BÖCKLING, Manfred: Ein bewachter Aussichtspunkt am Rhein. Fremdenführungen auf der Feste Ehrenbreitstein im 19. Jahrhundert. In: Landeskundliche Vierteljahrsblätter 47, 2001, S. 17–36.

BÖCKLING, Manfred: Ein Schlüssel zum Mittelrhein. Die Festung Koblenz und Ehrenbreitstein aus der Sicht französischer Ingenieur-Offiziere. In: Landeskundliche Vierteljahrsblätter 48, 2002, S. 121–138.

BÖCKLING, Manfred: Festung Ehrenbreitstein (BSA, Führungsheft 17). 2., erw. Aufl. Koblenz 2002.

BÖCKLING, Manfred: Festung Ehrenbreitstein (Edition BSA, 17). Regensburg 2004.

BÖHME, Horst Wolfgang (Hg.): Burgen der Salierzeit, Teil 2: In den südlichen Landschaften des Reiches (Römisch-Germanisches Zentralmuseum, Forschungsinstitut für Vor- und Frühgeschichte, Monographien, Bd. 26). Sigmaringen 1992.

BÖHME, Horst Wolfgang: Burgen der Salierzeit in Hessen, in Rheinland-Pfalz und im Saarland. In: BÖHME 1992, 2, S. 7–80.

BÖHME, Horst Wolfgang: Burgenbaukunst und Herrschaftsstreben am Mittelrhein und im Taunus während des Spätmittelalters. In: FELTEN 2011, S. 47–74.

BOELICKE, U.: Das neolithische Erdwerk von Urmitz. In: Acta Praehist. et Arch. 7/8, 1977, S. 73–121.

BOELICKE, U.: Überlegungen zur Rekonstruktion der Umfassungsanlage des Erdwerkes Urmitz. Kölner Jb. für Vor-und Frühgeschichte 16, 1978/79, S. 21–34.

BOHNKE-KOLLWITZ, Jutta et. al. (Hg.): Köln und das rheinische Judentum. Festschrift Germanica Judaica 1959-1984. Köln 1984.

BORNHEIM gen. SCHILLING, Werner: Alte und neue Brücken in Rheinland-Pfalz. In: Jahrbuch für Geschichte und Kultur des

Mittelrheins und seiner Nachbargebiete. 2./3. Jg., 1950/51, Neuwied 1951, S. 247–257.
BORNHEIM GEN. SCHILLING, Werner: Rheinische Höhenburgen. 3 Bde. Neuss 1964.
BORNHEIM gen. SCHILLING, Werner: Schloss Stolzenfels (Führer der Verwaltung der staatlichen Schlösser Rheinland-Pfalz, 4). Mainz 1975.
BORNHEIM gen. SCHILLING, Werner/CASPARY, Hans: Staatliche Burgen und Schlösser in Rheinland-Pfalz (hg. vom Landesamt für Denkmalpflege Rheinland-Pfalz – Verwaltung der staatlichen Burgen und Schlösser, Mainz). Mainz 1976.
BORNHEIM gen. SCHILLING, Werner/CÜPPERS, Heinz/WEBER, Wilhelm: Burgen und Schlösser (Kunst und Kultur in Rheinland-Pfalz, 1). Bad Neuenahr-Ahrweiler 1981.
BORNINGER, Udo: Burg Stahleck. Geschichte und Wiederaufbau. Bacharach 1988.
BRANDENBUSCH, Karl: Erinnerung an Stolzenfels: eine kurze Geschichte der Burg und der Stadt Coblenz, mit einer Sr. Majestät dem Könige Friedrich Wilhelm IV. gewidmeten Fest-Cantate. Coblenz 1850.
BRAUN, G.: Einhundert Jahre »Walhalla des Rheinlandes«. Zur Baugeschichte der Drachenburg bei Königswinter. In: BuS 1987/II, S. 81–94.
BRÖNNER, Wolfgang: Die bürgerliche Villa in Deutschland 1830–1890. Worms 1994.
BRÖNNER, Wolfgang: Das 19. Jahrhundert (Wegweiser Mittelrhein, 8). Koblenz 1999.
BROMMER, Peter/KRÜMMEL, Achim: Klöster und Stifte (Wegweiser Mittelrhein, 6). Koblenz 1998.
BROMMER, Peter/KRÜMMEL, Achim/WERNER, Kristine: Momentaufnahmen. Burgen am Mittelrhein in alten Zeichnungen und neuen Fotografien. Koblenz 2000.
BRÜES, Eva: Regierungsgebäude. In: TRIER/WEYRES 1980, Bd. II, S. 7–16.
Burgen, Schlösser, Altertümer Rheinland-Pfalz/Deutsche Gesellschaft für Festungsforschung (Hg.): Neue Forschungen zur Festung Koblenz und Ehrenbreitstein. Bd. 1. 2., überarb. Aufl. Regensburg 2005; Bd. 2. Regensburg 2006; Bd. 3. Regensburg 2012.
BURSCH, Horst: Bonner Burgen. Bonn 2002.
BUSCHMANN, Arno: Der Rheinische Bund von 1254–1257. Landfriede, Städte, Fürsten und Reichsverfassung im 13. Jahrhundert. In: Helmut MAURER (Hg.): Kommunale Bündnisse Oberitaliens und Oberdeutschlands im Vergleich (Vorträge und Forschungen, 33). Sigmaringen 1987.
CEPL-KAUFMANN, Gertrude/JOHANNING, Antje (Hg.): Mythos Rhein. Kulturgeschichte eines Stromes. Darmstadt 2003.
CLASSEN, Albrecht: Der Mythos vom Rhein: Geschichte, Kultur, Literatur und Ideologie. Die Rolle eines europäischen Flusses vom Mittelalter bis zur Gegenwart. In: MÜLLER, Ulrich/WUNDERLICH, Werner (Hg.): Burgen, Länder, Orte. Konstanz 2008
CLEMEN, Paul/RENARD, Edmund: Die Kunstdenkmäler des Kreises Euskirchen (KD RhProv, 4, IV): Düsseldorf 1900.
CLEMEN, Paul: Die Kunstdenkmäler der Stadt und des Kreises Bonn (KD RhProv 5, III). Düsseldorf 1905.
CLEMEN, Paul (Hg.): Die Kunstdenkmäler der Rheinprovinz (Vol. 1–20). Düsseldorf 1891–1944; weitere Bearbeiter s. unter dem jeweiligen Autorennamen.
COHAUSEN, Karl August von: Landwehren und alte Schanzen des Regierungsbezirks Wiesbaden. In: Nass.Ann. 15, 1879.
CRAMER, F.: Rheinische Ortsnamen aus vorrömischer und römischer Zeit. Düsseldorf 1901.
CÜPPERS, Heinz: Die Römer in Rheinland-Pfalz. Hamburg 2002.
CUSTODIS, Paul-Georg: Die Stadt des 19. Jh. in Rheinland-Pfalz. Saarbrücken 1985.
CUSTODIS, Paul-Georg: Technische Denkmäler in Rheinland-Pfalz. Koblenz 1991.
CUSTODIS, Paul-Georg: Zeugnisse aus Industrie und Technik (Wegweiser Mittelrhein, 7). Koblenz 1998.
CUSTODIS, Paul-Georg: Das Koblenzer Schloss – 50 Jahre denkmalpflegerische Betreuung. In: BuS 41, 2000, S. 186–189.
CZERANNOWSKI, Barbara: Eifel-Bilder. Die Eifel in graphischen Darstellungen 1600–1870. Köln 1988.
DELLWING, Herbert/LIESSEM, Udo: Kulturdenkmäler in Rheinland-Pfalz. DTop, 3.1: Stadt Koblenz. Südliche Vorstadt und Oberwerth. Düsseldorf 1986.
DELLWING, Herbert/KALLENBACH, Reinhard: Kulturdenkmäler in Rheinland-Pfalz. DTop, 3.2: Stadt Koblenz. Innenstadt. Speyer 2004.
DEMANDT, Karl E.: Rheinfels und andere Katzenelnbogener Burgen als Residenzen, Verwaltungszentren und Festungen (Arbeiten der Hessischen Historischen Kommission, N.F. 5). Darmstadt 1990.
DENK, Andreas/FLAGGE, Ingeborg: Architekturführer Bonn. Berlin 1997.
DOMINICUS, Al[exander].: Baldewin von Lützelburg, Erzbischof und Kurfürst von Trier, ein Zeitbild aus der ersten Hälfte des vierzehnten Jahrhunderts. Koblenz 1862.
DUNCKER, A.: Rheinlands Schlösser und Burgen, hg. von A. Dun-

cker, 1857–83. Faksimile-Ausgabe, hg. und kommentiert von Wilfried HANSMANN und Gisbert KNOPP, 1981.
EIDEN, Hans: 10 Jahre Ausgrabungen an Mittelrhein und Mosel. Einführung, Fundplätze, Funde. 2. Aufl. Koblenz 1977.
EIDEN, Hans: Die Limeskastelle Bendorf und Niederbieber. In: EIDEN 1977, S. 36–42.
EIDEN, Hans: Das Lagerdorf des Kastells Niederbieber. In: Hans EIDEN: Ausgrabungen an Mittelrhein und Mosel 1963–1976 (Trierer Zeitschrift für Geschichte und Kunst des Trierer Landes und seiner Nachbargebiete, Beiheft 6). Trier 1982, S. 137–169.
EIMER, Gerhard: Quellen zur politischen Ikonographie der Romantik: Steins Turmbau in Nassau. Frankfurt 1987.
EISENHUTH, Horst V.: Die Chronik der Gemeinde Münster-Sarmsheim (Loreley-Galerie, Bd. 4). 1989.
EITELBACH, Kurt: Der romantische Mittelrhein – Ölbilder und Aquarelle aus Koblenzer und rheinischem Privatbesitz (Ausstellungskatalog, Mittelrhein-Museum Koblenz). Koblenz 1983.
Energieversorgung Mittelrhein GmbH (Hg.): Geschichte der Stadt Koblenz. Gesamtredaktion: Ingrid BÁTORI in Verbindung mit Dieter KERBER und Hans Josef SCHMIDT. Bd. 1: Von den Anfängen bis zum Ende der kurfürstlichen Zeit. Stuttgart 1992; Bd. 2: Von der französischen Stadt bis zur Gegenwart. Stuttgart 1993.
ENNEN, L.: Frankreich und der Niederrhein. 2 Bde. Köln 1855–56.
Erpel, Ortsgemeinde (Hg.): Die Ludendorffbrücke Erpel-Remagen, o. O., o. J. (1995).
EULENSTEIN, Julia: Territorialisierung mit dem Schwert? Die Fehdeführung des Trierer Erzbischofs Balduin von Luxemburg (1307/08-1354). Koblenz 2013.
EUSKIRCHEN, Claudia: Das Mittelalter. In: LAD RP, 1, 2001, S. 88–112.
EUSKIRCHEN, Claudia: Von der Reformation bis zum Ende der Feudalzeit. In: LAD RP, 1, 2001, S. 112–133.
EUSKIRCHEN, Claudia: Das 19. Jahrhundert. In: LAD RP, 1, 2001, S. 134–153.
EUSKIRCHEN, Claudia: Das 20. Jahrhundert. In: LAD RP, 1, 2001, S. 154–172.
FABRICIUS, Ernst/HETTNER, Felix/SARWEY, Oscar von (Hg.): Der obergermanisch-raetische Limes des Roemerreiches. Abt. A, Bd. 1: Die Strecken 1 und 2. 1936.
FATH, M.: Die Baukunst der frühen Gotik im Mittelrheingebiet. In: MZ 63/64, 1968/69, S. 1–38; 65, 1970, S. 43–92.
FEHR, Horst: Die Römische Epoche (Wegweiser Mittelrhein, 2). Koblenz 2000.
FEISTEL, Simon: Die Geschichte des königlichen Schlosses Stolzenfels zu Capellen am Rheine. Coblenz 1842.
FELTEN, Franz J. (Hg.): Befestigungen und Burgen am Rhein (Mainzer Vorträge, 15). Stuttgart 2011.
FELTEN, Franz J.: Befestigungen und Burgen am Rhein – Zur Einführung. In: FELTEN 2011, S. 7–16.
Feste Kaiser Franz e. V. (Hg.): Zur Geschichte des Festungswerks und des Systems Feste Franz in Koblenz-Lützel. Festschrift zum 10-jährigen Jubiläum Feste Kaiser Franz e. V., 2. Auflage, Koblenz 2009.
Feste Kaiser Franz e. V. (Hg.): Feste Kaiser Franz ... ein Teil der Festung Koblenz und Ehrenbreitstein. 2., überarb. und erw. Auflage, Koblenz 2010.
FINK, Otto E.: Das Baujahr des einstigen Schlößchens Liebeneck (alt). In: BuS 1979/I, S. 64f.
FISCHER, Doris: Schloss Stolzenfels (Edition BSA, 4). Regensburg 2014.
FISCHER, Doris/HENNE, Armin/KETTERER-SENGER, Iris: Der Park und die Gärten von Schloss Stolzenfels (Edition BSA, 27). Regensburg 2011.
FISCHER, Ludger: Das Bild vom Rhein. Warum ist es so schön? In: RH 3, 1988, S. 181–187.
FISCHER, Ludger: Burg und Festung Rheinfels (RK, 390). Köln 1993.
FLEER, Christian: Typisierung und Funktion der Kleinbauten am Limes (Saalburg-Schriften, 6). In: Egon SCHALLMAYER (Hg.): Limes Imperii Romani. Beiträge zum Fachkolloquium »Weltkulturerbe Limes« November 2001 in Lich-Arnsburg. Bad Homburg v. d. H. 2004, S. 75–92.
FLOCK, Christiane: Sagen und Legenden aus der Eifel. Euskirchen 2011.
FÖHL, Axel: Technische Denkmale im Rheinland (Landeskonservator Rheinland, Arbeitsheft 20). Köln 1976.
FRANKE, E.: Geschichte der Koblenzer Brücken. In: Koblenz, Stadt der Brücken (Dokumentationen der Stadt Koblenz, 4). Koblenz 1975, S. 14–63.
FUCHS, K.: Eisenbahnprojekte und Eisenbahnbau am Mittelrhein 1836–1903. In: Nass.Ann. 67, 1956, S. 158ff.
FRANK, Lorenz/BEHMER, Anke: Das Koblenzer Schloss – Baugeschichte, historische Farbigkeit und Wiederaufbau nach dem Zweiten Weltkrieg. In: Burgen und Schlösser 41, 2000, S. 181–185.
FRIEDHOFF, Jens: »... auch auf zerfallenden Trümmern sinnige Anlagen zu schaffen bemüht« – Nutzung und bauliche Unterhaltung von Burgen und Ruinen an Rhein, Main und Neckar im 18. und 19. Jahrhundert. In: Forschungen zu Burgen und Schlössern, Bd. 15, 2013 (Die Pfalz Wimpfen und der Burgenbau in Südwestdeutschland), S. 202–215.

FRIEDRICH, Reinhard: Die Entwicklung der Burgen im Mittelrheintal und ihre touristische Nutzung. In: FELTEN 2011, S. 151–167.

FRIEDRICH, Sybille: Die Grabungen der Reichs-Limeskommission im Kastell Niederbieber. In: Der Limes. Nachrichtenblatt der Deutschen Limeskommission 2, 2012/H. 2, S. 24–27.

FUHR, Michael: »Wer will des Stromes Hüter sein?« 40 Burgen und Schlösser am Mittelrhein. Regensburg 2002.

GAITZSCH, Wolfgang: Die »römische« Schraube aus dem Kastell von Niederbieber. In: BJb 183, 1983, S. 595–602.

Generaldirektion Kulturelles Erbe Rheinland-Pfalz/Landesmuseum Koblenz / BUGA 2011 GmbH (Hg.): Peter Joseph Lenné. Eine Gartenreise im Rheinland. Regensburg 2011.

GERHARDT, Joachim/NEU, Heinrich/RENARD, Edmund/VERBEEK, Albert: Die Kunstdenkmäler des Kreises Ahrweiler (KD Rheinprov., 17/I). Düsseldorf 1938.

GERSMANN, Gudrun/LANGBRANDTNER, Hans-Werner (Hg.): Adlige Lebenswelten im Rheinland. Kommentierte Quellen der Frühen Neuzeit. Wien, Köln, Weimar 2009.

GILLES, Karl-Josef: Spätrömische Höhensiedlungen in Eifel und Hunsrück (Trierer Zeitschrift, Beiheft 7). Trier 1985.

GILLES, Karl-Josef: Befestigte spätrömische Höhensiedlungen in Eifel und Hunsrück. In: STEUER/BIERBRAUER 2008, S. 117–132.

GLATZ, Joachim: Bauen im Späten Mittelalter (Wegweiser Mittelrhein, 4). Koblenz 1999.

GOERZ, Ad.: Mittelrheinische Regesten oder chronologische Zusammenstellung des Quellen-Materials für die Geschichte der Territorien der beiden Regierungsbezirke Coblenz und Trier in kurzen Auszügen. IV. Theil, vom Jahre 1273 bis 1300. Coblenz 1886.

GONDORF, Bernhard: Die Burgen der Eifel und ihrer Randgebiete. Ein Lexikon der »festen Häuser«. Köln 1984.

GORMSEN, Erdmann: Das Mittelrheintal – Eine Kulturlandschaft im Wandel. Ingelheim 2003.

GRAF, Klaus: Eine »ewigfrische Blüte am Baume der Volkspoesie«? Kritisches zu heimatlichen Sagen an Rhein und Lahn (http://www.histsem.uni-freiburg.de/mertens/graf/ems.htm).

GRATHOFF, Stefan: Mainzer Erzbischofsburgen: Erwerb und Funktion von Burgherrschaft am Beispiel der Mainzer Erzbischöfe im Hoch- und Spätmittelalter. Stuttgart 2005.

GRATHOFF, Stefan: Burgenpolitische Schachzüge im Mittelalter. Burgen der Erzbischöfe von Mainz und Trier. In: FELTEN 2011, S. 75–90.

GREBEL, Alexander: Geschichte der Stadt St. Goar. St. Goar 1848.

GROSSMANN, G. Ulrich: Burg und Festung Rheinfels (Burgen, Schlösser und Wehrbauten in Mitteleuropa, 17). Regensburg 2002.

GÜNTHER, W.: Codex Diplomaticus Rheno-Moselanus, II. Koblenz 1823.

GUTHAUSEN, Karl: Sagen und Legenden aus Eifel und Ardennen. Bd. 3. Gesammelt und bearb. von Karl Guthausen. Aachen 1996.

HAGEN, J.: Die Römerstraßen der Rheinprovinz. Bonn 1931.

HANSEN, Joseph: Preußen und Rheinland von 1815 bis 1915. Hundert Jahre politischen Lebens am Rhein (Rheinprovinz, 4). Hg.: Archivberatungsstelle Rheinland. Köln 1990.

HAUSBERG, Klaus-Peter: Rheinische Sagen & Geschichten. Das Begleitbuch zum Rheinischen Sagenweg mit den bekanntesten und schönsten Sagen und Geschichten von Rhein, Mosel, Lahn und Nahe. Ergänzt durch touristische Informationen. Köln 2005.

HEER, Maria: Märchenschloß [Birlinghoven] am Niederrhein zu neuem Leben erweckt. In: Neues Rheinland, 5/97 (Mai 1997), S. 10f.

HEISING, Alexander: Perspektiven der Limesforschung am Beispiel des Kastells Niederbieber. In: Peter HENRICH (Hg.): Perspektiven der Limesforschung. 5. Kolloquium der Deutschen Limeskommission (Beiträge zum Welterbe Limes, 5). Stuttgart 2010, S. 56–71.

HERRMANN, Christofer: Fensterbekrönungen an Profanbauten von 1250 bis zum Ende des 16. Jh. im Trierer Raum. In: Barbara SCHOCK-WERNER/Klaus BINGENHEIMER (Hg.): Fenster und Türen in historischen Wehr- und Wohnbauten (Veröffentlichungen der Deutschen Burgenvereinigung. Reihe B: Schriften, Bd. 4). Stuttgart 1995, S. 65–73.

HERRMANN, Christofer: Wohntürme des späten Mittelalters auf Burgen im Rhein-Mosel-Gebiet (Veröffentlichungen der Deutschen Burgenvereinigung. Reihe A: Forschungen, Bd. 2). Espelkamp 1995.

HERZOG, Harald: Rheinische Schloßbauten im 19. Jahrhundert (Landeskonservator Rheinland, Arbeitsheft 37). Köln 1981.

HERZOG, Harald: Burgen und Schlösser. Geschichte und Typologie der Adelssitze im Kreis Euskirchen (Veröffentlichungen des Vereins der Geschichts- und Heimatfreunde des Kreises Euskirchen e. V., A-Reihe, Bd. 17). Köln 1989.

HEYEN, Franz-Josef: Der Mittelrhein im Mittelalter. Koblenz 1988.

HEYEN, Franz-Josef: Spuren der Geschichte (Wegweiser Mittelrhein, 11). Koblenz 1998.

HÖROLDT, Dietrich: Bonn in der Kaiserzeit 1871–1914. In: HÖROLDT/van REY 1989, Bd. 4, S. 267–435.

HÖROLDT, Dietrich/REY, Manfred van (Hg.): Bonn in der Kaiserzeit. Festschrift zum 100-jährigen Jubiläum des Bonner Heimat- und Geschichtsvereins. Bonn 1986.
HÖROLDT, Dietrich/REY, Manfred van (Hg.): Geschichte der Stadt Bonn in vier Bänden. Bd. 4: Bonn. Von einer französischen Bezirksstadt zur Bundeshauptstadt (1794–1989). Bonn 1989.
HOLDORF, Martina: Burgen und Schlösser (Wegweiser Mittelrhein, 5). 2., aktualisierte und erw. Aufl. Koblenz 2001.
HOTZ, Walter: Burgen am Rhein und an der Mosel (Deutsche Lande, Deutsche Kunst). Berlin 1955.
HUMFREY, John Hambly: Versuch eines neu angenommenen Fortifikations-Systems zur Vertheidigung der Rhein-Grenze, welches mehr oder minder bei allen vorzüglichen Werken dieser Art, die auf den Continent jetzt gebaut werden, befolgt wird: exemplifiziert durch ein vollständiges Memoire über die Festung Coblenz. Nürnberg 1842 (im Netz: dilibri Rheinland-Pfalz).
HUNOLD, Angelika: Die Befestigung auf dem Katzenberg bei Mayen und die spätromanischen Höhenbefestungen in Nordgallien. Regensburg und Mainz 2011.
ILS – Institut für Landes- und Stadtentwicklungsforschung des Landes Nordrhein-Westfalen (Hg.): Preußische Bauten am Rhein. Dortmund 1983.
IMHOF, Michael: Stiftskirche St. Goar in St. Goar am Rhein. Petersberg 2003.
JANSSEN, W.: Burg und Territorium am Niederrhein im späten Mittelalter. PATZE 1974, I, S. 283–324.
JANSSEN, Walter: Studien zur Wüstungsfrage im fränkischen Altsiedelland zwischen Rhein, Mosel und Eifelnordrand (Beihefte der BJb., Bd. 35, T. I u. II). 2 Bde. Bonn 1975.
JOHNSON, Anne: Römische Kastelle des 1. und 2. Jahrhunderts n. Chr. in Britannien und in den germanischen Provinzen des Römerreiches (Kulturgeschichte der antiken Welt, 37). Mainz 1987.
JOST, Cliff Alexander: Der römische Limes in Rheinland-Pfalz (Archäologie an Mittelrhein und Mosel, 14). Koblenz 2003.
JOST, Cliff Alexander: Neue Ausgrabungen im römischen Kastell Niederbieber, Stadt Neuwied. in: Archäologie in Rheinland-Pfalz 2002. Mainz 2003, S. 103–106.
JOST, Cliff Alexander: Neue Ausgrabungen im Kastell Niederbieber. In: Heimatjahrbuch des Landkreises Neuwied, 2004, S. 53–56.
JÜSGEN, Karl: Baudenkmale auf rheinischem Eisenbahngebiet. In: RH 1936, S. 395–401.
JUNKER-MIELKE, Stella: »… ich war matt vor Seligkeit.« Gärten und Parks (Wegweiser Mittelrhein, 12). Koblenz 2003.
KALLEN, Gerhard: Die Bedeutung des Rheins in der deutschen Geschichte. In: RH 1, 1936, S. 27–36.
KELLERMANN, Matthias: Die Schanzen des Systems Feste Kaiser Franz. In: Feste Kaiser Franz. Zur Geschichte des Festungswerks und des Systems Feste Franz in Koblenz-Lützel. Festschrift zum 10-jährigen Jubiläum Feste Kaiser Franz e. V. Hg. von Feste Kaiser Franz e.V. Koblenz 2008, S. 75-80.
KELLERMANN, Matthias: Die Entfestigung von Koblenz nach dem Ersten Weltkrieg. In: Deutsche Gesellschaft für Festungsforschung (Hg.): Das Ende der Festungen. Aufgelassen – geschleift – vergessen? (Festungsforschung, 1). Regensburg 2009, S. 167–181.
KELLERMANN, Matthias: Die preußische Festung Koblenz und Ehrenbreitstein. Zur Geschichte der rechtsrheinischen Festungswerke. Koblenz 2011.
KERBER, Dieter: Herrschaftsmittelpunkte im Erzstift Trier. Hof und Residenz im späten Mittelalter (Residenzforschung, 4). Sigmaringen 1995.
KERBER, Dieter/KERBER, Martina/LUTSCH, Ernst Lutsch: Burgen und Schlösser des Rheinlandes auf Postkarten (Katalog zur Sonderausstellung des Mittelrheinischen Postmuseums Koblenz in der Burg Eltz vom 2. September bis 31. Oktober 1992). Koblenz 1991.
KEUNE, Karsten (Hg.): Sehnsucht Rhein. Rheinlandschaften in der Malerei. Bonn 2007.
KIMPEN, E.: Ezzonen und Hezeliniden in der rheinischen Pfalzgrafschaft. In: Mitteilungen des Österreichischen Instituts für Geschichtsforschung XII, Erg. Bd: 1933.
KINKEL, Gottfried: Die Ahr. Eine romantische Wanderung vom Rheintal in die hohe Eifel. Eingeleitet und hg. von H. KOCHS. Neubearb. der 2. Aufl. von 1849. Köln 1976.
KLEE, Margot: Der Limes zwischen Rhein und Main. Vom Beginn des obergermanischen Limes bei Rheinbrohl bis zum Main bei Grosskrotzenburg. Stuttgart 1989.
KLEE, Margot: Limes. Strecke 1, WP 1/1-1/93. In: CÜPPERS 2002, S. 443f.
KLEEMANN, Otto: Vor- und Frühgeschichte des Kreises Ahrweiler. Bonn 1971.
KLÖFFLER, Martin: Kurzinventar der Festungen in Rheinland-Pfalz (unveröffentlichtes Manuskript). Düsseldorf 1992.
KNAPPE, Rudolf: Mittelalterliche Burgen in Hessen. 800 Burgen, Burgruinen und Burgstätten. 3. Aufl. Gudensberg-Gleichen 2000.
KOCH, Karl-Heinz/SCHINDLER, Reinhard: Vor- und frühgeschichtliche Burgwälle des Regierungsbezirkes Trier und des

Kreises Birkenfeld (Trierer Grabungen und Forschungen, 13,2). Trier 1994.
KRAMP, Mario/SCHMANDT, Matthias (Hg.): Die Loreley – Ein Fels im Rhein. Ein deutscher Traum. Katalog-Handbuch zur Ausstellung. Mainz 2004.
KRAUSSE, Dirk L.: Eisenzeitlicher Kulturwandel und Romanisierung im Mosel-Eifel-Raum. Fundstellenkatalog. Esslingen 2006.
KREMER, Bruno P.: Das Untere Mittelrheintal. Flusslandschaft zwischen Neuwieder Becken und Niederrheinischer Bucht (Rheinische Landschaften, 59). Köln 2009.
KREMER, Bruno P./METZ, Thomas: Natur und Landschaft am Mittelrhein (Wegweiser Mittelrhein, 14). Koblenz 2008.
KREUTZ, Bernhard: Rheinische Städtebünde (13./14. Jahrhundert). In: Historisches Lexikon Bayerns, URL: http://www.historisches-lexikon-bayerns.de/artikel/artikel_45449 [Zugriff: 26.03.2013].
KRINGS, Ulrich: Hochbauten der Eisenbahn. In: TRIER/WEYRES 1980, S. 63–95.
KRINGS, Ulrich: Eisenbahn- und Straßenbrücken. In: TRIER/WEYRES 1980, S. 97–105.
KUBACH, Hans Erich: Die Kunstdenkmäler des Landkreises Koblenz (KD RhProv 16, 3). Düsseldorf 1944.
KUBACH, Hans Erich/VERBEEK, Albert: Romanische Baukunst an Rhein und Maas. 4 Bde. Berlin 1976–80.
KUBACH, Hans Erich/MICHEL, Fritz/SCHNITZLER, H./GÜNTHER, A.: Die Kunstdenkmäler des Landkreises Koblenz (KD RhProv, 16, III). Düsseldorf 1944.
KUHNEN, Hans-Peter (Hg.): Gestürmt – Geräumt – Vergessen? Der Limesfall und das Ende der Römerherrschaft in Südwestdeutschland. Stuttgart 1992.
KUNOW, Jürgen/WEGNER, Hans-Helmut (Hg.): Urgeschichte im Rheinland. Köln 2006.
LAHR, Reinhard: Museums-Landschaft Mittelrhein (Wegweiser Mittelrhein, 10). Koblenz 1998.
Landesamt für Denkmalpflege Rheinland-Pfalz (Hg.): Das Rheintal von Bingen und Rüdesheim bis Koblenz. Eine europäische Kulturlandschaft. Bd. 1. Mainz 2001.
Landesarchivverwaltung Rheinland-Pfalz (Hg.): 200 Jahre Residenz Koblenz. Katalog zur Ausstellung im Schloss zu Koblenz 6. August bis 2. November 1986. Koblenz 1986.
LASS, Heiko: Der Rhein. Burgen und Schlösser von Mainz bis Köln. Petersberg 2005.
LEDEBUR, Alkmar von: Die Kunstdenkmäler des Rhein-Hunsrück-Kreises 2.1: Ehemaliger Kreis St. Goar, Stadt Boppard, 2. Bd. (Die Kunstdenkmäler von Rheinland-Pfalz, 8). München 1988.
LEHFELDT, Paul: Die Bau- und Kunstdenkmäler des Regierungsbezirks Coblenz. Düsseldorf 1886.
LEHMANN, Karl: Vom deutschen Rhein. Die rheinische Gegenwart im Spiegel der Dichtung, von Dr. Karl lehmann. Leipzig 1924.
LEYENDECKER, Angelika: Schloß Drachenburg. Köln 1979.
LIESSEM, Udo: Neues zur Kunstgeschichte der Balduinsbrücke. In: Koblenz, Stadt der Brücken (Dokumentationen der Stadt Koblenz, 4). Koblenz 1975, S. 69–75.
LIESSEM, Udo: Bögen, Türme, Zinnen. Zur Bau- und Kunstgeschichte der Horchheimer Brücke. In: Kirmes-Magazin Horchheim 1979, S. 57f.
LIESSEM, Udo: Eisenbahnbrücken über Mosel und Rhein (1857–1879). 20 Jahre Brückenbaugeschichte in Koblenz. In: ICOMOS (Hg.): Eisen Architektur, Bd. 2: Die Rolle des Eisens in der historischen Architektur der zweiten Hälfte des 19. Jahrhunderts. Hannover 1982, S. 51–55.
LIESSEM, Udo: Bemerkungen zu einigen Burgen der Salierzeit im Mittelrheingebiet. In: BÖHME 1992, S. 81–112.
LIESSEM, Udo: Die Königlich Preußische Regierung in Koblenz. Bemerkungen zur Wiederaufnahme staufischen Formengutes im Profanbau des späten Historismus. In: Forschungen zu Burgen und Schlössern, 1, 1994, S. 153–168.
LIESSEM, Udo/LÖBER, Ulrich: Ausgewählte Burgen an Rhein, Mosel und Lahn. Koblenz 1980.
LOSSE, Michael: Bürgerliche Burgen. Beispiele bürgerlicher Herrschaftsarchitekturen des Rheinlandes, dargestellt unter besonderer Berücksichtigung des Wiederaufbaus mittelalterlicher Burgen (Magisterarbeit). Marburg (Lahn) 1991.
LOSSE, Michael: Der »Börsenritter« im »lauschigen Butzenscheiben-Erker«. Anmerkungen zur realen und ideellen Inbesitznahme mittelalterlicher Burgen durch Bürgerliche im Eifel-Mosel-Gebiet (1815–1918). In: Eifeljahrbuch 1996, Düren 1995, S. 16–33.
LOSSE, Michael: »*... die ruhmreichen Zeugen der stolzen Vergangenheit*«. Anmerkungen zur Rezeption von Burgen und Schlössern an der Lahn und in deren Nebentälern (ca. 1815–1930). In: Zeitschrift des Vereins für hessische Geschichte und Landeskunde (ZHG), Bd. 103, 1998, S. 39–70.
LOSSE, Michael: »Bürgerliche Burgen« im 19. und 20. Jahrhundert. In: Burgen in Mitteleuropa. Ein Handbuch, hg. von der Deutschen Burgenvereinigung. Bd. 1, Stuttgart 1999, S. 174–176.
LOSSE, Michael: Burgenlandschaften: Nordrhein-Westfalen: Nordeifel und Eifelvorland. In: Burgen in Mitteleuropa. Ein Handbuch, hg. von der Deutschen Burgenvereinigung. Bd. 2, Stuttgart 1999, S. 141–143; Rheinland-Pfalz: Eifel. In: ebd., S. 167–170.

LOSSE, Michael: Architekten und Burgen zwischen 1890 und 1930. Beispiele aus der preußischen Rheinprovinz. In: Busso von der Dollen/Barbara Schock-Werner (Hg.): Burgenromantik und Burgenrestaurierung um 1900. Der Architekt und Burgenforscher Bodo Ebhardt in seiner Zeit. Ausstellungskatalog (Veröffentlichungen der Deutschen Burgenvereinigung, Reihe B: Schriften, Bd. 7). Braubach 1999, S. 187–193.

LOSSE, Michael: »*Porta Rhenana*« – Die Bonner Rheinbrücke (1896/98), »*Markstein*« am »*Beginn einer neuen Epoche in der Brückenbaukunst*«, und der Rheinbrückenbau der Wilhelminischen Zeit (1888–1918) [Diss.]. Lage 2000.

LOSSE, Michael: »*... unter dem romantischen Einfluß der großen Geschichte der Ufergelände von Rhein und Mosel.*« Villen- und Landhausentwürfe von Willy Bock (1877–1955) in Vallendar und Koblenz. In: Heimatbuch Kreis Mayen-Koblenz 2001. Koblenz 2000, S. 169–175.

LOSSE, Michael: Theiss Burgenführer Hohe Eifel und Ahr. Stuttgart 2003.

LOSSE, Michael: Die Lahn. Burgen und Schlösser. Von Biedenkopf und Marburg über Gießen, Wetzlar und Weilburg bis Limburg, Nassau und Lahnstein. Petersberg 2007.

LOSSE, Michael: Die Mosel. Burgen, Schlösser, Adelssitze und Befestigungen von Trier bis Koblenz (Burgen – Schlösser – Herrensitze, Bd. 3; hg. vom Marburger Arbeitskreis für europäische Burgenforschung e. V.). Petersberg 2007.

LOSSE, Michael: Unternehmerburgen in der Eifel. Motive Bürgerlicher zum Erwerb und Ausbau mittelalterlicher Burgen (1815–1926). In: Uta Hassler/Norbert Nußbaum (Hg.): Ein Haus für ein Unternehmen. Thyssen und Landsberg [Tagungsband zum Workshop auf Schloß Landsberg vom 24.–25. Oktober 2002; Forschungsprojekt Fritz Thyssen Stiftung & Lehrstuhl Denkmalpflege und Bauforschung, Universität Dortmund (Prof. Uta Hassler) & Kunsthistorisches Institut, Abt. Architekturgeschichte, Universität Köln (Prof. Norbert Nußbaum). Hg. vom Institut für Denkmalpflege und Bauforschung der ETH Zürich & der Abteilung Architekturgeschichte des kunsthistorischen Instituts der Universität zu Köln]. Mainz und Zürich 2007, S. 52–67.

LOSSE, Michael: 19th and 20th century castles and pseudo castles along the River Mosel. In: Europa Nostra Scientific Bulletin, Vol. 61 (2007): Reconstruction or new construction of medieval castles in the 19th century/Reconstruction ou nouvelle construction des châteaux mediévaux au 19éme siècle. Hg. von Prof. Arch. Gianni Perbellini. Den Haag o. J. (2007), S. 21–26.

LOSSE, Michael: »*Keck und fest, mit senkrechten Mauertürmen … wie eine Krone*«. Burgen, Schlösser und Festungen an der Ahr und im Adenauer Land. Regensburg 2008.

LOSSE, Michael: Burgen und Schlösser, Adelssitze und Befestigungen in der Vulkaneifel. Adelssitze und Wehrbauten im Kreis Vulkaneifel (ehemals Kreis Daun). Petersberg 2012.

LOSSE, Michael: Die katholische Pfarrkirche St. Peter zu Sinzig im Kontext der Rezeption der Aachener Pfalzkapelle im 13. Jahrhundert – eine These. In: Europäisches Burgeninstitut – Einrichtung der Deutschen Burgenvereinigung (Hg.): Zwischen Kreuz und Zinne. Festschrift für Barbara Schock-Werner zum 65. Geburtstag (Veröffentlichungen der Deutschen Burgenvereinigung, Reihe A: Forschungen, Bd. 15). Braubach 2012, S. 141–146.

LOSSE, Michael: Burgen und Schlösser in der Eifel. Rheinbach 2013.

LOSSE, Michael: Der private Burgenbau bürgerlicher Bauherren im Rheinland (Rheinpreußen) während des 19. Jahrhunderts. Beispiele aus der Eifel-Mosel-Region. In: Stiftung Thüringer Schlösser und Gärten (Hg.): Burgen im Historismus. Die Veste Heldburg im Kontext des Historismus. Jahrbuch der Stiftung Thüringer Schlösser und Gärten. Forschungen und Berichte zu Schlössern, Gärten, Burgen und Klöstern in Thüringen, Bd. 16, für das Jahr 2012. Regensburg 2013, S. 64–82.

LOSSEN, Max: Der Kölnische Krieg 1: Vorgeschichte 1561–1581. Gotha 1882; 2: 1582–1586. Gotha 1887.

LOTZKES, Erna: Die Städte der Eifel – eine vergleichende Städtebiographie (Phil. Diss.). Bonn 1946.

LÜCKERATH, Carl August: Burgen des Kölner Erzstiftes als Herrschaftsinstrumente (um 1200). In: SCHOCK-WERNER/HOFRICHTER 2001, S. 65–72.

LÜNING, Jens: Die Michelsberger Kultur. Ihre Funde in zeitlicher und räumlicher Gliederung. In: Berichte der Römisch-Germanischen Kommission, 48, 1967 (1968), S. 1–350.

MAINZER, Udo: Stadttore im Rheinland. Neuss 1976.

MANN, Albrecht: Die Neuromanik. Eine rheinische Komponente im Historismus des 19. Jahehunderts. Köln 1966.

MARCOS, Dieter: Andacht & Krieg. Von der Koblenzer Kartause zum Fort Konstantin. Festschrift zum 10-jährigen Jubiläum Pro Konstantin e. V. Koblenz 2004.

MECKSEPER, Cord: Ausstrahlungen des französischen Burgenbaues nach Mitteleuropa im 13. Jahrhundert. In: Beiträge zur Kunst des Mittelalters. Festschrift für H. Wentzel zum 60. Geburtstag. Berlin 1975, S. 135–144.

MEHRING, F. E. von: Geschichte der Burgen, Ritter Güter, Abteien und Klöster des Rheinlandes. Köln 1831–61.

MEHS, M. J.: Burgen am Rhein. 4. Aufl. Neu hg. von Walther OTTENDORF-SIMROCK. Bonn o. J.

MENKE, Heinrich: Gartenflüchtlinge aus Burggärten. In: RH, 1/2, 1939, S. 102–104.

MEYNEN, H.: Militärbauten. In: TRIER/WEYRES 1980/81, S. 107–117.

MICHAELIS, Carl: Burg Rheinfels bei St. Goar am Rhein mit Zeichnungen von Dilich (1607). St. Goar 1900 (Nachdruck 1991 zur Neueröffnung des Burgmuseums am 14. Mai 1991).

MICHEL, Fritz: Die kirchlichen Denkmäler der Stadt Koblenz (KD RhProv 20, 1). Düsseldorf 1937.

MICHEL, Fritz: Die Kunstdenkmäler der Stadt Koblenz. Die profanen Denkmäler und die Vororte (KD RP, 1). München und Berlin 1954.

MÖTSCH, Johannes/DOLLWET, Joachim (Hg.): Der Rheinische Städtebund von 1254/56. Propter culturam pacis ... um des Friedens willen. Katalog zur Landesausstellung in Worms, 24. Mai bis 27. Juli 1986. Koblenz 1986.

MOSSE, Werner E.: Zwei Präsidenten der Kölner Industrie- und Handelskammer – Louis Hagen und Paul Silverberg. In: BOHNKE-KOLLWITZ et al. 1984, S. 308–340.

MÜLLER, Matthias: Von der Burg im Schloss! Das Mainzer Schloss und die Revision eines entwicklungsgeschichtlichen Denkmodells. In: FELTEN 2011, S. 91–121.

MÜLLER/Werner WUNDERLICH: Burgen, Länder, Orte (Mittelalter-Mythen, 5). Unter Mitarbeit von Margarete SPRINGETH. Konstanz 2008.

NEU, Heinrich: Der Rhein in Schrifttum und Kunst der ersten Hälfte des 19. Jh. In: RH 1, 1936, S. 37–54.

NEUMANN, Hartwig. Festungsbaukunst und Festungsbautechnik. Koblenz 1988.

NEUMANN, Hartwig/LIESSEM, Udo: Die klassizistische Großfestung Koblenz. Koblenz 1989.

NORTMANN, Hans: Burgen der Hunsrück-Eifel-Kultur. In: A. JOCKENHÖVEL (Hg.): Ältereisenzeitliches Befestigungswesen zwischen Maas/Mosel und Elbe (Veröffentlichungen der Altertumskomission Westfalen, 11). Münster 1999, S. 69–80.

NORTMANN, Hans: Voreisenzeitliche Höhensiedlungen im Trierer Land. In: Studia Antiquaria. Festschrift für N. Bantelmann). Bonn 2000, S. 59–66.

NORTMANN, Hans: Die ältere Eisenzeit im südlichen Rheinland: neuer Rohstoff – neue Bestattungsart – neues Zeitalter? In: KUNOW/WEGNER 2006, S. 225–240.

OELMANN, Franz: Die Keramik des Kastells Niederbieber. Frankfurt/M. 1914.

OLDENSTEIN, Jürgen: Die spätrömischen Befestigungen zwischen Straßburg und Andernach im 4. und zu Beginn des 5. Jahrhunderts. In: FELTEN 2011, S. 17–46.

OTT, Hanns: Rheinische Wasserburgen. Geschichte – Formen – Funktionen. Würzburg o.J.

PHOTENHAUER, Angela/LIXENFELD, Elmar: Oberes Mittelrheintal – Welterbe – Von Bingen und Rüdesheim bis Koblenz. Bonn 2006.

PIPER, Otto: Burgenkunde. Bauwesen und Geschichte der Burgen (Nachdruck der verbesserten und erweiterten 3. Aufl. von 1912). Frankfurt und München 1967.

POLACZEK, Ernst: Die Kunstdenkmäler des Kreises Rheinbach (Die Kunstdenkmäler der Rheinprovinz, 4. Bd., II. Abt.). Düsseldorf 1898.

PREISSING, Heinz: Spuren alter Geschichte: Archäologie im Kreis Neuwied. Horb am Neckar 1996.

PREUSCHEN, Henriette von: Schloss Liebeneck: A Nineteenth-Century Country House. Architectural and Historical Analysis and Conservation Concept (unveröff. Masterarbeit, The University of York, Dept. of Archaeology inc. The Institute of Advanced Architectural Studies, Centre for Conservation). York 2001.

Pro Konstantin e. V. (Hg.): Fort Konstantin. Historischer Ort mit Zukunft. Zum 20-jährigen Bestehen des Vereins PRO KONSTANTIN (1993–2013). Gesamtredaktion: Sebastian Gleixner. Koblenz 2013.

RATHKE, Ursula: Preußische Burgenromantik am Rhein: Studien zum Wiederaufbau von Rheinstein, Stolzenfels und Sooneck (1823–60). München 1979.

RATHKE, Ursula: Schloß- und Burgenbauten. In: TRIER/WEYRES 2 1980, S. 343–362.

RATHKE, Ursula: Burg Sooneck. Mainz 1994.

Reclam – Wörterbuch der Burgen, Schlösser und Festungen. Hg. Horst Wolfgang BÖHME, Reinhard FRIEDRICH und Barbara SCHOCK-WERNER in Verbindung mit dem Europäischen Burgeninstitut der Deutschen Burgenvereinigung e. V. Stuttgart 2004.

REDHARDT, Willy: Reiseführer: Der Rhein und seine Nebenthäler. Koblenz 1905.

REIMER, Heinrich: Das königliche Schloß zu Coblenz – ein geschichtlicher Führer. Coblenz 1906.

RESCH, Aloys: Die Edelfreien des Erzbistums Trier im linksrheinischen deutschen Sprachgebiet (Trierisches Archiv, H. 17/18). Trier 1911 [Diss. Bonn 1911].

RITZEL, Jörg: Rheinische Tippelbilder. Eine fröhliche Fahrt durch Rheinische Burgen und Schlösser. Köln-Ehrenfeld 1933.

ROSER, Wolfgang L.: Die Niederburg in Rüdesheim. Ein Befestigungsbau des Erzbistums Mainz im Rheingau. In: Nassauische Annalen 101, 1990, S. 7–29.

ROTH, Herbert: Die Entwicklung einer heimischen Industrie in Nieder- und Oberlahnstein (auf: http://www.rhein-lahn-info.de/geschichte/roth/roth-7.htm [Zugriff: 22.08.2013]).
RÜTTGERS, Severin: Rheinsagen. Köln 1929.
RULAND, Josef: Burg Stahleck – Treffpunkt der Jugend. Sonderdruck aus: Heimatjahrbuch Landkreis Mainz-Bingen 1977, S. 117–121.
SCHALLMAYER, Egon: Niederbieber, Postumus und der Limesfall. Stationen eines politischen Prozesses. Bericht des ersten Saalburgkolloquiums (Saalburg-Schriften, 3). Bad Homburg 1996.
SCHANNAT/BÄRSCH: Eiflia illustrata, oder geographische und historische Beschreibung der Eifel. Von Johann Friedrich Schannat. Aus dem lateinischen Manuscripte übersetzt und mit Anmerkungen und Zusätzen bereichert von Georg Bärsch. Aachen und Leipzig, I. Bd., 2. Abt., 1825; II. Bd., 1844; III. Bd., 2. Abt., 1854.
Schlösser, Burgen, alte Mauern. Hg. vom Hessendienst der Staatskanzlei. Wiesbaden 1990.
SCHLÜTER, O.: Die französische Landesaufnahme im linksrheinischen Gebiet 1810-1814. In. Westdeutsche Zeitschrift für Geschichte und Kunst, 1910, S. 182–193.
SCHMANDT, Matthias: Die Geschichte der Burg Klopp in Bingen. In: Heimatjahrbuch Landkreis Mainz-Bingen 2004, S. 67–71.
SCHMANDT, Matthias: Sagenhafte Reiseziele. Zur Wahrnehmung der Rheinburgen im 19. Jahrhundert. In: FELTEN 2011, S. 123–150.
SCHMITT, Michael: Die illustrierten Rhein-Beschreibungen. Dokumentation der Werke und Ansichten von der Romantik bis zum Ende des 19. Jahrhunderts. Köln 1996.
SCHNEIDER, Konrad: Die Anfänge der römischen Archäologie in Niederbieber. In: Jahrbuch für westdeutsche Landesgeschichte, 22, 1996, S. 61-94.
SCHOCK-WERNER, Barbara/HOFRICHTER, Hartmut (Hg.): Zentrale Funktionen der Burg (Veröffentlichungen der Deutschen Burgenvereinigung, Reihe B: Schriften, Bd. 6). Braubach 2001, S. 78-86.
SCHÖLLER, Wolfgang: Pierre-Michel d'Ixnard, Antoine-François Peyre und der Bau des Koblenzer Residenzschlosses: Neue Forschungen. In: Wallraf-Richartz-Jb. 53, 1992, S. 155-175.
SCHÜLER-BEIGANG, Christian (Hg.): Das Rheintal von Bingen und Rüdesheim bis Koblenz – Eine europäische Kulturlandschaft. Das zentrale Werk (Dokumentation zum UNESCO-Welterbe-Antrag). Mainz 2002.
SCHÜTTE, Ulrich: Das Schloß als Wehranlage. Darmstadt 1994.
SEBALD, Eduard: Die Kunstdenkmäler des Rhein-Hunsrück-Kreises 2.2: Ehemaliger Kreis St. Goar, Stadt Oberwesel (Die Kunstdenkmäler von Rheinland-Pfalz, 9). München 1997.
SEBALD, Eduard: Denkmäler der Romanik (Wegweiser Mittelrhein, 3). Koblenz 1999.
SIMROCK, Karl: Das malerische und Romantische Rheinland. Leipzig 1839.
SPIEGELHAUER, Dagmar: Fabrikbau. Nutzbau – Zweckbau – Industriearchitektur. In: TRIER/WEYRES 1980/81, S. 287–328.
STEPHAN, H.: Die Entstehung der Rheinromantik. Köln 1922.
SPONHEIMER, Meinhard: Landesgeschichte der Niedergrafschaft Katzenelnbogen und der angrenzenden Ämter auf dem Einrich. In: Edmund E. STENGEL (Hg.): Schriften des Instituts für geschichtliche Landeskunde von Hessen und Nassau, Bd. 11. Marburg (Lahn) 1932.
STAAB, Franz: Ein Blick auf die wirtschaftliche Bedeutung der Burgen am Mittelrhein. In: Heimatjahrbuch Landkreis Mainz-Bingen 2004, S. 41f.
Staatsbauverwaltung Rheinland-Pfalz/Staatsbauamt Koblenz (Hg.): Das Schloß zu Koblenz. Koblenz 1999.
STAHL, Ernst: Jugendherbergen in geschichtlichen Baudenkmälern. In: Rheinische Jugendherbergen.Zeitschrift des Rheinischen Vereins für Denkmalpflege und Heimatschutz, Jg. 20, 3/1928, S. 25–101.
STEUER, Heiko/BIERBRAUER, Volker, unter Mitarbeit von Michael HOEPER (Hg.): Höhensiedlungen zwischen Antike und Mittelalter von den Ardennen bis zur Adria (Reallexikon der Germanischen Altertumskunde. Ergänzungsbände, 58). Berlin 2008.
STEVENS, Ulrich: Burgkapellen im deutschen Sprachraum. Köln 1978.
STOLTERFORTH, Adelheid von: Rheinischer Sagen-Kreis. 1835.
STRAMBERG, Johann Christian von: Denkwürdiger und nützlicher rheinischer Antiquarius, Koblenz 1854, 1867.
STRICKHAUSEN, Gerd: Burgen der Ludowinger in Thüringen, Hessen und dem Rheinland. Studien zu Architektur und Landesherrschaft im Hochmittelalter (Quellen und Forschungen zur hessischen Gechichte, 109). Darmstadt und Marburg 1998.
STRICKHAUSEN-Bode, Gabriele Nina: Stahls Stahleck. Ernst Stahl (1882-1957) und der Neuaufbau von Burg Stahleck am Rhein (Veröffentlichungen der Deutschen Burgenvereinigung, 12). Braubach 2007.
TEXTOR, Fritz: Entfestigungen und Zerstörungen im Rheingebiet während des 17. Jh. als Mittel der französischen Rheinpolitik, Bonn 1937.
THON, Alexander: »Von den Schauern der Vorwelt umweht ...«: Burgen und Schlösser an der Mosel. Regensburg 2007.
THON, Alexander: Städte gegen Burgen. Tatsächliche und mutmaßliche Belagerungen von Burgen am Mittelrhein durch den Rhei-

nischen Bund 1254–1257. In: Jahrbuch für westdeutsche Landesgeschichte. Jg. 34, 2008, S. 17–42.
THON, Alexander/ULRICH, Stefan/FRIEDHOFF, Jens: »Mit starken eisernen Ketten und Riegeln beschlossen ...«. Burgen an der Lahn. Regensburg 2008.
TIPPACH, Thomas: Koblenz als preußische Garnison- und Festungsstadt. Wirtschaft, Infrastruktur und Städtebau (Städteforschung, Reihe A. Darstellungen, 53). Köln 2000.
TREUE, Wolfgang: Hohenzollernfürsten und Unternehmertum. Überlegungen anläßlich des Hohenzollern-Jubiläums im Jahre 1961. In: Tradition. Zeitschrift für Firmengeschichte und Unternehmerbiographie, 7/1962, S. 212–222.
TREUE, Wolfgang: Gesellschaft, Wirtschaft und Technik Deutschlands im 19. Jh. (Gebhardt Handbuch der Deutschen Geschichte, Bd. 17, Taschenbuch-Ausgabe). Stuttgart 1970.
TRIER, Eduard/WEYRES, Willy: Kunst des 19. Jahrhunderts im Rheinland. 2 Bde. Düsseldorf 1980/81.
TROG, Carl: Rheinlands Wunderhorn. Sagen Geschichten und Legenden, auch Ränke und Schwänke aus den alten Ritterburgen, Klöstern und Städten der Rheinufer und des Rheingebietes, von den Quellen bis zur Mündung des Stromes. Dem deutschen Volke gewidmet von Carl Trog. 15 Bde. Essen und Leipzig 1882–83.
UNRUH, Frank: Kastelle am Ende. Germanen oder Römer. Überfälle auf Pfünz und Niederbieber. In: KUHNEN 1992, S. 67f.
USLAR, Rafael von: Verzeichnis der Ringwälle in der ehemaligen Rheinprovinz. In: Bonner Jb., 153, 1953, S. 128–140.
VOLTMER, Ernst: Der Rheinische Bund (1254–1256). Eine neue Forschungsaufgabe? In: MÖTSCH/DOLLWET 1986.
VON DER DOLLEN, Busso/SCHOCK-WERNER, Barbara (Hg.): Burgenromantik und Burgenrestaurierung um 1900. Der Architekt und Burgenforscher Bodo Ebhardt in seiner Zeit. Ausstellungskatalog (Veröffentlichungen der Deutschen Burgenvereinigung, Reihe B: Schriften, Bd. 7). Braubach 1999.
WACHENHUSEN, Hans: Die Mosel. In: Karl STIELER/Hans WACHENHUSEN/F. W. HACKLÄNDER: Rheinfahrt. Von den Quellen des Rheins bis zum Meere, Stuttgart 1875 (wiederhg. Hannover 1978, 6. Aufl. 1985), S. 308–322.
WAGNER, Friedrich Ludwig: Stadt Bacharach und Samtgemeinde der Viertäler. Hg. von der Stadtverwaltung Bacharach. Bacharach 1956.
WAGNER-RIEGER, Renate: Romantik und Historismus. In: WAGNER-RIEGER/KRAUSE 1974, S. 11–18.
WAGNER-RIEGER, Renate/KRAUSE, Walter (Hg.): Historismus und Schloßbau. München 1974.
WARNKE, Martin: Bau und Überbau. Soziologie der mittelalterlichen Architektur nach den Schriftquellen. Frankfurt/M. 1976.
WARNKE, Martin (Hg.): Politische Architektur in Europa vom Mittelalter bis heute. Repräsentation und Gemeinschaft. Köln 1984.
WEBER, Klaus T.: Die preußischen Festungsanlagen von Koblenz (1815–1834) (Kunst- und Kulturwissenschaftliche Forschungen, 1). Weimar 2003.
WEBER, Klaus T.: Rayon – eine Kunstlandschaft. Ein Beitrag zum Vorgelände neuzeitlicher Festungen. In: Deutsche Gesellschaft für Festungsforschung (Hg.): Leben in und mit Festungen (Festungsforschung, 2). Regensburg 2010, S. 126–138.
WEBER, Ulrike: Kulturdenkmäler in Rheinland-Pfalz (DTop BRD, 3.3): Stadt Koblenz. Stadtteile. Worms 2013.
WEGNER, Hans-Helmut: Die Besiedlung des Rheintals von den ersten Anfängen bis zum Ende der Frankenzeit. In: LAD RP, 1, 2001, S.67-87.
WEGNER, Hans-Helmut: Neuwied-Niederbieber. Kastell und Vicus. In: CÜPPERS 2002, S. 501–503.
WEYRES, Willy/MANN, Albrecht: Handbuch zur Rheinischen Baukunst des 19. Jh. Köln 1968.
WISCHEMANN, Rüdiger: Die Festung Koblenz. Vom römischen Kastell und Preußens stärkster Festung zur größten Garnison der Bundeswehr. Koblenz 1978.
WISCHEMANN, Rüdiger: Zur Geschichte der Festung Ehrenbreitstein. Landesmuseum Koblenz (Veröffentlichungen des Landesmuseums Koblenz, 63). Koblenz 1998.
WISCHEMANN, Rüdiger: Letzte Belagerung der Festung Ehrenbreitstein. Die kurtrierischen Truppen in den Revolutionskriegen und die Belagerung der kurtrierischen, kaiserlichen und Reichsfestung Ehrenbreitstein durch die französischen Revolutionstruppen 1795 bis 1799 (dissertation.de). Berlin 2003.
ZENDER, Matthias: Die Sage als Spiegelbild von Volksart und Volksleben im westdeutschen Grenzland (Diss. 1938). Bonn 1940.
ZEUNE, Joachim: Burgen – Symbole der Macht. Regensburg 1996.

Bildnachweis

Autor (Dr. Michael Losse):

Fotografien: 12 (Abb. 3), 28, 35, 36 (Abb. 23–25), 41, 55, 58 (Abb. 36–37), 66 (Abb. 41–42), 91 (Abb. 59), 93 (Abb. 64), 94 (Abb. 65–66), 95, 96 (Abb. 71–72), 98 (Abb. 78), 106, 107 (Abb. 91), 108 (Abb. 92), 109 (Abb. 95), 110, 111 (Abb. 98), 113 (Abb. 100), 114 (Abb. 102), 121, 122, 123, 124, 125, 139, 142, 152, 153, 156, 157, 158 (Abb. 146), 160 (Abb. 147), 174, 181 (Abb. 155), 187, 189, 190, 191, 195, 202, 208, 233, 240, 242 (Abb. 192), 254, 258 (Abb. 200), 261, 262, 266

Archiv: 36 (Abb. 22), 52 (Abb. 34), 59 (Abb. 38), 78 (Abb. 50), 84 (Abb. 53), 88 (Abb. 56), 91 (Abb. 58), 97 (Abb. 73–75), 98 (Abb. 77), 109, 111 (Abb. 96), 114 (Abb. 101), 116 (Abb. 105), 117 (Abb. 106), 118 (Abb. 108), 149 (Abb. 136), 156 (Abb. 141), 168 (Abb. 148), 171 (Abb. 149–150), 175 (Abb. 152), 186 (Abb. 157)

Abbildungen von Privatpersonen und aus Archiven:

Deutsche Burgenvereinigung, Archiv: 107 (Abb. 89), 185
Frank Dursthoff: 281
Heavatar, Band: 279 (Abb. 209)
Michael Klehm: 145

Wikimedia Commons:

Beckstet: 193 (Abb. 164), 199 (Abb. 170)
Brego: 132 (Abb. 123)
Brühl: 87, 128, 129
Christian1985: 71, 72, 92 (Abb. 62)
Daniel Ullrich (Threedots): 18
Dom2508: 137
DXR: 102
Efgeka: 94 (Abb. 67)
Frank Winkelmann: 215
Fritz Geller-Grimm: 143
H. Linke: 30
Hagen Graebner: 210 (Abb. 175)
Harald Nachtigall: 119 (Abb. 111)
Holger Weinandt: 11 (Abb. 1), 78 (Abb. 49), 86, 92 (Abb. 61), 131, 196, 219
Jbhn: 12 (Abb. 4)
Johannes Robalotoff: 119 (Abb. 110), 140, 228 (Abb. 186)
Lencer: 19
Lothar Spurzem: 235, 235
Martin Künzel: 199 (Abb. 169)
Maus-Trauden: 134
Nicolas von Kospath: 70 (Abb. 43)
ohne Angabe: 45 (Abb. 31), 65 (Abb. 40), 104 (Abb. 84), 138 (Abb. 128), 177 (Abb. 153), 210 (Abb. 176), 213 (Abb. 178)
Pedelecs: 115
Peter Weller: 82, 90, 93 (Abb. 63), 104 (Abb. 83), 116 (Abb. 104), 148, 268, 269
Pudelek: 258 (Abb. 201)
Pumuckel42: 243
RThiele: 190, 236
Richltein: 117 (Abb. 107)
Roland Todt: 91 (Abb. 60), 99 (Abb. 80)
Rotodt: 14

Sir Gawain: 13, 112
Sir James: 63
Stadtarchiv der Stadt Bonn: 264
Tohma: 107 (Abb. 87), 108 (Abb. 92)
Veleius: 77
WFSG: 248, 33 (Abb. 18), 118 (Abb. 109), 132 (Abb. 124)
Wolkenkratzer: 100, 105

Historische Vorlagen:

BRAUN, Georg/HOGENBERG, Franz: Civitates orbis terrarum, 1572ff; 37, 38
CLEMEN, Paul (Hg.): Die Kunstdenkmäle der Rheinprovinz. Düsseldorf 1891ff
aus: KD Ahrweiler 1938; 99 (Abb. 79)
aus: KD Rheinland-Pfalz; 98 (Abb. 76), 141, 171 (Abb. 149)
DUNCKER, Alexander: Die ländlichen Wohnsitze, Schlösser und Residenzen der ritterschaftlichen Grundbesitzer in der preußischen Monarchie nebst den Königlichen Familien-, Haus-Fideicommiss- und Schatull-Gütern in naturgetreuen, künstlerisch ausgführten, farbigen Darstellungen nebst begleitendem Text. Berlin 1857–83 (sog. Sammlung Duncker); 31, 34, 228 (Abb. 185)
Foto um 199; 247
hist. Ansichtskarte, 1900; 81, 207, 231, 225, 244 (Abb. 195), 247
hist. Ansichtskarte (Foto: Gebr. Metz, Tübingen); 200
hist. Ansichtskarte (Foto: Scharfscheer); 193 (Abb. 163)
MERIAN, Topographia Archiepiscopatuum Moguntinensis ..., Frankfurt am Main, 1646; 15, 27
MERIAN, Topographia Hassiae, Frankfurt am Main, 1646/55; 11 (Abb. 2), 20, 32, 34, 42
MERIAN, Topographia Palatinatus Rhenani, 1645; 33 (Abb. 19), 40
MICHAELIS, Carl: Burg Rheinfels bei St. Goar am Rhein mit Zeichnungen von Dilich (1607). St. Goar 1900 (Nachdruck 1991 zur Neueröffnung des Burgmuseums am 14. Mai 1991); 29, 107 (Abb. 88), 109 (Abb. 93), 111 (Abb. 96), 114, 116 (Abb. 105), 118 (Abb. 108)
RITZEL, Jörg: Rheinische Tippelbilder. Eine fröhliche Fahrt durch Rheinische Burgen und Schlösser. Köln-Ehrenfeld 1933; 271
STANFIELD, Clarkson: Sketches on the Moselle, 1838
TOMBLESON, William: Views of the Rhine from Cologne to Mainz, um 1840; 46, 113 (Abb. 100), 228 (Abb. 184)
ULLMANN, Victor: Koblenz, 1907; 181 (Abb. 154)
Vues du bords du Rhin, Koblenz, um 1832; 198 (Abb. 167), 244 (Abb. 196)

Literarische Vorlagen:

300 Jahre Neuwied, Jubiläumsausgabe der Stadt Neuwied, 1953; 198 (Abb. 168)
KOSSMANN, Bernhard: Remagen zur Römerzeit. In: Heimatjahrbuch Kreis Ahrweiler 1965, hier zit. nach: http://www.kreis.aw-online.de/kvar/VT/hjb1965/hjb1965.8.htm; 73
MICHLER, Manfred: Die verflixte Brücke, Würzburg 1981; 213 (Abb. 179)

Museen:

Museum bei der Kaiserpfalz, Ingelheim; 23 (Abb. 11)
Staatliche Museen zu Berlin, Nationalgalerie; 47 (Abb. 33)

Orts- und Objektregister

In diesem Register sind lediglich die im Text behandelten, am Mittelrhein oder in unmittelbarer Nähe liegenden Burgen, Schlösser, Adelssitze und Wehrbauten enthalten. Vergleichsbeispiele aus anderen Regionen sind nicht aufgeführt.

C

S

Wehrbauten und Adelssitze am Mittelrhein – die wichtigsten Kategorien in Beispielen

Hier folgt eine Auflistung der wichtigsten Adelssitze und Wehrbauten am Mittelrhein; sie umfasst vor- und frühgeschichtliche Wehrbauten (u. a. keltische Abschnittsbefestigungen, »Ringwälle« und *oppida*, römische Kastelle, *burgi* und Höhenbefestigungen), mittelalterliche Burgen, Stadtbefestigungen und Warttürme, frühneuzeitliche Schlösser und Festungen sowie neuzeitliche befestigte Brücken. – Da am Mittelrhein zahlreiche Burgen im 19. Jh. im Sinne des Historismus neu aufgebaut wurden, können diese unter verschiedenen Kategorien aufgeführt sein.

Vor- und frühgeschichtliche Befestigungen

Jungsteinzeit

Urmitz: Jungsteinzeitliches Erdwerk der Bischheimer und Michelsberger Kultur, ca. 4400 / 3500 v. Chr. – Durch Bimsabbau und Überbauung fast vollständig zerstört.

Bronzezeit & Eisenzeit

Brohl-Lützing: Eisenzeitlicher Burgwall der älteren Hunsrück-Eifel-Kultur Auf der Dickt

Koblenz: Dommelsberg, Befestigung der Urnenfelderzeit und der Hunsrück-Eifel-Kultur

Königswinter: Petersberg, befestigte sugambrische Burg/Höhensiedlung der Spätlatènezeit

Rheineck (Bad Breisig): Eisenzeitlicher Burgwall Schwedenschanze auf der Reutersley; wohl im Mittelalter nachgenutzt

St. Goarshausen: Heide, Spornbefestigung der Jungeisenzeit (um 500/450 v. Chr.), mittelalterlich überformt

St. Goarshausen: Hühnerberg (auch Hünenberg), eisenzeitliche befestigte Siedlung wohl der älteren Hunsrück-Eifel-Kultur (6. Jh. v. Chr.). Abschnitts-/Spornbefestigung z.T. durch Wasserhochbehältereinbau zerstört

St. Goarshausen: Loreley, sog. Abschnittswall, wohl Burgwall der Wende von der Bronze- zur Hallstattzeit. – Vor dem 2. Weltkrieg durch den Bau der Jugendherberge und ihrer Außenanlagen großenteils zerstört

Römische Wehrbauten

Andernach (RP): Kastell. Um 359 n. Chr., nach dem Alemannensturm, neu aufgebaut

Bingen (RP): Kastell Bingium. Um 359 n. Chr., nach dem Alemannensturm, neu aufgebaut

Bad Hönningen (RP): Rekonstruierter Limes-Wachtturm

Boppard (RP): Großkastell, um M. 4. Jh. n. Chr. Größere Teile sichtbar erhalten

Koblenz (KO): Stadtbefestigung. Teile sichtbar erhalten

Limes, römisch-germanischer: ab etwa 80 n. Chr. angelegte, rechtsrheinisch den Rheinhöhen folgende Grenzbefestigung gegen das östliche Germanien. Der eigentliche Limes bestand aus Wall, Graben, Palisaden und Wachttürmen und bildete eher eine Schutz- als eine Verteidigungslinie. Kastelle im Hinterland

Niederbieber (RP): Auxiliarkastell (um 185/190), eines der größten am Limes. Durch Anlage eines Wohngbietes nach 1960 weitgehend zerstört und überbaut
Remagen (RP): Holz-Erde-Kastell Rigomagus (um 40 n. Chr.), später durch zwei steinerne Kastelle (späteres 1. Jh. n. Chr.; 4. Jh.) ersetzt. Geringe Reste

Mittelalterliche Burgen

Höhenburgen: Gipfelburgen

(Hinweis: Manche Burgen auf Spornkuppen gleichen strukturell Gipfelburgen)
Bad Godesberg (Bonn): Godesburg
Bad Neuenahr (Bad Neuenahr-Ahrweiler): Burg Neuenahr
Bingen: Burg Klopp
Braubach: Marksburg
Hammerstein: Burg Hammerstein
Königswinter: Burg Drachenfels
Lohrsdorf (Bad Neuenahr-Ahrweiler): Burg Landskron
Rheineck (Bad Breisig-Rheineck): Burg Rheineck

Höhenburgen: Spornburgen

Bacharach: Burg Stahleck
Kamp-Bornhofen: Burg Sterrenberg
Kapellen (Koblenz): Burg/Schloss Stolzenfels
Kaub: Burg Gutenfels
Lahnstein-Oberlahnstein: Burg Lahneck
Oberwesel: Schönburg
Rheindiebach: Burg Fürstenberg
Rheineck (Bad Breisig-Rheineck): Reutersley – salierzeitlich, Burgstall
St. Goar: Burg Rheinfels
St. Goarshausen: Burg Neukatzenelnbogen (Katz)
Trechtingshausen: Burg Rheinstein
Trechtingshausen: Burg Reichenstein
Trechtingshausen: Burg Sooneck
Wellmich: Burg Maus

Höhenburgen: Hangburgen

Bad Hönningen: Schloss Arenfels
Rüdesheim: Burg Ehrenfels

Niederungsburgen/Wasserburgen

Ahrenthal (Sinzig): Schloss Ahrenthal. Wasserburg
Andernach: Kurfürstliche Burg. Stadtburg in Randlage
Bacharach: Burg Stahleck
Bonn-Beuel-Vilich-Rheindorf: Wolfsburg
Bonn-Buschdorf: Wasserburg Buschdorf
Boppard: Kurfürstliche Burg
Kaub: Burg Pfalzgrafenstein (Die Pfalz bei Kaub). Inselburg mitten im Rhein
Koblenz: Alte Burg. Stadtburg in Randlage
Lahnstein-Niederlahnstein: Martinsburg
Linz am Rhein: Burg Linz
Namedy (Andernach): Burg Namedy
Osterspai: Burg.
Rüdesheim: Boosenburg (Oberburg)
Rüdesheim: Brömserburg (Niederburg)
Sinzig: Burg/Schloss. Burg vor der Stadtmauer

Turmhäuser & Wohntürme

Weißenthurm: Wachtturm

Burgmannenburgen/-sitze

Hammerstein: Burgmannshof (Zehnthof)
Hammerstein-Oberhammerstein: Claurenburg
Sayn (Bendorf-Sayn): Schloss, ehemals Burgmannensitz (14. Jh.) am Fuß des Burgberges
Sinzig: Mehrere Burgmannensitze

Ganerbenburgen

Oberwesel (RP): Schönburg

Mittelalterliche Königs- und Kaiserpfalzen

Sinzig (AW, RP): Obertägig keine sichtbaren Reste

Mittelalterliche Orts-, Tal- und Stadtbefestigungen

s. Kap. 4.4

Spätmittelalterliche und frühneuzeitliche Festungen

Bonn: Stadtbefestigung

Braubach: Marksburg. – Zur frühneuzeitlichen Festung ausgebaute ma. Gipfelburg

Koblenz: Stadtbefestigung

Koblenz-Ehrenbreitstein, Festung Ehrenbreitstein. – Zur frühneuzeitlichen Festung ausgebaute ma. Burg

Neuwied: Gartenfestung im Park des Schlosses (durch zeitgenössische Druckgraphik überliefert).

St. Goar: Burg/Festung Rheinfels. – Zur frühneuzeitlichen Festung ausgebaute ma. Spornburg.

Frühneuzeitliche Schlösser

Renaissance

Ahrental (Sinzig): Schloss Ahrental. Im 17. Jh. die spätmittelalterliche Kastellburg zur Dreiflügelanlage ausgebaut, Ecktürme der Hauptburg übernommen – nicht erhalten

Bad Hönningen: Schloss Arenfels – neugotisch verändert

Bonn: Kurfürstliches Schloss. Residenz der Kölner Erzbischöfe/Kurfürsten – 1689 zerstört

Braubach: Schloss Philippsburg – teils verändert erhalten

St. Goar: Rheinfels – wenig erhalten

Sinzig: Schloss des Herzogs v. Jülich-Kleve-Berg – nicht erhalten

Barock & Rokoko

Ahrental (Sinzig): Schloss Ahrental. Um 1720 Planung zum Neubau für Franz Caspar Wilhelm Graf v. Hillesheim durch den kurpfälzischen Hofbaumeister Johann Adam Breunig; ausgeführt nur die symmetrische barocke Vorburg

Bonn: Kurfürstliches Schloss, Residenz der Kölner Erzbischöfe/Kurfürsten, 1697/1705 (Entwurf: Enrico Zuccalli)

Bonn: Schloss Clemensruhe (Poppelsdorfer Schloss). Ab 1715 für den Kölner Erzbischof (Entwurf: Robert de Cotte); 1744/56 Erweiterung (Entwurf: Balthasar Neumann)

Engers (Neuwied): Jagd-, Lust- und Sommerschloss des Trierer Kurfürsten Johann Philipp v. Walderdorff, 1759/64

Koblenz-Ehrenbreitstein: Schloss Philippsburg. 1626–32 als Residenz des Trierer Erzbischofs/Kurfürsten Philipp Christoph v. Soetern (Entwurf wohl Georg Ridinger). Rheinfront mit drei Bastionen

Koblenz-Kesselheim: Schloss Schönbornlust. Jagdschloss und Sommersitz, 1748–52 für den Trierer Erzbischof und Kurfürst Franz Georg v. Schönborn (Entwurf: Balthasar Neumann) – nicht erhalten

Neuwied: Residenzschloss, um 1706-1748/56

Neuwied: Schloss Monrepos, 1757/62 für Alexander Graf v. Wied-Neuwied (Entwurf: Karl Behagel v. Adlerskron); Sommersitz. – Nicht erhalten

Niederwald bei Assmannshausen (HE): Jagdschloss Niederwald, ab 1764

Klassizismus

Koblenz: Kurfürstliches Residenzschloss. 1777–93 für den Erzbischof/Kurfürsten von Trier, Clemens Wenzeslaus v. Sachsen

Jugendburgen

Bacharach: Burg Stahleck, seit den 1920er Jahren bis nach 1960 als Neuschöpfung über Ruinen der mittelalterlichen Burg erbaut

Boppard: Ritter-Schwalbach-Haus
Oberhammerstein (Hammerstein): Burghaus

Ordenskommenden / Komtureien

Deutscher Orden

Bonn-Muffendorf (Bad Godesberg): Deutschordenskommende
Koblenz: Deutsches Eck
Ramersdorf (Bonn): Kommende Ramersdorf

Templer

Bad Hönningen: Templerhof
Niederbreisig (Bad Breisig): Templerhof (später Johanniter)

Wehrkirchen und -kirchhöfe

Bacharach: Kirche St. Peter, Westturm mit Zinnen und Eckwarten
Braubach: Barbara-Kirche mit mächtigem Westturm (Pankgrafenturm) in die Stadtbefestigung integriert
Oberwesel: Kirche St. Martin, 1390/91 im Zusammenhang mit der Befestigung der Vorstadt Niederburg ausgebaut; Westturm als Butterfassturm mit Zinnen
Remagen: Wehrkirchhof (?)
St. Goar: Stiftskirche St. Goar, Westturm mit Zinnen und (Feuerwaffen-)Scharten

Landwehren

Landwehr von Weißenthurm ausgehend bis in die Eifel. – Keine sichtbaren Reste
Rheingauer Gebück: Landwehr. – Ruinen von Torbauten (Mapper Schanze) und Geländespuren

Wart- und Zolltürme

Bingen: Mäuseturm.
Kaub: Zollturm, Kern der späteren Burg Pfalzgrafenstein
Weißenthurm: Weißer Turm

Befestigte Brücken

Mittelalter

Koblenz: Balduinsbrücke, 1332/38 unter dem Trierer Erzbischof Balduin v. Luxemburg über die Mosel nahe seiner Burg begoinnen, 1359 dem Verkehr übergeben. Vom Mittelalter bis zum 19. Jh. mit Wehr- und Repräsentationsbauten, Türmen und Toren versehen: 1429 ließ Erzbischof Otto auf der Koblenzer Seite einen Brückenturm bauen.

Neuzeit

Koblenz: Mosel-Eisenbahnbrücke, 1857–58
Koblenz: Pfaffendorfer Eisenbahn-Rheinbrücke, 1862–64
Koblenz: Horchheimer Eisenbahn-Rheinbrücke, 1876–79
Koblenz: Gülser Eisenbahn-Moselbrücke, 1877–78

Militär-Eisenbahnbrücken (1913–19)

Engers: Eisenbahnbrücke, 1916–18
Remagen: Ludendorff-Brücke, 1916–19
Rüdesheim: Eisenbahnbrücke, 1913–15

Die wichtigsten Burgen und Schlösser am Mittelrhein von Bingen bis Koblenz

Nr.	Objekt	Zustand	Besichtigung	Zugang
1	**Rüdesheim (HE)**: Befestigte Rheinbrücke	2	3	2
2	**Rüdesheim (HE)**: Boosenburg (Oberburg)	3	1	1
3	**Rüdesheim (HE)**: Brömserburg (Niederburg)	3	2	1
4	**Rüdesheim (HE)**: Vorderburg (Marktburg)	2	1	2
5	**Rüdesheim (HE)**: Stadtbefestigung	2	1	1
6	**Rüdesheim (HE)**: Burg Ehrenfels Parkmöglichkeit am nördlichen Ortsausgang Rüdesheim suchen. + Fußweg / Zeit vom Parkplatz: 40 Minuten entlang des mittleren Hangweges durch die Weinberge. + Besichtigungsmöglichkeiten beim Verkehrsamt Rüdesheim, Tel. 06722- 2962 erfragen. Schlüssel gegen Kaution.	2	1	3
7	**Rüdesheim (HE)**: Mäuseturm	3	⊘	⊘
8	**Rüdesheim (HE)**: Jagdschloss Platte	3	2	1
9	**Bingen (RP)**: Burg Klopp	3	1	2
10	**Münster-Sarmsheim (RP)**: Trutzbingen	2	3	2
11	**Trechtingshausen (RP)**: Burg Rheinstein	3	3	2
12	**Trechtingshausen (RP)**: Burg Reichenstein	3	2	1
13	**Trechtingshausen (RP)**: Burg Sooneck	3	2	2
14	**Niederheimbach (RP)**: Heimburg	3	1	2
15	**Rheindiebach (RP)**: Burg Fürstenberg	2	3	1
16	**Lorch (HE)**: „Burg" Nollig	2	1	3
17	**Lorch (HE)**: Ortsbefestigung & Strunck	2	1	2
18	**Bacharach (RP)**: Burg Stahleck	2	2	2
19	**Steeg (Bacharach, RP)**: Burg Stahlberg	2	3	2
20	**Kaub (RP)**: Burg Gutenfels	3	1	3
21	**Kaub (RP)**: Burg Pfalzgrafenstein (Pfalz) (& Bootsfahrt)	3	2	2
22	**Kaub (RP)**: Kurpfälzische Kellnerei	3	1	2
23	**Oberwesel (RP)**: Schönburg	3	3	1
24	**Oberwesel (RP)**: Stadtbefestigung	2	3	1
25	**Bornich (RP)**: Burg Herzogenstein	1	1	3
26	**Lorelei (RP)**: Vorgeschichtliche Befestigung	1	3	2
27	**Sankt Goarshausen-Patersberg (RP)**: Hünen-/Hühnerberg, Wallbefestigung	1	3	2
28	**Sankt Goarshausen (RP)**: Burg Neukatzenelnbogen (Katz)	3	⊘	3
29	**Sankt Goarshausen (RP)**: Ortsbefestigung	2	2	2
30	**Sankt Goar (RP)**: Burg/Festung Rheinfels	2	2	1
31	**Sankt Goar (RP)**: Wehrkirche/ Stiftskirche St. Goar	3	3	2
32	**Wellmich (RP)**: Burg Maus	3	2	3
33	**Weiler (Boppard, RP)**: Kleeburg (Burg Wilre)	⊘		3
34	**Bornhofen (Kamp-Bornhofen, RP)**: Burg Liebenstein	2	3	1
35	**Bornhofen (Kamp-Bornhofen, RP)**: Burg Sterrenberg	2	3	1
36	**Kamp (Kamp-Bornhofen, RP)**: Arscheidscher Hof	3	1	2
37	**Kamp (Kamp-Bornhofen, RP)**: Leyenscher Hof	3	1	2
38	Boppard (RP): Römisches Kastell	2	2	2
39	**Boppard (RP)**: Kurfürstliche Burg	3	2	2
40	**Osterspai (RP)**: Burg Osterspai (Alte Burg)	3	⊘	3
41	**Osterspai (RP)**: Schloss Liebeneck	3	⊘	3
42	**Braubach (RP)**: vorgeschichtliche Befestigung	2	3	3
43	**Braubach (RP)**: Alte Burg	⊘	3	3
44	**Braubach (RP)**: Marksburg	3	2	2
45	**Braubach (RP)**: Schloss Philippsburg	3	1	1
46	**Lahnstein-Niederlahnstein (RP)**: Martinsburg	3	2	2
47	**Lahnstein-Oberlahnstein (RP)**: Burg Lahneck	3	2	1
48	**Kapellen (Koblenz, KO, RP)**: Schloss Stolzenfels	3	2	3
49	**Koblenz (RP)**: Wallbefestigung auf dem Dommelsberg	1	3	3
50	**Koblenz (RP)**: Römische Befestigung	1	3	2
51	**Koblenz (RP)**: Alte Burg (& Stadtbefestigung)	3	1	2
52	**Koblenz (RP)**: Balduinsbrücke	3	3	2
53	**Koblenz (RP)**: Residenzschloss	2	1	1
54	**Koblenz (RP)**: Gürtelfestung, s. Einzelforts & -befestigungen			
55	**Koblenz (RP)**: Pfaffendorfer Eisenbahn-Rheinbrücke	2	3	2
56	**Koblenz (RP)**: Horchheimer Brücke	2	3	2
57	**Koblenz-Ehrenbreitstein (RP)**: Festung Ehrenbreitstein	3	2	1
58	**Koblenz-Ehrenbreitstein (RP)**: Schloss Philippsburg	⊘		2
59	**Vallendar (RP)**: Marienburg (Haus d'Ester)	3	1	2

Die Symbole

Zustand:

- 3 (weitgehend) erhalten
- 2 Ruine bzw. in Teilen erhalten
- 1 archäologische Stätte
- ⊘ vollständig abgegangen / keine sichtbaren Reste

Besichtigung:

- 3 kann tagsüber ständig besichtigt werden
- 2 Besichtigung über Führung oder im Rahmen von Veranstaltungen möglich
- 1 teilweise (saisonal) bzw. nur von außen zugänglich
- ⊘ kann nicht besichtigt werden

Zugang:

- 1 Parkplatz direkt am Objekt
- 2 einfacher Fußweg
- 3 Fußweg mit Anstieg bzw. längerer Fußweg
- ⊘ Zugang zum Objekt nicht erschlossen

Koblenz
49-56
57
58
59
Lahn
Mosel
46
47
Lahnstein
48
42
43
44
45
40
41
38
Boppard
39
34
35
36
37
33
32
27
28
30
29
St. Goar
31
26
25
24
20
22
Kaub
23
21
Oberwesel
19
18
17
Bacharach
Lorch
15
16
14
13
12
11
Rüdesheim
10
1-8
9
Bingen
Welterbe Kulturlandschaft
Oberes Mittelrheintal

Die wichtigsten Burgen und Schlösser am Mittelrhein von Koblenz bis Bonn

60 **Sayn (Bendorf-Sayn, RP)**: Burg Sayn
61 **Sayn (Bendorf-Sayn, RP)**: Schloss
62 **Engers (RP)**: Schloss
63 **Engers (RP)**: Befestigte Rhein-Eisenbahnbrücke
64 **Urmitz (RP)**: Erdwerk der Michelsberger Kultur
65 **Weißenthurm (RP)**: Wartturm
66 **Neuwied am Rhein (RP)**: Schloss
67 **Neuwied am Rhein (RP)**: Schloss Friedrichstein
68 **Neuwied am Rhein (RP)**: Schloss Monrepos
69 **Altwied (Neuwied, RP)**: Burg Altwied
70 **Andernach (RP)**: Kurfürstliche Burg
71 **Eich (Andernach, RP)**: Krayer Hof
72 **Schweppenburg (RP)**: Schloss Schweppenburg
73 **Burgbrohl (RP)**: Schloss Burgbrohl
74 **Leutesdorf (RP)**: Burg Leutesdorf / Schloss Marienburg
75 **Namedy (Andernach, RP)**: Burg Namedy
76 **Hammerstein (RP)**: Burg Hammerstein
77 **Hammerstein-Oberhammerstein (RP)**: Claurenburg
78 **Brohl (RP)**: Burg Brohleck
79 **Lützing (Brohl, RP)**: Burgwall Auf der Dickt
80 **Rheineck (Bad Breisig, RP)**: Burg Rheineck
81 **Rheineck (Bad Breisig, RP)**: Burg auf der Reutersley
82 **Bad Hönningen (RP)**: Schloss Arenfels
83 **Ahrenthal (Sinzig, RP)**: Schloss Ahrenthal
84 **Vehn (Sinzig-Löhndorf, RP)**: Schloss Vehn
85 **Sinzig (RP)**: Burg/Schloss
86 **Lohrsdorf (Bad Neuenahr-Ahrweiler, RP)**: Burg Landskron
87 **Dattenberg (Linz am Rhein, RP)**: Burg Dattenberg
88 **Linz am Rhein (RP)**: Burg Linz
89 **Linz am Rhein (RP)**: Burg Ockenfels
90 **Linz am Rhein (RP)**: Burg Rennenberg
91 **Remagen (RP)**: Römisches Kastell
92 **Remagen (RP)**: Befestigte Ludendorff-Brücke
93 **Remagen (RP)**: Schloss Marienfels
94 **Heister (Unkel, NR, RP)**: Burg Vilzelt
95 **Rheinbreitbach (RP)**: Obere Burg
96 **Rheinbreitbach (RP)**: Untere Burg
97 **Rolandseck (Remagen, RP)**: Rolandsbogen (Burg Rolandseck)
98 **Bad Honnef (NRW)**: Burg Reitersdorf
99 **Bad Honnef (NRW)**: Löwenburg: Löwenburg
100 **Königswinter (NRW)**: Petersberg: Befestigte vorgeschichtliche Höhensiedlung & Villa/Schloss
101 **Königswinter (NRW)**: Burg Drachenfels (Anfahrt mit Zahnradbahn)
102 **Königswinter (NRW)**: Schloss Drachenburg
103 **Königswinter (NRW)**: Wolkenburg
104 **Bonn-Muffendorf (Bonn-Bad Godesberg, NRW)**: Deutschordens-Kommende
105 **Bad Godesberg (Bonn, NRW)**: Godesburg
106 **Bonn (NRW)**: Burg/Residenzschloss
107 **Bonn-Poppelsdorf (NRW)**: Schloss Clemensruh
108 **Bonn-Beuel-Limperich (NRW)**: Burg Limperich
109 **Bonn-Buschdorf (NRW)**: Wasserburg Buschdorf
110 **Bonn-Ramersdorf (NRW)**: Deutschordens-Kommende Ramersdorf
111 **Bonn-Beuel-Vilich (NRW)**: Burg Lede
112 **Bonn-Beuel-Vilich-Rheindorf (NRW)**: Wolfsburg
113 **Bonn-Schwarzrheindorf (NRW)**: Burg
114 **Birlinghoven (St. Augustin, NRW)**: Schloss Birlinghoven

Die Symbole

Zustand:
(weitgehend) erhalten
Ruine bzw. in Teilen erhalten
archäologische Stätte
vollständig abgegangen / keine sichtbaren Reste

Besichtigung:
kann tagsüber ständig besichtigt werden
Besichtigung über Führung oder im Rahmen von Veranstaltungen möglich
teilweise (saisonal) bzw. nur von außen zugänglich
kann nicht besichtigt werden

Zugang:
Parkplatz direkt am Objekt
einfacher Fußweg
Fußweg mit Anstieg bzw. längerer Fußweg
Zugang zum Objekt nicht erschlossen

Sieg
Bonn
109
111
112
113
114
108
110
106
107
105
Bad Godesberg
104
Königswinter
100
101
102
103
99
Bad Honnef
97
98
95
96
93
94
90
Remagen
89
88
Linz
91
92
85
87
86
Sinzig
Ahr
84
83
82
Bad Breisig
Bad Hönningen
80
81
78
76
77
72
73
79
69
74
Neuwied
75
66
Andernach
62
60
61
70
67
68
71
63
65
64

Ebenfalls im Programm des Regionalia Verlages erhältlich

»Eine packende Exkursion«

Michael Losse

Burgen und Schlösser in der Eifel

Mit einem Geleitwort von Dr. Karl Graf von und zu Eltz

»Der Umfang … ist sehr leserfreundlich und bietet wissenschaftlich belegte Fakten, die über Reiseführerniveau weit hinausgehen.« (Initiative Eifel)

»Dr. Michael Losse gelingt in seinem Buch der Spagat zwischen einer wissenschaftlichen Darstellung und einem faszinierenden Lesestoff für den Heimatinteressierten … 900 Jahre Burgenerlebnis – eine packende Exkursion.« (Rhein-Zeitung, Koblenz)

»Ein wirklich gutes Buch« (Echo Nord)

288 Seiten, 17,3 x 17,3 cm
Softcover, gebunden
Durchgehend farbig gedruckt auf hochwertigem, starkem Bilderdruckpapier
ISBN 978-3-939722-44-1
Lieferbar, € 14,95